U0596089

我叫「活着欢」

（自传）

Wo Jiao Huozhehuan

何祚欢 著

武汉出版社
WUHAN PUBLISHING HOUSE

(鄂)新登字08号

图书在版编目(CIP)数据

我叫"活着欢"(自传)/何祚欢著. —武汉:武汉出版社,2006.11

ISBN 7-5430-3569-3

Ⅰ.我… Ⅱ.何… Ⅲ.何祚欢-自传 Ⅳ.K825.6

中国版本图书馆CIP数据核字(2006)第131924号

著　　者:何祚欢

责任编辑:廖国放

装帧设计:刘福珊

督　　印:方　雷　朱有茹　戴　涌

出　版:武汉出版社

社　址:武汉市江汉区新华下路103号　　邮　编:430015

电　话:(027)85606403　85600625

http://www.whcbs.com　　E-mail:wuhanpress@126.com

印　刷:武汉中远印务有限公司　　经　销:新华书店

开　本:880mm×1230mm　1/32

印　张:10.5　　字　数:250千字　　插　页:2

版　次:2006年11月第1版　　2006年11月第1次印刷

定　价:28.00元

我的业师、湖北评书集大成者李少霆先生

我和同行的朋友们：评书表演艺术家刘兰芳、田连元、连丽如

和山东评书家刘延广在一起

和相声表演艺术家姜昆在一起

聆听侯（宝林）老教诲以后

两口子逮着马季照张相

与博学多才的湖北曲艺界元老蒋敬生先生在一起

1994年11月江夏书会，中国曲协派出戴宏森这样的专家领衔研讨会。照片由左至右：中国曲协魏秀娟、戴宏森、李玉

1994年江夏书会，曲艺界的老师和朋友就餐时留影。右起第一人为谢学秦、湖北曲艺界又一位元老

河南坠子大家赵铮老师，早年投身曲艺的知识分子，我所崇敬的老艺术家。第四届中国曲代会期间，我向弟弟何鸿森（也是一位说书人，出席会议代表）介绍了这位令人崇敬的老师

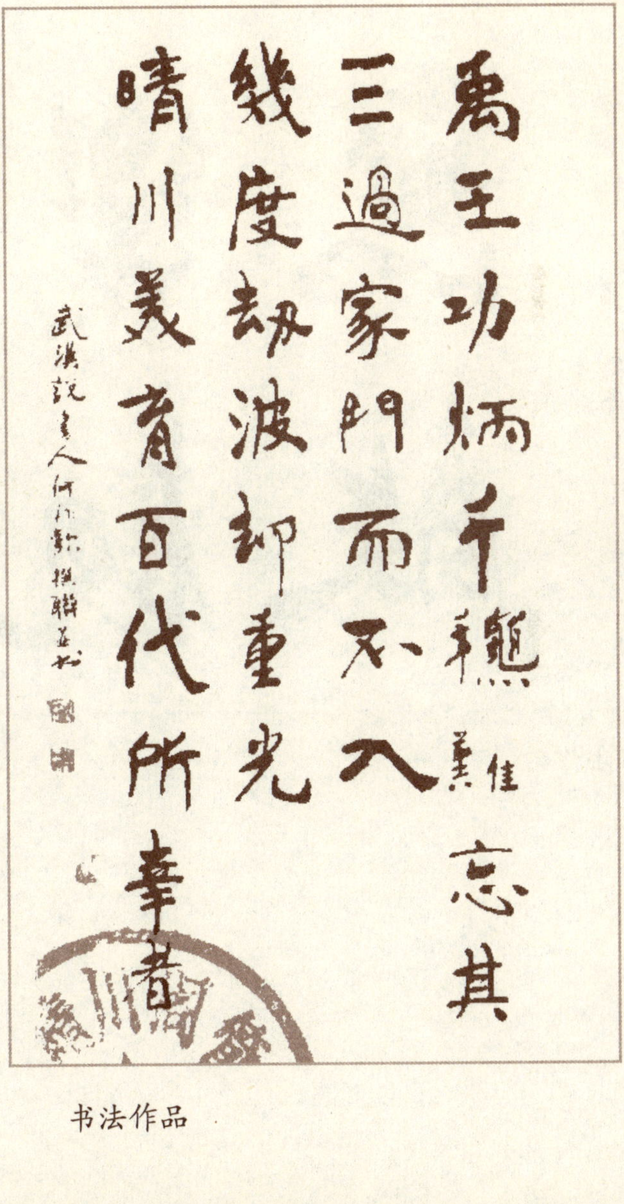

书法作品

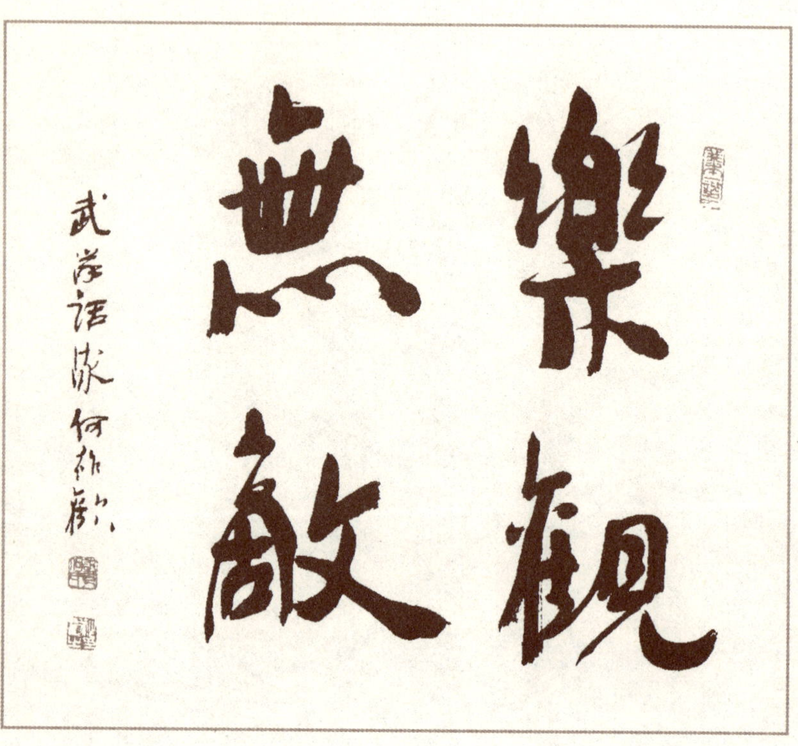

书法作品

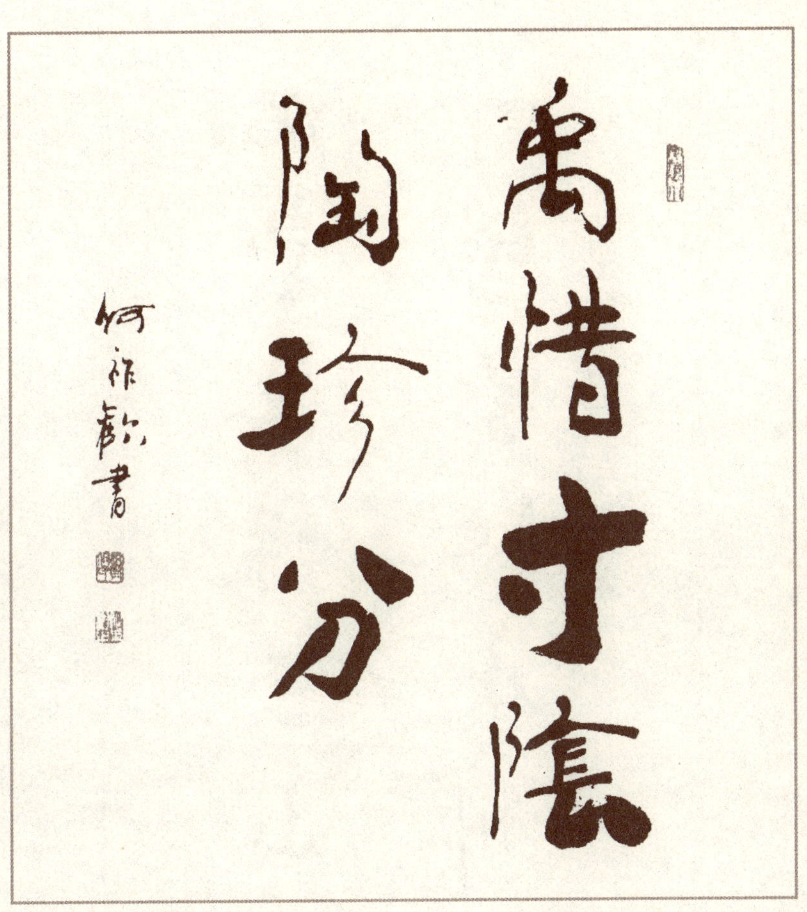

书法作品

书法作品

長江观景第一臺記

此台何臺敢以第一而自命
武昌高岸素有俯視之便省府
長堤屢建抗洪之功今借堤為基倚
岸築台上承大堤口市塵貫下接
月亮灣水域濤聲觀景之妙介乎塵
音梵唱之間耳
風和日麗登台極目覺兩千年
城池輕換登復賞五百里江灘美在
國中仙樓瓊閣南北相守偉塔長橋
俯仰相呼龍王廟濤聲依舊拍打四
局舊港南岸嘴粉相續新開篇即每
臂濺述兩江新章萬物融一體一景
生百變據此台可得移步換形之趣
也
值雨臨江煙波縹緲勝見紗裹樓
臺帘籠江灘頓感宇內名山聚於沙
遠吞外仙樂如自天籟德鶴樓時於
今異操聽然鐵甲噴鄂都首義任張
公夢斷中興十四橋雄姿應偉人遊
逸之歌五百里畫卷即已互引富以
手登是臺者心境勝佳境也
然怪台成日便有民謠生妖姬
到漢口觀景在武昌

甲申年秋高氣爽時
何俊然撰文並書

书法作品

瓷精陶魂艺品馆

何祚欢题

书法作品

说唱团诸友和王刚

和奇志在一起

老一辈相声演员中有两位“小地梨儿”，云南省群众艺术馆董长禄先生便是其中一个

1984年夏天与侯宝林先生同在云南讲课

有人说吹箫伤气，笛子演奏家孔建华老师说它能养气。且听专家的劝告，早晚各吹一次

二胡，是学得早丢得早的一门手艺，现在只能拉着偷偷过把瘾了

京胡，也是学得早丢得早的一门手艺，现在也只能拉着偷偷过把瘾了

从小喝茶喝到老，就为进嘴那口香

目 录

我叫"活着欢"
(自 传)

目　录

我叫“活着欢”
（自　传）

引　　子

从1952年我读小学五年级时第一次登台唱快板算起，我与曲艺艺术的结缘有五十四年。从1956年我第一次登台正经八百地说相声算起，我的舞台生涯，整整是五十周年。

步入书坛之初，曾有前辈语重心长地告诫我：不要急着宣传自己，说书是个熬岁月的职业。如果你有真本事，你就会越老越香。

岁月悠悠，但对每个人来说，它都是匆忙的。五十年光阴倏忽过去，如今我已过了花甲之年，到了受人敬重的年龄。面对观众、友人、晚辈们的种种夸奖，我不由得回过头去，看看一路过来的脚印：

深浅不一，有正有偏，但它们与今天的我紧密联系着，它们积累了今天。

在观众眼里，我是个制造欢乐的人，我应该有一个欢乐的人生。我的人生充满了欢乐，这是很值得一叙的。

在朋友眼里，我是个旷达的人，我应该没有什么精神上的赘物。我承认，当一个人把名利看淡的时候，能自己跟自己过不去的东西就不多了。

在社会各界人士眼里，我是一个杂家，应该有一番严谨治学的经历。我得说，我是个学历不高、困而奋起、不肯被自卑压倒的家伙。我认定各行各业的行家为自己的老师，也坚定地“以心为师”，尊重着“心”底的求知欲望和探究精神。

这是我今天的自画像。

然而在积累这些形象的过程中，我也曾混沌，也曾愚昧，也曾狂妄，也曾懒怠，也曾怯懦，它也许是一个人完整塑造的又一面，在成为通常所说的“德高望重”的角色时，也不能省略。它也许会让那些希望我完美的人失望，但它的可存在价值在于真实。

我希望无遗憾地写出自己的路。

纵使有遗憾，也要做到真实。

拳头底下出“背功”

年轻的时候，我从来没觉得自己的记性有多好。在我周围的大人中，能顺溜地背诵“人之初，性本善。性相近，习相远”的，能在日常说话中随口引用《增广贤文》等书上如“在家不会迎宾客，出外方知少主人”这些句子的人，比比皆是。和大人们比起来，我记什么快一些，是不值得夸耀的事。

到了最近几年，在武汉电视台每周的地方文化历史栏目《都市茶座》里，我都要上一个新节目，绝大部分节目都需要背诵或活用一些资料，引用一些文章的锦章佳句。两年多，一百余期，且不说每期节目要从多少字数的资料中提炼、“化合”，即使按每个成型节目六千字计算，一百三十多期节目加起来，从我嘴里说出来的就是八十余万字了。每次录制节目时，我还从没因记不住而停顿重来。这样的事情出现在一个年逾花甲的人身上，免不了会引起一些惊叹。有人甚至当面对我说：好记性，天才！

说到好记性，这几年我的确越来越关注它，通过很多事来检验自己是不是老了，比方：你能不能复述并记住人家一口气报过来的有线电话8位数字或手机的11位数字？

我能。而我的同龄人就有许多不能。甚至比我小两三个轮转的，也有些人不能。

有些才三四十岁的晚辈请我排节目，常常是节目没排完我就把他们的词全记下来了，而他们却是踉踉跄跄地才把所有的词顺下来，脑子像喝醉酒似的，绊蒜。

我小时的"背功"老来用，为别人颁奖时，手上的纸头只是摆设，大部分也是背出来的

相较之下，我的记性是不赖，而且是全身各种功能中衰退得最慢的。但因此就说它是天赐的佳宝，确实不合乎我的实际。

应该说，老天爷和父母都对得起我，给了我还算健全的体魄，和一个不憨不傻的大脑。但是，能让我一生保持良好记忆的却是环境的作用，是逼出来的。

就说我这对近视眼，无论是从前500度，还是现在1500度的眼镜，都只能把我的视力矫正到0.5左右。这样的眼睛，弹钢琴不能像常人那样看谱；当教师讲课时如果当着学生的面把备课本贴到鼻子上去照念，我的课就会变成滑稽戏。仅为了保护我的鼻子，我也要运用一个武器——背。学钢琴时背琴谱和指法（终于有一天被老师发现而扣分），讲课之前背下课文和关键部分的措辞等等。

那以后的许多讲座，我同样不能为了念那些作为例证的引文，而去迁就眼睛，浪费鼻子。引文引诗，都得背。

背的习惯，源于幼时的环境——民歌小调的肉口相传，还源于半年的私塾生活。

私塾上课只管念、背、打，背不会的学生要挨打，但我背的习惯却不是先生打出来的，而是"同学"打出来的。

那是我此生所上过的学校中，最小、最暗、最没一定之规的学校。按我当时的家境，是不该读它的。

我出生那年，父亲三十二岁，已经是一家有一定排场的"老天宝裕记金号"的股东老板了。父亲有感于他从小家贫，只读了两年私塾就外出学徒的经历，希望他的子女都能接受良好的教育。比我大六岁的姐姐上小学，读的就是汉口最好的公立小学之一——长堤街上的"市立汉口第五小学"。那所学校设备、师资、环境，当年都是硚口地区第一流的。校园前临街，后临湖，湖对面是中山大道上有名的汉口市民众教育馆（后为硚口文化馆）和观音阁。一进校门，有一条由法国梧桐织成的林阴道，一排排冬青将校园有序地划成几个块面。教室排列有致，宽大的操场，单、双杠等体育设施齐全。

这样一所标准的洋学堂，它通过姐姐带给父母的文化信息，当然绝非父亲读过的私塾可以比拟。父亲希望我也能进这个学堂，我刚满四岁，他就迫不及待地把我送去，被校方以年龄太小拒之门外。他就让我到私塾去"跟着拖"。

只有私塾才没有年龄限制，有我们刚会说话就会唱的一首童谣作证：

三岁的伢，

穿红鞋，

摇摇摆摆上学来。

先生先生莫打我，

我回去吃点“妈妈”（武汉音“mà mǎ”，义：“母乳”）再来。

没断奶的三岁娃娃尚且可接收，我这个四岁孩童就算超过底线了。

父亲哪里知道，我所就读的那个私塾，实在是小农经济硬塞给已成全国第二大商业都会的一个赘物：在汉正街存仁巷口不远的镇安善堂那大而无当的堂屋里，高高低低地凑合了三十来个学生。据说最大的有十八岁，已经结婚。最小的就是不才在下，四岁出头。三十多人，没有年级的区分，只有从五花八门的课本来区分每个人的资格。刚“发蒙”的是《三字经》、《百家姓》，往后则是《六言杂字》、《幼学琼林》，再是《论语》、《孟子》、《左传》、《战国策》等等。老师就是高坐于讲台之上的那一位看上去十分衰迈的老先生。讲台旁边有一架纺车，不论什么时候，只要先生坐上讲台，纺车旁就会坐一个老太太，不停地纺线。那是我们的师娘。现在想来，那先生年轻时一定风流倜傥，若不是习惯了“红袖添香夜读书”，怎会到了老年教了“泥巴馆”还要劳动师娘在课堂上抛头露面，当一回“陪教”老姐！

先生虽为孔子门生，其“文治”却要靠“武功”来维持，讲台上公开陈列的戒尺，才是他维护课堂秩序的法宝：戒尺击打桌面以制止分神吵嚷；戒尺击打手心，以惩戒懒怠疏忽。那些顽皮成性经常背不出书因而经常被打手心的学生，私下里重要的交流就有一项是如何搪打，如何被打而不觉疼痛。

就这样，先生也只能勉强把他的威权维系在讲课的时间内，中间休息时他和师娘双双退入后庭，学生们的疯闹就全不在他们的管束之中了。这一来，他教的学生们便有了可贵的“尚武”的机会，打架取乐便是那个没有任何体育设施的私塾的惟一“体育运动”。大学生打小学生，小学生打更小的学生。我这个四岁孩童当然是白送去给人打的，谁都可以在打不过别人的时候把我打一顿，来找回一点面子。小小年纪过早地品味了“弱肉强食”，使我早早地盼望自己快些强壮起来，去抵抗强者的欺凌。当我能通过画面和文字一知半解地看懂《荒江女侠》、《鹰爪王》等武侠题材的连环画时，我更希望有朝一日能做一个济困扶危的英雄。后来的六岁习武，十二岁“走火入魔”，多是源于幼小时“不许惹事”的严厉家规，和“事多惹我”的“残酷现实”。

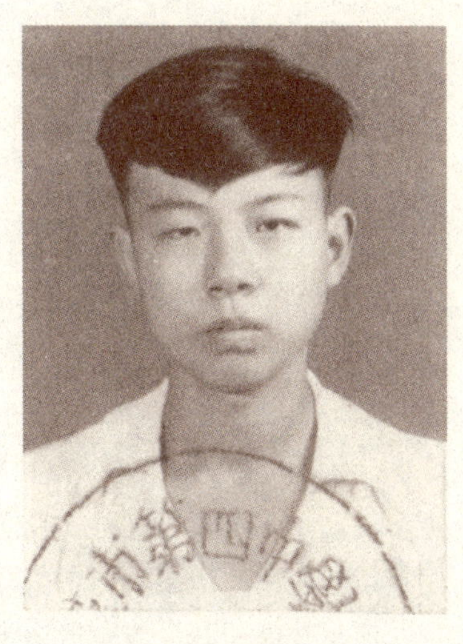

“小时候”的照片，能找出来的就只这一张了，其实它已经是“大时候”的东西啰

在私塾被大孩子有事无事打着取乐的事情很快被母亲知道了，她只好每天搬一个小板凳坐在镇安善堂的堂屋外守着。母亲的守护除了使我免打，还为她自己赢得了副产品，背会了一些孩子们背来很困难的课文。

我因为老被大孩子们追打，便特别惧怕先生当堂打手心，觉得那样的打才是让人抬不起头的。于是每天每日认真读书背书，每次回课都能做到顺溜麻利，一口气背完指定的篇目。

有意思的是，在“混成旅”听五花八门的唱读，让我也听会了不少大学长们的课文，如《幼学》的“混沌初开，乾坤始奠。气之轻轻上浮者为天，气之重浊下凝者为地。日月五星，谓之七政；天地与人，谓之三才。日为众阳之宗，月乃太阴之象……”；如《论语》的“子曰：‘学而时习之，不亦说乎’”，等等。

同时由此发现，那先生有很多东西都是讲不明白的。如“不亦说乎”的“说”字，他的书上是在“说”的左肩头画了个红圈，跟学生们讲读音时也只会说“这个‘说’字在这里要‘圈破’了读，读‘月’。”什么是“圈破”，好像在我经历的几个有点学究气的先生中，还没有谁说明白它。直到我后来读的书多了，碰到的“圈破”更多了，才明白它不过是“假借”而已。可见，私塾先生的“开讲”是很成问题的。历来从私塾出来的学问家，自己的“悟”是主导。

但私塾的背却大有可取之处。虽然后来因父亲知道了我在那儿的处境而让我停学，但半年私塾生活却让我有了背诵的兴趣和习惯。它使我在以后的学习中，在各学科的普及教育仍让歌诀发挥作用的那个时代，得到了极大的方便，甚至占尽了优势。语文课的一些优秀范文，老师不要求背的我也把它们背了下来，如《长恨歌》、《琵琶行》、《梦游天姥吟留别》、《归去来辞》、《窦娥冤·法场》、《秋思·夜行船》等等。

背诵不仅是一种储存，而且是反复咀嚼、品味的过程。它让我在不经意间从感觉上走近韵律，后来学习音韵学时更容易穿破历代研究者无意间设置的雾障，领会和表达都更趋直接、浅近、实用。

成为职业演员后，我常会碰到写唱词时握着一本诗韵书“找辙”的同行。我对这种剥离了感性的创作过程是怀疑的，同时也暗暗感谢私塾教会我的背，民歌俚词和戏文唱本教会了我的“浅近晓畅”。

无意的库存

1994年，武汉市举办首届渡江节。我主政的武汉市艺术创作中心为渡江节创作开幕晚会节目。

晚会有一个板块，要把武汉民间的“采莲船”搬上舞台。而对这形式的生疏，使几位写歌词的老手犯了难。于是他们想到了我这个“土里巴人”，说是“土生土长的武汉佬总该会唱几句采莲船吧”。我背了这个“土”的名声，自是推辞不得。一试的结果，居然都说好，“是那个调调”。直到今天，还有些创作人员说起其中那段词：

武汉人哪，（哟——哟）
真正傲啊，（呀嚯嘿）
那大的长江，（呀喂子哟）
敢往里头跳啊。（划——着）

其实这样的句子是不值得夸耀的，它不过占了一个熟的便宜。我想，凡是我所生长的那个时代的武汉人，来这么两句是不费难的。

我的儿童时代，是儿歌盛行的时代。今天看来，那些儿歌并没有从重大意义入手，只是讲究一个“顺口”，通过“顺口”来“顺耳”，通过“顺耳”来愉悦儿童身心。比如：

筒壳筒壳穿梭罗，
扁担划子接哥哥。

哥哥接到船头间，
嫂嫂接到船尾间。
一把桨，两把桨，
一荡荡到沙河港……

再如：

张打铁，李打铁，
打把剪子送姐姐。
姐姐留我歇，
我不歇，
我要回去包茶叶。
茶也香，酒也香，
十个鸡蛋摆过江……

没有“反映”什么，只有上下句起韵、押韵的不断推动，我想，它们能让我辈到了晚年还能脱口而出，不正是这种流畅、随意的作用吗？就连只有男孩们才唱，有点“坏”的“一个伢的爹，拉包车。拉到巷子口，解小手。警察看到了，三拳头”，也令我们难以忘记，就其意义来说，它也并非恶意的。对孩子们来说，它们不就是个好玩么？

但它们把押韵的感觉就这么从孩子们的诸多直觉中“提”到了显要的位置。

除了儿歌，过年过节的赶会，也充满了“顺口”的灌输。“采莲船”是其中之一。它的唱法，是两个七字句分四节唱完，每节四拍。上句起韵，下句押韵，而且上下句的尾字要同声调，才能真正“顺口”。三个表演者（采莲姑娘、艄公、艄婆）中，只有艄公开口唱，

积累到一定时候会对得起自己的(在大学开讲座)

唱词全凭见景生情即兴现编。那些编词高手，往往能在每个放鞭欢迎他演唱的商铺门口唱出“彩”来，从而一处处地获得“搭红”的东西，落个满载而归。我七八岁时，曾见过一个比我大不了几岁的小艄公，在我家和隔壁左右、对门对户的商铺门口，得了一段又一段红绸，领了一个又一个红包。事后，大人们说起他来，总要加上“人小鬼大”的赞语。

汉正街上依着门面临时卖点小商品的小贩，他们的叫卖也充满游戏性，合辙押韵的念、唱是少不了的。

夏天卖刨冰的，叫卖最滑稽：

喝啊，喝——
刨冰雪花坨。
吃了夜晚睡得着，
蚊子不咬后脑壳！

卖"落口消"（一种膨化的米制小点心，用模具做成鸡、鸭、飞机、轮船等形状）的叫卖有点像数来宝的"花辙"：

落口消，落口消，
伢们吃了不长包。
鸡子鸭子和洋船，
又好吃，又好玩。
吃得玩得打不破，
一分洋钱买一个。

还有满街游走着卖牙签挖耳勺的、拉着小手风琴卖梨膏糖的等等，无一不是编着韵文来吸引人。那个卖炒白果的"下江人"（指江苏、浙江一带人），叫卖白果的唱腔更是有板有眼有旋律，孩子们不吃白果也愿听他唱，当年听过的人至今不忘。

这些"游戏"，都具有"全民"的意味，不专门针对孩子，也不需谁单独安排时间，吟诵哼唱之间，谁的耳朵都在被"侵害"之中。

有些儿童游戏，是要儿童自己动手的。像折纸、打"洋画"、打"撇撇"，都需要留意搜集。折纸有花样多少的比较，"撇撇"有结实与否的区别。为了容易打翻别人的"撇撇"，我们不仅要选择好香烟的纸盒，还要折了压、压了踩，不使它松松垮垮，甚至还跑到油坊去给"撇撇"蘸油。我家隔壁就是名律师张楚信开的大油坊"鼎升恒"，房子由汉正街逶迤延伸直达汉水街。对他们来说，门市上十斤八斤一次的食用油生意，不过是油坊生意的作料。所以那些店员对我们这些邻家孩子的出进全不在意，也许，白铁柜台上的余沥被我们蘸到"撇撇"上，正好为他们减少了打扫的辛苦呢。

在父亲的眼里，打"撇撇"、打"洋画"和打珠子、滚铁环一类游戏是一样的，都得趴在地上，又脏又不雅。我只能在他眼光扫不到的地方去偷偷玩一会儿。汉正街和巷子里的孩子们更“野”一些的游戏，我只有偷偷羡慕的份。

“库存”中的老武汉，这种街巷比比皆是

但我周围的孩子却羡慕我。因为我家有留声机，除了向过路行人播放节目，自己想什么时候听戏就什么时候听。因为我家有全堂响器，大锣小锣铙钹马锣“丁当锣”什么的，节日喜庆时店里一班人一凑就能打出热闹的点子，有时甚至是我一个人就打上一套。还因为一般人只有逢年过节才奢侈一回的看戏，在我却是天天都能有。

父亲认为“玩耍无益”，而看戏却看的满台忠孝节义，看了可以让人学好。

同时，看戏又是父亲的任务：生意上联络感情的三部曲是上馆、泡澡、看戏；亲朋好友来了，也是这三样招待上前，这都是老板必须亲自陪同的事。父亲因为在这点上做得殷勤、到位，乡下老亲戚就把他的“老天宝长记金号”称为“长记大舞台”。看戏的时候，我是十有九不空，回回看到“挖台脚”（全部结束），从不兴瞌睡。

汉正街居仁门上首有个湖南会馆，在民国年间茶楼改戏院的高潮中改成了长乐大戏院，是那时汉口两个“长乐”之一（另一个在前进四路，建国后改大众、楚风、长征等名，现为楚风）。因为离我家较近，父亲的招待戏便总在这里看。

长乐戏院长期占据舞台的有两个汉戏班子，一个以尹春保、刘顺娥、肖德保领衔，前后有李惠卿、幼岁红、涂素云等名角在里面搭班。一个是夏家班子，以夏国斌、国光、国英为主，曾因连台本的《彭公案》轰动一时。夏国斌的欧阳德甚至盖过了主角彭朋的声望。遇有年节戏，我们还赶了一回尾巴，在这里看过偶尔一露的大和尚（李春森）和老牡丹花（董瑶阶）。由于间或也唱楚戏，我便有机会赶上"楚剧麒派"高月楼最后岁月的表演，和已经难得一见的张玉魂（因灌制《白扇记》唱片而闻名的一名男旦）先生的绝唱。

父亲通过看戏，常常有意无意地贯彻他的"忠孝节义"的教育，如看《白门楼》时评价吕布的见利忘义；看《薛仁贵征东》时评价王茂生与薛仁贵的"人又好，水也甜"等等。然而他却没想到，如此接二连三地看戏，在我心里可是种下了痴迷戏剧、痴迷文艺的"毒根"。

1949年以后，国家不许私营企业染指金融，金号银楼业务不能再办，武汉的金号纷纷改营茶叶、香烟、日杂、小百货等等。父亲的"老天宝裕记金号"就改营茶叶。在金号的原址，重打鼓另开张地开了一家颇具规模的"馥馨裕茶庄"。

就因为茶庄职工中的一个京剧迷的出现，把我痴迷的"主攻方向"引向了京剧，而且这痴迷还"毒发不治"了。

这个戏迷叫刘森峰，汉川人，属汉口茶叶业中汉川帮弟子（汉口另一大帮为徽州帮）。他在茶庄是专管"收拾货"的，实际就是制茶作坊的当家人，每月的收入比一般店员高得多。就因好听两口京戏，几个钱就全送进了"大舞台"，直至三十多岁还是光棍一人。

刘森峰一到店里上班，就主动承担了添置唱片的任务。结果，买回了当时能买到的所有京戏名角的唱片，尤其是老生行当，几乎到了无一不备的地步。从谭家的谭鑫培、谭小培、谭富英，到王又宸、余叔岩、言菊朋、高庆奎，到马连良、麒麟童（周信芳）、林树森、杨宝森等等，当然还少不了四大名旦和名净金少山等人的代表作。

不仅如此，刘森峰还“利用职权”，将他所管理的“欢喜”也变成了京戏的戏码儿。

所谓“欢喜”，是过去许多行业用以计数的筹码，汉口人简而呼之为“筹”。只因“筹”音近“愁”，各业人等便反其意而用之，称它为“欢喜”，就像餐馆把“舌头”说成“赚头”一样（“舌”音近“蚀”或“折”）。

茶庄的“欢喜”，是一种长不及3寸，宽仅5分的小竹牌牌。每到制茶的季节，茶庄都要雇一些拣茶女工，来择尽混在茶叶中的茶梗和“飞片”（老黄的干叶子或别的干草干叶）。每拣完一定分量，就给一个“欢喜”，到晚上打烊时一起结算工钱。

人家茶庄的“欢喜”，了不起写上茶庄的名字，以免假冒，刘森峰的“欢喜”上，写的却全部是京戏名。除了唱片上有的、“大舞台”常上演的之外，还有同戏异名，一戏多名，整出和折子的异名等等，花样层出不穷。光是向他讨教这些林林总总的名字，就让我长了不少见识。比如《龙凤呈祥》，就还有分折写的什么《甘露寺》、《回荆州》、《芦花荡》等等。还有从一到十排列的如《一捧血》、《两狼山》、《三岔口》、《四进士》、《五台山》、《六月雪》、《七星灯》、《八大锤》、《九里山》、《十道本》等等。于是，那两三百个竹牌子，写满戏名却不重名，就成了馥馨裕茶庄的一大特色，也成了我没事向刘管事请教的话题。

刘森峰的迷京戏，在大人们当中只有自说自话的份儿，因为全店的店员（包括柜台上的管事蔡培卿先生）还没有哪个像他那样为看戏不顾血本，更没有谁像他那样，常为赶到后台和哪个角说上了几句话而激动得手舞足蹈。在知音难觅的深深感叹中，他发现了我，看见了我富有同情心的眼神，欣赏我聚精会神聆听的“工作态度”。

于是，半是感激半是赌气，每到看戏便带上我这个小伙伴。于是，建国之初到汉的京戏名角，刘管事看过的我就一定看过。

刘森峰对我的“毒害”，影响是久远的：

近的，读小学时的一段时间，放学后就守着留声机，一段段地学戏，有听不清的唱词，就钻天洞打地穴到街头小摊去买《戏考》，再拿回家跟着学。

后来上了师范，家里所有唱片和留声机早已拿去换了饭吃，我却久不忘情，抠下零花钱（每周5角），花一元钱买了一把京胡，无师自通地过起了“西皮”、“二黄”瘾……

还有，从我自己有能力买书开始，只要碰到和京剧有关的书籍，我没有不买的。《梅兰芳舞台生活四十年》、《徐兰沅操琴生活》、钱宝森的《京剧表演艺术杂谈》、盖叫天的《粉墨春秋》、郑法祥的《谈悟空戏的表演艺术》、《萧长华表演艺术谈丛》等等，以至于近年的《京剧谈往录》、《马连良传》……

我爱戏爱了一生，为戏受到的“打击”也最大。

小学快毕业时，有消息说武汉市要办戏剧学校，招收的就是小学生。那时我已是“病入膏肓”的戏迷，认为世上只有唱戏是最好玩的一件事，便兴冲冲地“回得家去，禀告严亲”，“道是今有戏校欲招我辈童子，孩儿有心前去报名，不知父亲意下如何”。一向爱戏的父亲却给了我一个轰天雷，回答是“你敢！”

父亲为此下的注脚是：唱戏是下九流营生，“王八、戏子、吹鼓手”，好人家子弟是不端这个碗的，听戏和唱着玩玩又当别论。末了他老人家斩钉截铁地警告我：“你要敢去报名，老子打断你的胯子！”

父亲在我心目中是无所不能的，他说要打断我的胯子，我的胯子就一定会断。我想，自己眼睛本来就不好，再要断了胯子岂不是死路一条。于是，我只好收住意马心猿，按父亲的指示，好好地把书读下去。尽管后来由于家里供不起，没有像父亲原先说的那样，

“读了中学读大学，能往上读还往上读”，却让我既“戒”不下戏，又迷着读书，成为一个以读书取乐的“杂食肚子”。

只是我没有想到，这些东西——民歌、小调、俗词、俚语、戏文、杂书，都是我的库存，到了要用的时候，常让我觉得它们不是多了，而是少了。

自家屋里的师傅——幺爹

我学说书，其实是有“童子功”的，我的开蒙师父属自产自销那一类，是我的幺爹。

老汉阳人称呼的“大爹”、“二爹”、“幺爹”，后头那个“爹”字念轻声，实是指的爷爷辈。

我的幺爹，是我父亲的亲叔叔，爷爷哥四个当中最小的，族名叫何昌万。幺爹是个“勤行”（当时对熟食业餐馆业的别称）师傅，会一手炸油条油饼麻花馓子的手艺，原本开着一家“油饺馆”。父亲开金号以后，他就收了业跟着我们过。金号生意插不上手，整天的事情就是看看门，管管人，听听书，说说情。一月从父亲手上拿几块零花钱。在父亲的金号里，幺爹其实是个闲人。

我上小学的那一阵子，下午往往没课，在家里也是个闲人。姐姐太大，妹妹太小，父母忙于生意上的应酬，能和我玩的就只有幺爹了。

按说这两个人隔着辈，是玩不到一起的。好在幺爹这时候正处于他的“转型期”，从一个花钱由自己的小老板变成用要数钱的附庸，下午泡书馆成了偶一为之的奢侈，清闲得十分苦闷，又不愿再去起五更睡半夜地当那个小老板，没事的时候只有从河街转到堤街，从大巷子穿到小巷子地闲晃荡，取其名曰“丢圈子”。听书钱是省了，鞋底却费了。

一次我被父亲严厉责打，母亲和店员先生没一个人敢拦，只有幺爹挺身而出，吼叫着抓住父亲的手，将我救出险境。幺爹的解救，

这个穿黑衣的何祚欢，还不满10岁

让我省悟了不敢表达的委屈，把鸡毛掸子下没有哭出的声音，都集中在幺爹的怀里绵绵邈邈地流出来。不是号啕，却绵密无尽，使大人们无所措手足。我后来成为大人，不怕孩子大哭大叫，只怕哭声细流涓涓，就是从自己被打得委屈时体会出来的。这也是“童子功”。大概幺爹也怕这样的哭法，急切中说了声“来来来，我讲书你听！”

说罢，他牵着我离开众人，到了二楼他住的房间里。他让我坐在床上，他自己拿了一条板凳，坐在我对面，正而八经地说开了《关公温酒斩华雄》。

在父亲的金号里，幺爹本无足轻重。所以平日里走路背着个手，说话慢开口，除了偶有一两句调侃，并不见什么出色之处。

而向我说《温酒斩华雄》时的幺爹，却是又一番气度。他手口并用，绘声绘色，把华雄连斩十八路诸侯手下几员大将，各路诸侯束手无策的情景，描写得令人悬心。接着是关羽请战被缚，几遭斩首，曹操说情松绑，赏酒壮行，关羽寄酒出战，战鼓喧天；帐中惊疑难定，关羽重回大帐，当众献上首级，杯中余酒尚温。一气呵成，听得我眼都不敢眨，同时还看到一个不同凡响的幺爹。从此，我算是听书听上瘾了。放学回来只要看见幺爹，就缠他讲。幺爹便顺着《三国》的路子，从“桃园三结义”讲起，什么“捉放曹”、“虎牢关战吕布”、“王司徒连环计”、“煮酒论英雄”、“白门楼”、“斩颜良诛文丑”、“过五关斩六将过黄河斩秦琪古城斩蔡阳”、“火烧赤壁”……后来又是《水浒传》、《三侠八俊十二雄》、《封神榜》、《彭公案》等等。幺爹的肚子里，好像永远都有“书”可掏。

由于幺爹的“毒害”，听书便成了我的一大爱好。下午放学，只要路过的茶馆有书，我就会站在门外听上一段。那时候茶馆对于站在门外听“相因”书的人是不赶的，进去坐位置的人才交茶钱，同时有一壶茶的享受。因为有这个规矩，有书听的茶馆门外便常常站着一群惜钱的大人和没钱的孩子。我曾经听着听着萌生一种冲动：

攒下过早钱，进去坐着听一回。但想到一个孩子抱着个茶壶听书，总有点不成体统，便打消了这种念头。相比之下，街头摆板凳的书场对我的吸引力要更大些。那些场子，只收坐板凳的人的钱，又没有茶，板凳圈外里外三层站着的，明摆出不给钱的样子，老板也不赶人。有一次我听上了瘾，就暗暗攒上了过早钱，站两天坐一天，就这么听了下去。后来说书先生看出了门道，便有了一条特别的优惠"政策"，特许我坐到场内，有钱交钱，无钱不收。说书先生的好心，却挡了我听书的道。原因是我父亲的家教特别严，从来强调"滴水之恩当涌泉相报"，强调"无功不受禄"。我一个孩子白听了人家的书，是拿不出什么报答人家的。向父母额外要钱听书吧，又为家规所不许。所以把这一单元《济公斗八魔》听完后，我就没去了。算一算，最后我听了三天白书，交了一天钱。我觉得占了先生的便宜，好多日子都不敢走武圣路长堤街口，心里却感激他。可惜我不知道那先生的名字，以后也没再见过他。只记得他说的《济公传》和幺爹一样好。

有一回听街头书，却差一点动摇了幺爹的权威地位。

那时候，武圣路只是对着过对河码头的一条大马路，河对岸是汉阳的"郭公堤"。武圣路虽宽，却只走些人力车什么的，更多的是行人，于是就有艺人借地在路边围了场子，卖艺谋生。清唱、杂耍、耍猴、卖大力丸，什么都有。这也是我们一群男孩放学后常去的地方。我们什么场子都钻过，哪好哪不好，还爱议论个红红白白呢。这一天我玩丢了伴，不知怎么钻到了一个说书场子去了。这场子和汉口常见的不同，既无板凳又无茶，先生也不坐高台拍醒木，就是站在那儿干说。听大人们说，像这样的先生，一般是说得不行的，不然早被茶馆请走了。但这先生却很让我觉得过瘾。他说的也是《温酒斩华雄》。

我头一次知道，同一个故事，不同的人说来竟有很大不同。

幺爹说到关羽斩华雄，几乎无一字是直接说战场，而是把全部力气用来说关羽出帐后，帐中各路诸侯对战场气氛的反应。鼓声高低，人声起落，都影响他们对战场形势的判断。待到鼓声消歇，战场寂静，帐中人人皱眉之时，关羽却大踏步进帐，将一颗人头掷于地上。具体的杀法被略了。

我的大弟弟何鸿森，一不小心也成了说书人，而且与我共一个师父。现任宜昌市文联副主席

而那位马路书场的先生，却直接描写关羽冲入百万军中的情形。他说，关羽见到华雄时，高声喊道："你可是华雄？"华雄说："正是。来将通名。""马弓手关羽。"华雄仰天大笑："小小马弓手，怎敢与我交战。回去请一员大将前来！"关羽说："谁说无有大将？你身后是谁？"华雄听了连忙回头。关羽乘这一下工夫，手起刀落，把华雄斩在了马下……

以我当时的年龄，就觉得这样杀华雄杀得有味，这书当然就过瘾些。后来上了初中，读到了《三国演义》原著，接触了更多的文学作品，才知道幺爹的说法原本就是书上写的，品一品便知这滋味要长些。而那位先生的说法，确实有点"初级阶段"。

大概是久泡书场，"久病成良医"的缘故，幺爹对于说书的理解，确有自然天成的高明处。他的一生，是在没有家庭，没有事业的情况下度过的。娶过妻生过子，却因与他性格不合而琵琶别抱，离他而去。开过油条馆当过小老板，却因受不得熬更打夜之苦，而

何鸿森和他的那一半

成了我父亲的食客。在父亲的金号和后来的茶庄里，他又是个百事不管的闲人。哪怕 1955 年回到乡下，他也是个被养起的“五保户”。人们在他的窝囊或依赖中，很难发现他在乱七八糟听了一堆书后对中国历史文化的贯通。一个不识很多字的手艺人，说起历代治乱，说起历朝忠臣良将、奸佞国贼，居然能做到有论点有史据，尽管他之所据不过是稗官野史，街谈巷议。许多年后我成了专业说书人，回到老家碰到他时，少不得问起民国时武汉书界掌故。幺爹不但能如数家珍，说出何人什么书好，而且能说出谁好好在何处。

有一次我们谈起王子林，幺爹的一番话使我至今难忘。王子林是民国年间汉口说书家。我的老师李少霆说到此人当年走红的情形时用“吃起饭来一大桌，姓起姓来各是各”来形容他。可见他果真是“从者如云”的大家。幺爹这样评价王子林：“王子林说书，从不来虚的。讲这个码头，他就把这码头的山川地理人情风俗说得清清白白，像你真的到了那里一样。说三百六十行，行行都说得出个来根去由。你怕听书的光只听个故事？人家要听的就是这些东西，听的是个人情，见识！”

幺爹对王子林的评价，其实是他对说书这门艺术的感悟。如果他生活的那个年代允许更多的人“下海”从艺，他一定会成为走红的艺人。他的个性与那个时代相悖，可惜了一块好料！

然而他却在他的侄孙中播下了说书的种子。我们一家出现我和弟弟何鸿森两个专业说书人，就是明证。

读初中的时候，我因为学习轻松，阅读速度快，就比同班同学多读了一些课外读物。文学作品自不必说，其他如《思想杂谈》、《联共（布）党史简明教程》、《趣味物理学》等等并不趣味的书，也读得有滋有味。有些懒得阅读或想借某本当红小说而不得的同学，常常让我给他们讲一些书，于是我便依着幺爹的样子，断断续续向一些同学讲了《三国》、《水浒》、《窃符救赵》、《铁道游击队》等书的片断。这一来，我便在同学中得了个好人缘。初中毕业时向师范推荐保送生，全班一致选我。可惜后来因体育、美术两门课要补考而取消资格，只有凭实力去考。选科代表，同学们让我当几何科代表。班上选足球队，眼睛近视的我是经常打得球都找不着的人，选甲队、乙队自然选不上。开始选丙队时我喊了一句：“我未必丙队都打不得？”大家便起哄把我选进去了，总算避免了沾不上边的厄运。

如此算来，我的说书活动是早在十二三岁时就开始的了。

梦 幻 岁 月

在我们兄弟姐妹五个当中，我是挨打最多的一个。原因很简单，我是长子，父亲望子成龙，又相信“棍棒底下出好子”，于是巴掌、“栗暴”便频频向我施威。字写不好，打；和谁家孩子打架，只要有人告上门，打；对客亲中的长辈少了礼数，打……只有看到我的字写得好了，成绩单上得高分了，才会向我一展笑容。其实父亲的打，并不像人家那样真的用什么棍棍棒棒，就连巴掌下来，也打得不是很重。只是当着全部店员，那声势浩大的呵斥很让人没面子。所以我总是想做得好些，在人前争个人样儿。

父亲对我的教育，中心话题就是多读书，我“争人样”的争法，除了不额外向父母要钱，便是尽量地把书读好，没事多读些杂书——父亲因为家贫幼而失学，读了两年私塾后就去学徒了，故而对什么书可读什么书不可读便没什么标准，对我们的要求倒真还做到了“开卷有益”。只要儿女没事拿着书在看，他就满意。

我的课外书，是从哑巴的书摊上开始的。

父亲的“老天宝裕记金号”在汉正街中段，利济路和武圣路中间，坐南朝北。出门左首（汉口人称为“上首”的那边）紧挨着一条巷子叫牌楼巷。这个巷子口就有一个娃娃书摊，摊主是个哑巴，我一直不知道他叫什么。在这个书摊上，哑巴摊主慢慢发现了我比其他孩子阅读的速度要慢得多，后来便在我还书时，频频伸出大拇指表示赞赏。我这才知道一般孩子看娃娃书，只是看看画面便匆匆翻过，而我却把图下介绍情节的文字一字不少地看完。同时还关注什么“原作”、“绘”的人是谁。于是便记住了平江不肖生、赵焕章、还珠楼主这些武侠作家，和画《鹰爪王》画滑稽故事的赵三岛，被我暗自称为“滑稽大王”的陈光镒，还有稍晚一些的华三川、程十发、刘继卣等画家。

大约是看出我看书的细致，哑巴便开始向我推荐一些“字书”（没图画的，32 开本的书籍），而且开头还不收钱。记得那是头本《薛仁贵征东》，薄薄一本一下就看完，一下就上了瘾，再接着看就不好意思不给钱了。于是省着过早钱，一本本接着看。因为是看书，就不背着父母。母亲问起书的来源，就笑骂着：“哑巴心不哑啊，一本书就把我儿子的过早钱哄去了。”于是偶尔塞几个钱由我去看。父亲间或问问书名，见是些《征东》、《征西》、《响马传》什么的，也就不管了。

其实父亲不知道，这种通俗“说部”读多了，对于孩子也是有副作用的。比如对尚武精神、行侠仗义的向往，就让我和小伙伴们做出不少可笑的事情。

那时候，刚好父母嫌我过于瘦弱，通过王立鹏老先生介绍把我送到瑞祥里万师傅教武的场子去学武艺。我小小年纪，刚学了几套“青龙手”、“武松手”这类洪门拳的发蒙套路，就想着打抱不平、除暴安良了。

一天，对门药酒店的湘华欺负他隔壁的臭货，碰到了我的挺身而出，我说声“大欺小，不像话”，便将臭货从湘华家救了出来。湘华恼羞成怒，叫道：“你以为你学了武把式就了不得？”说着拿起一根竹竿出门来撵臭货。我把臭货挡在身后，对湘华说：“你来，我不怕你！”谁知行侠仗义没有实力根本不行，“白手夺刀”之类的绝技，我只是从师父们的谈话中听到，真遇到带傢伙的，我防都防不住，哪谈得上夺！于是，我这个行侠者抵挡了两下，就被竹竿拤中当胸。一时也顾不得侠客的面子，竟当街哭了起来。那被我解救的臭货，却跑得无影无踪。真不仗义。

恰恰是我们这几个娃娃，通过这一打倒成了常来常往的朋友，同时还认得了我家隔壁的马兴文。

马兴文和我家之间只隔了一条牌楼巷，也是汉正街面上开金号的，来自湖南。他的爹带着小老婆在汉口当老板，把大老婆留在乡下。他是大老婆生的，在家里反倒有点“拖油瓶”的感觉。整天不和家里人打堆，只和街坊们一起玩，竟说得一口“汉腔”。我到现在也没闹明白，没见马兴文上学，他怎么就读了许多诸如《笑林广记》、《笑话三千》之类笑话书，和一些我也看过的说部。和我们一起玩时，说出的笑话都是从那些书上来的。他比我们大几岁，对我们特别友爱，像个真正的大哥哥。在一起讲古代英雄结义的故事讲得多了，我们也想学古人，来一个义结金兰。商量了好多天，我们就在马兴文家堂屋后边的神龛边举行了仪式。那份金兰帖，便是我仿着说部上的写法写的。四个人中马兴文最大，我九岁第二；湘华小我几个月，老三；最小的就是臭货了。金兰帖无非是写明排行，加上“不能同年同月同日生，但愿同年同月同日死”之类的套话，磕头烧香之后，就把它烧化了，算是对神明表明心迹。这只是孩子们的模仿，拜了弟兄干什么其实谁也不知道，图个在一起亲热就是了。倒是马兴文保护我们时真是尽心尽力。后来我们才知道，他在家里常挨他爸爸的打，打起来简直像打贼一样。是不是少了家庭温暖，使他渴望友谊，珍惜友谊?

在我们这群孩子中，有没有马兴文是很不一样的。马兴文教我们平和实在，他的无畏和谈话文雅不带脏字，使一些和我们一起玩的孩子也不敢随便骂人。马兴文被他爹打得站不住跑回湖南老家以后，又有一个叫荒荒的大孩子和我们玩过。荒荒也是他爹和乡下大老婆生的儿子。可能是长期没人管束，便有些畸形心态，行为怪诞，满嘴带渣子。我们觉得他太差成色，就不大和他来往了。

14岁的初中生(右一),杂书读了不少,已经不想当武侠,而是梦想着当化学家、文学家了

那正是我们成长的年月,碰上了国家民族的新旧交替,什么事我们都会感到新鲜,感到兴奋。各式各样的大游行,规模大大超过历来的民间庙会。昂扬向上的《咱们工人有力量》,激越豪迈的“雄赳赳,气昂昂,跨过鸭绿江”,比从前的“采莲船”更令我们欢欣无比。在一次大游行中让我扮演一个挨斗的地主,也使我和我的家人兴奋不已。在一次学校办的节日会演中上演快板,我有了生平首次创作的《百子歌》……这一切,带来的都是振奋,都越过了侠客梦的虚无缥缈。

色彩更为绚丽的梦幻,从接触现当代中外文学开始。

进入初中后,我的课外阅读基本结束了以说部、唱本为主的阶段。课本上,就有鲁迅、郭沫若、茅盾、巴金、老舍、孙犁等作家的作品,还有些外国作家作品的介绍。它们向我展开了一个广阔的阅读天地。从他们的作品中,我感受了远不同于说部、唱本的想像、感悟乃至梦幻。

建国初期相对宽松的教育环境,也给了我们较自由发展个性的机会。

从小学四年级起当我们班主任的涂竹居老师,本身是个世家子弟，书法篆刻都有相当造诣，尤其精通谜语。民国初年中国谜界有“南胡北涂”之说，涂先生便是北派的代表人物。是他在四年级时就增加了课外阅读常识的内容，我对韵律的关心，就是从他讲“十三辙”开始的。有一次作文，我依着刚学过韵文的新鲜感，竟异想天开，不做散行文体，而做起了分行押韵的所谓“诗”，弄得大同学们为我捏一把汗，认为一定会招来一顿训斥。听得多了，我也惴惴不安，暗骂自己怎么会当一回“扭头道人申公豹”！谁知涂老师评讲作文时不但不批评，反而说这种精神值得提倡，说作文本该不拘一格，大家都“光阴似箭，日月如梭”，就是印文章了。

初中时的语文老师陈其愚也是令人难忘的。我上他的课很少记笔记。尤其是词语解释和课文分析，我以为老师板书不过是让我们弄懂并学会使用，在表达上何必千篇一律照老师的话抄。我这个“全班惟一”并没有藏着掖着，这在今天，恐怕是被认为很令老师丢面子的行为。但陈老师却视若无睹，从没对我甩手听课的样子提出过批评。

初二上学期期末考试，有一道题是课文分析。许多背得笔记的同学便得意，没背过的便沮丧。我是连笔记都没记的，只有按自己的理解，以自己的表达方式作了陈述。新学期开始卷子发下来，我竟得了一个满分——100分。于是全班哗然，年级哗然。语文试卷得满分，这怎么可能？

不等大家询问，陈老师讲评试卷，首先就讲到了我。陈老师说：“这次考试，我给何祚欢打了100分。并不是他的答题全对，无懈可击，而是因为他敢于用自己的方式表达自己所理解的东西。而这正是我们的语文课要达到的目标。”

其实我在学语文中的“离经叛道”远不止此。陈老师布置的作文题，我就试着写过各种文体，诗歌、散文、戏剧等等，几乎从来没遭到批评呵斥。

比起今天高考中那些连科举制度都不如的所谓“标准答案”，涂老师和陈老师所表现的宽容，肯定更有利于学生的个性发展。我在此中受益，却深知学他们并不易。

后来，班主任董先武老师让我办墙报。除了编发同学们的稿件，我的一些文章便以各种笔名上了墙。同时我的文学梦也开始编织，向报刊的第一次投稿，便始于初中三年级。

何止文学梦。初二开始，我的数理化成绩突飞猛进，许多大同学解不了的题都来找我，还推举我参加全校的学习心得座谈会。由于对化学的偏爱，我也曾梦想当个化学家。

课余、假日，和一些朋友在一起摆弄口琴、笛子，刚吹得几个歌曲，就自以为有音乐天赋，暗自打听怎样报考中南音专，将来好当个音乐家……惟独没有当说书家的梦想。

如果我的家庭条件好一些，有实力让我接着高中大学一路读下去，这些梦想中的一想也许可以实现（后来的社会发展证明，更多的“也许”是泡汤）。可惜父亲的茶庄越开越小，弄得连伙食都保不住，我这个长子就只有实际一点，找个既能读书，又不愁饭吃的地方，好减轻家里的负担。于是我想到了当年风头正劲的武汉市第一师范学校。

本是一个极现实的选择，武汉一师的环境，却让我的少年梦幻更为绚丽。

平生当得最乐意的一回“官”

1956年初中毕业时，由于体育美术两门功课需要补考，便被取消保送资格，全凭实力去考。比起小学毕业时的考初中，我的感觉要轻松得多。一出考场我就料定，这回准取。

小学六年级时，我本是一个尖子生，却受了同一学习小组一个同学的“蛊惑”，信起了济公活佛。亏得临近毕业时发现他的“活佛附体”不过是装神弄鬼，及时离开他，抓紧复习，才勉强在发第二榜时被武汉四中录取。

而初中阶段，我从初二起就一直是尖子生，而且学得极轻松，自然考试后的感觉不至于差得太远。我如愿以偿，成为武汉一师的新生。

那时的师范，从中师到本科都是一个规矩，就是人人有饭吃。特殊困难的学生还可以申请零花钱。所以有人把师范学校戏称为“施饭学校”或“稀饭学校”。

学校有饭可施，不但使我的父母松了一口气，也使我松了一口气。不必担心某一天因学习上的需要而从每日两角的饭钱中节省，饿着上一天学，甚至每星期可从家里拿到五角零花钱。在那个惯于梦幻的年龄，饱着肚子且略有余钱去展开梦幻，绝对比初中时饿着想当化学家强。

在武汉一师，与我同样清寒的学生并不少，但这个学校的教育却能够帮助年轻一代展开梦幻的翅膀。

理想教育，从内容到形式都充满激情，与建国之初对社会主义、共产主义的憧憬一脉相承。师范学校所独有的艺术教育，更容易激发年轻人的浪漫情怀。几乎每周都有的周末联欢会，使我们有了展示自己的机会。只是进校之初，自己别无长技，仅仅在一次和高班同学的联欢中来了一段即兴编词的快板。因为编的都是眼前事，让大家觉得亲切，总算没丢人。

口袋里每星期有五毛零花钱，便在那里作痒，于是在一个周日的白天，花两毛钱进了民众乐园。本意是看不起"大京班"（市京剧团）就看"小京班"（青年京剧团），谁知两毛钱什么都能看的规矩让我产生了将园内所有的场子浏览一遍的欲望。更想不到的是，还没等到我把什么都看遍，就被市曲艺队康立本、杨松林的相声迷住，不想换场子了。

打那以后，我就迷上了相声，只要周末能回家，就一头钻进民众乐园。看完了就在同学中"贩卖"，终于在几个人的鼓动之下和同班的黄迅同学搭伙，首次在班内的晚会上说了一段《蛤蟆鼓儿》。接着又被班文体委员荐宝一样，把我们推向了全校。1957 年元旦晚会，是"一师"被火烧了饭厅兼礼堂后，在武汉师专（现湖北大学、原武汉师范学院）那个用芦席搭成的礼堂举行。说是和师专联欢，实际上还请了一些外校的精彩节目。我和黄迅准备的是传统相声《五红图》的"垫话儿"，一个短短五分钟的小段落。但班上的同学却认为我们能参加这场实质上的校际演出，是为全班争了光。人未曾上场，头几天就听到不少加油声，兴奋过头就变成紧张了。

演出那天，特从六中请来了马云岱，他的相声比我先上，一上场就是一副老到的专业相，一下就把我镇住了。本来的紧张变成了心虚，上场后简直不知那五分钟是怎么熬过来的。不料下场时竟得到了热烈的掌声，好像还有喝彩声。

演完后几天我都怕见人，总觉得那天的喝彩是倒彩，是"下去下去"的嘘声。直到校学生会文体部长来找我，才让我把那丢了的魂儿捡回来。

文体部长告诉我："看了你的演出，觉得你是个人才（这话我爱听，到现在年过花甲还喜欢人拿这话哄我）。我们学校合唱团、民乐队、舞蹈队、戏剧队都有了，就是没有曲艺队。各年级都有些曲艺爱好者，我们希望你出来当队长，把这方面的人组织起来。"

一番话说得我热血沸腾，也不管搞不搞得了，就把这差事应承下来了。其实这曲艺队长既无官方大印，又没正式任命，不过是寻找同声相应、同气相求者的条件。和学生会的领导们商量一番之后，我便在学校张贴了曲艺队成立的海报，不出一天，就来了一批呼应者。高我两届的王少宾，一口"京碟子"首先让人肃然起敬，会说相声还会唱两句单弦；高我一届的蓝芝根会耍木偶，会唱湖北大鼓；吴元达会拉手风琴，会说相声；同届的王忠刚会唱湖北大鼓。还有幼师班比我们高届的魏玉珍等两位"学姊"也要来说相声……一时间，我这个小兄弟便和一群热爱曲艺的大哥哥大姐姐们玩到了一起。幼师的两位女生一说相声就成了校级名人。可惜适合她们的节目少，加上又听到一些讥讽，没过多久便不说了。我自己则是有演必上，除了相声还演湖北大鼓什么的。

为了把相声演好，我除了常上民众乐园，听市曲艺队王树田，康立本、杨松林、韩子康的相声，王鸣乐、陈千文的大鼓，听地方曲艺队潘占奎的方言相声、胡明朗的大鼓等等，还尽可能地弄一些文字资料。到毕业时竟搜集了春风、百花文艺出版社、上海文艺出版社出版的相声小册子几十种，还搜集了侯宝林、里竹等人关于相声艺术普及知识的小册子。接触的作品多了，慢慢就掌握了一些规律，在节目吃紧的时候，就敢试着编一点新段子"供应门市"了。

那时候，天津南开区、和平区两支相声队常来武汉，在民众乐园演出"相声大会"。一晚上八段相声的上演量，不但让我过了足瘾也多了一个大节目源。凭着记性好，那些节目凡是我能演的我都学着演过。好演的《学四相》演过，难演的《空城计》也演过。但有一回学演《婚姻与迷信》却让我难过了好多日子。

《婚姻与迷信》是侯宝林先生讽刺北方旧婚俗的一个创作节目，风靡全国，很受欢迎。其中有一段说到新娘子入洞房之后，婆家人要给她送上一碗饺子。这饺子不能煮熟，新娘子吃一个下去，婆家就有人问："姑娘，生不生啊？"要的就是姑娘自己的口彩，回答："生！"有一回有一户人家不小心把饺子煮过了，送饺子的问："姑娘，生不生啊？"姑娘说："生什么生，都烂了！"

我在学说《婚姻与迷信》时，并不懂得其中这一部分有什么不合适，便一点不落地照着说了，好在只是在班上说，两天后，全班最大而且结了婚的邢大姐把我拉到无人处骂我道："傻小子，你前天都说的个啥呀，把女同学们羞死了！什么烂了好了的，你懂都不懂得！千万别拿到全校去说。"

以后几天我一直不自在，心想我怎么会说这一段呢，女同学们该不会以为我是流氓吧。还是邢大姐北方人性子直，干脆又骂我一顿："干吗打不起精神，那点事你就是个不懂呗，谁还把你怎么样了！"我心里的疙瘩才算解开了。

苏联人造卫星发射成功，《曲艺》杂志发表了一段相声《艾克与人造卫星》（不确），从讽刺艾森豪威尔入手来歌颂苏联的成就。我把它拿来说时，格外慎重些，上场前打算理一下发。那时学生自己理发成风，我找到了会唱湖北大鼓、刚调到我们班不久的王忠刚。这时候的王忠刚跟我已十分亲密，便跟我开了个大玩笑，一下手就把我脑袋正中犁出了一道大沟，说："就这样上台！"我心里很火，觉得演出是件很严肃的事，哪能这样出洋相。但面对好朋友又不能发火，只有求他，求到最后，他说了声"我给你弄好"，就把脑袋当中一大片变成了开阔地，两边和后头是茅草地，再无论我怎样求，他也不弄了。"就这样了，保险效果好。"

到了台上，果然很炸。全场大笑之后是怎么都平息不下的议论声。极端懊恼的我不知自己是怎样走下台的。

事后有人对这回的怪头颇多赞赏，我却百口莫辩。我不愿这样。从现实中也可以判定，某一怪招可能引出一下子的轰动，但相声说到底还要靠包袱招人。在后来的舞台生涯中，我从不出怪招，就是从这次玩笑中吸取的教训。

因为在校内有了些影响，很多爱好其他文艺形式的同学也来找我玩。

戏剧队的队长对我说："见你没事摆弄一下京胡二胡什么的，一口京腔又不错，不知爱不爱京剧？"我回说很迷。他让我一试，哼两口还行，一上弦就不中，因为正碰上变声，原来那股脆亮劲都不知到哪儿去了。队长说唱不了就来丑行吧，正好《打渔杀家》缺个丁郎。我想丑行就丑行，能过戏瘾就行，便当了一回坏蛋。

在这之前我就发现嗓子不行了，虽然知道是变声，却心有不甘。就想找个什么来替我唱唱。风琴钢琴是弄不起，胡琴总可以吧。于是攒钱先后买了一把京胡、一枝笛子、一枝箫，把它们全放在班上让大家玩。我也玩人家的二胡、秦琴。大概是用心的缘故，我的二胡、京胡、笛子很快就成了班上玩得最好的，什么演出的伴奏就由我出头了。

然而乐器越往下练我越发现我的音乐天赋并不行。想想也是，人不可能真的样样精通，于是把京胡二胡都放下了，只在适当时玩玩。

然而音乐仍然是我的梦。

在我渐渐淡忘了变声期的苦恼时，声乐教学的权威黄学源老师突然在课堂上发现，"你的嗓子有共鸣，有磁性……"当时我激动不已：绝没想到这评价会从黄先生嘴里出来，也绝没想到自己这一个变声，竟是"老母鸡变鸭"，变出一副好嗓子。后来屡次跟琴试验，的确好使。算得宽广的音域和圆润厚实的中间声区都使我比较自信。

后来，声乐老师李道中让我在校合唱团唱领唱，没高音时顶高音，有高音时唱中音。教钢琴和乐理的张惠清老师干脆把需要辅导唱歌的低班同学介绍到我这里来。好在我那时仅止于喜欢，并不认为自己有什么声乐上的造诣，对找上门的同学一律不谈唱歌，否则真要害了他们了。由于这份爱，1959 年学校让各班推荐，送一批同学通过短训到中学去教音乐时，我就几次找到李道中老师，让他推荐我去。李老师被缠不过，后来干脆跟我摊牌说，推荐权在各班团支部，而我们团支部认为我教语文更合适。于是我带着遗憾服从分配，和另一批同学去了武汉师院中文系短训班，结业后就分配到位于汉阳的武汉第四职工业余中学教语文去了。

差点成了个唱快板的

1959年8月，我到位于汉阳西大街的武汉第四职工业余中学报到时，第一眼看见的是那座洋礼拜堂门楣上方的三个字：

天王堂。

当时我就笑了。怎么一下就到《水浒》里去了？天王堂过后，

王鸣乐先生，湖北大鼓、评书两门抱的大书家。1956年以后我的偶像　（说唱团供稿）

应该来个草料场么？墙壁斑驳，院落凌乱，旁边还有一个什么小工厂的小机器“丁零丁零”地在那里浅斟低唱。我即将工作的学校就

这德行？为何没有教室和办公楼？

我咬着牙走进去，却看得呆了。好大好空阔的一个大厅，用大大小小的柜子隔成一个一个小块面，每个块面都有一些横列成行竖成阵的办公桌。正前方还有一座高不盈尺却横切去整个大厅五分之一面积的台子。我一下品过味来，这哪是什么“天王堂”，原来是个“主”字掉了上面那一“点”，这里是从前“天主堂”。那台子便是神甫讲道的地方。

心想：这才好呢，“天王堂”是中国庙，“天主堂”是外国庙，一点之差，却把我这辈子钉在庙里了！

一报到，发现学校领导不错。书记叫刘忠信，是一位调走多年还被人们念叨着的能人。校长郝庆云，没什么文化，却是一位厚道的老革命，参加过太行山整风运动。他们都表示，很欢迎我这样的年轻人。我被分配到初中语文组。当时就发给了8月份下半月工资。

开学时，我成了初中语文老师，学员是汉阳区各单位的职工，个个都比我大，我这个净活 18.5 岁的老师，被大家称为“小何老师”。我教了两个班。一个班晚上上课，借的32中教室。一个班是区消防队，清早六点到队里去上课。那以后我还教过区公安局、法院、检察院，汉阳油厂等单位，都是“送课上门”。

业余教育是教育系统中的一大块，市教育局设有专门处室，和普通教育似乎平起平坐。然而业校老师的地位却是不酸不甜的。不是每个干部职工都有求知欲，也不是每个单位都重视员工的文化素质教育。我们常常要面对从开学到期末“一轰二松三空”的变化。开学时三十个人的班，期末时有十个人就是胜利。于是，我们少不得要按上级要求，跑到学员所在单位去“劝学”。区一轻局有个姓彭的干部，从我认识他起他就在初二上上晚课，直到我四年后调走，老先生还在初二上，几乎所有老师都知道他，说他是“坚定不移的好同志”、“决心在初二上退休算了！”谁找他去上课他都是笑得大

左为康立本先生，我学相声从“偷”他的节目开始 （说唱团供稿）

开花，“好好好，我一定来！”到时候准不来。但每期开学他都会报一个“初二上”，谁碰到谁头疼。

开学不久，就要迎接建国十周年大庆。“四业中”开会的时间明显地多于研究教学的时间，其中开得最多的便是汉阳今昔的主题座谈会。老教师们谈起长江大桥、江汉桥的建设对昔日的郭公堤一线和乱坟遍地的龟山乃至整个汉阳带来的变化，确有情真意切、动人心魄的力量，它使我动了写点什么的念头。恰好汉阳区要举行十年大庆文艺会演，通知到了学校，领导便问我们几个年轻教师能不能弄点节目。和我一起分配来的两位一师校友“举报”了我会这会那，一下吊起了领导的胃口。老师们也很兴奋，首先向我推荐了一个相声搭档，教高中和大专班语文的姚心正老师，又吵着让学校增添一些文娱用品。

一点没费唇舌，刘忠信书记亲自批准，由教导主任徐孝威带着我和姚心正老师，一口气买回了京胡一把、二胡一把、唱湖北大鼓用的鼓板鼓架一套，还为我和姚老师定做了两件大褂。

四业中参加会演报了一段相声《汉阳今昔》，并不很成功。但文化馆却看上我会演会写，从此就算挂了号，有什么创作会、小演出，少不了会叫我去。一些大型庆祝活动更是少不了我。

1960年元旦前夜，我和姚心正老师被紧急召唤，随区委区政府领导到区辖范围内的工厂去，迎接“新年开门红”。每到一处，先有工厂锣鼓相迎，接着是厂领导把大红纸写好的“喜报”交到区领导手上，大声宣布一日完成多少，赢得开门红；一年将完成多少，放个大卫星（当时虽然反了“五风”，不许浮夸，但人们对高产指标仍习惯沿用大跃进“高产放卫星”的说法）。接着是区领导的祝词。最后是我和姚老师的相声，本质上是有笑料的祝词，一口气把厂领导报的指标再说一遍。在那种人人振奋的空气下，内容的贴近和报喜样式的新鲜，自然而然地带来轰动的效果。其实，区领导在出发之前已经把各厂“喜报”中的数字交给了我们，我们则边走边想点子，确定用两个传统相声《聋子打岔》和《对春联》的旧套子“旧瓶装新酒”，来它个见啥说啥。结果每到一处都受到热烈欢迎。这一夜几乎是通宵未眠，演罢之后却很兴奋，因为所到之处听到的都是赞誉之词，看到的都是欢天喜地。它让我开始在汉阳的观众中有了点人缘，也使不少人对我有了“有急才”的好印象。

这种好印象，又促使我在更重大的活动中“露脸”。一次“露脸”就是一次锻炼机会，机会多了，自然就要长本事。

1960年初汉阳区和青山区的区际对手赛，汉阳区业余文工团安排了一段快板要我上。区文化馆业务干部罗良铭是个大内行，自己就会唱山东快书。见我拿三块快板刮呀刮的，觉得“业”得太“余”了，就从皮影艺人傅金龙家里借来了一副板，正规的“节子”配“大板”，让我拿着上。时间只有三天。对我来说，唱快板不是难事，我从读小学时就会，只是一直不会打“节子”（五块小竹板间以铜钱做成的小板，用来在唱诵时打节奏），只会左手横拿两块板，右手直拿一块板，“左手横着‘夸’呀‘夸’，右手在上刮呀刮”，十分业余。倒是唱法上变得早。1957年在民众乐园听康立本先生唱快板，发现了后半拍起唱的方法，便学着那种节奏安排，把相声、快板两个行当都当基本功练习的快板《绕口令》练了个烂熟。在一师的全校晚会上，我曾用三块板伴奏演过《绕口令》，很得好评。它让我感到“嘴皮子”基本说得过去，但板的业余“法儿”一直令我无法将快板作独立曲种来表演。

到业中后也曾买过一副板，但那七根竹签间以铁垫圈做成的“节子板”，拿着打着都不是那回事，所以摆弄两下便放下了。打板的功终于没有练成。这回人家把正规的板拿来让我练，看样子拿着板上台做做样子，就会丢人了。于是一咬牙一跺脚，就此练起来。好在我唱过湖北大鼓，又一个人打过一套锣鼓，对两只手互相配合还不算完全陌生，三天连练带上台，还真对付下来了。

把板儿还给傅先生以后，心里十分难舍，正练得来劲，想往下练却没了傢伙。便找些竹子自己做。但找了好多，往往看着蛮好的竹，打出的音像死疙瘩。那段时间真是看见一张竹床都要盯半天，看哪一段好下料。但到底胆子小，尽管见竹床流涎水，也不敢担搞破坏的罪名，便只好三天两头跑篾匠铺，老板也看出门道了，他卖的竹器是直着劈出来的，我买的却是横着的短竹筒。便问我是做筷篓还是做浇筒。听说是做快板搞文艺宣传，干脆就不收我的钱了。

那几年中央电台曲艺节目播得多，天津李润杰先生的快板正当红。武汉曲艺队又从天津调进了一个青年演员陈文凯，板儿打得挺花，能要下满堂彩。我便在私下学陈的打板，学李先生的唱法。从那时直到调走，几乎天天从六点半开始练板半小时，从不间断。西大街一带的居民，业中背后32中的师生都知道，业中有个何老师，天天早晨练快板，是个下死工夫的傢伙。业中对面的白鹤村居委会

杨松林先生，全国数得上的相声好捧活　　（说唱团供稿）

主任、全国三八红旗手胡巧看了我的演出跟我认熟了之后对我说："哎呀小何老师啊，天天早晨听到你敲竹板，我就想：这个卖蒸糕的服务态度几好呃，都送货上门卖到业中楼上去了。哪个晓得是你在练快板呢。"我说："您家没把我当卖老鼠药的就不错了！"

这样练了一段时间，就把陈文凯的打板琢磨了个大概，除了眼神不行不敢练撒手抛板接板的技巧，其他的花式也能打下个小彩头来。从此，快板便成了我表演的曲种之一。一次全市会演，我报的就是快板《张羽煮海》。那是王亚平先生《百鸟朝凤集》中的一篇大作品，全文400余行。我光唱上半段200多行就足足花去了30多分钟。满头大汗下场时，场下的一片惊叹如悠悠凉风一般，让我心里有说不出的畅快。评议会上武汉电台许继武先生首先发出赞赏之声。接着青少年宫何守忠发言。何先生出身曲艺世家。母亲何砚樵是市说唱团老一辈单弦演员，父亲何庆煜为北方鼓书类节目弹三弦。妹妹何玉凤、何玉茹、何小蓉都是专业曲艺演员，惟独他没当演员，但经多见广说起来便满是道道。他一口道出：何祚欢的快板是学李润杰的味道，多少又掺了一点高凤山的"衬字垫字小碎口儿"，所以用在大段叙事的节目里就显得变化多，不单调。希望百尺竿头更进一步等等。

坦白地说，我一向是个并不自信的人，直到现在也常常冒出一些信不过自己的自问。当时在没有从过任何师傅，只靠台下的"瞟学"练出那么点玩意儿的情况下，得到几个内行的肯定，对我的自信有很大的帮助，令我至今难忘。

从那以后，我在汉阳区业余曲艺队的演出中一般就要上场两次了。一是开场的快板，再就是最后"底"上一个节目，或是相声或是湖北大鼓，后来是评书。1963年初市说唱团有意调我"入团"，曾约我到团里作过一场内部表演，骨子里是进团前的业务测试。那天全团所有的演员都到了，包括我一向敬慕的大牌艺术家李少霆、王树田、康立本、潘占奎、杨松林、顾伯年、张翠华、胡必达、夏雨田等。好在那时我已有了近千场的演出实践，懂得任何场合的表演其本质是把最好的向人们展示。于是我除了说一段已被观众承认的评书《双枪老太婆》外，还特意上了一段快板《绕口令》。在演完之后当场举行的评议会上，大家对我的“主行”评书没有多说，倒是对快板说了不少好话。唱京韵大鼓的张翠华老师的基本功是公认的，她没在会上发言，可她坐在我身边拉着我的手说的话却很令我回味：“小伙子，一听就知道你下过不少私功。”这“私功”两个字，与“山后练鞭”、“人后受罪”，有相似之意，但它的主旨还不在于“藏着掖着地练好功”，而是说，大家该练的你一定要练，大家没练的你也要练，意蕴就深多了。它一辈子都在为我加力。

进说唱团以后，领导规定我主攻的两个曲种就是湖北评书、快板。我演唱的方言快板《报上当》还一时成为省内学演的节目。不久来了专业快板演员郑小山，我才专攻评书。但偶有大型活动、宣传活动，仍然少不得掂起板来。

陈千文先生1954年那阵子开始走红，民众乐园曲艺队两场火暴的湖北大鼓之一，王鸣乐的弟子，张明智之师

（说唱团供稿）

饥荒岁月的营养餐

我在四业中任教的四年，是在“三年自然灾害”当中度过的。

突然由月定量37斤粮的学生变为吃29斤粮的先生，一开始上班就有高空下坠猛然失重的感觉。后来定量一减再减，减到男教师月供26斤，女24.5斤才到底线，这叫我很懵了一阵子。

那时候，“吃”被排到了至高无上的地位。我只要随区文工团出去演出几天，回校时老师们就会不变花样地问我：“吃得不错吧？”“这回吃了些么好东西？”……

老师们没问错，饥荒年月当业余文工团员，的确比一般人多一些改善生活的机会。“城乡挂钩”要文艺庆祝，吃是少不了的。“对手赛”演完了也是吃。还有下厂慰问，下乡慰问，总会有交三四两票吃回五六两的好事。到军山采石厂去慰问时，更是一日四餐敞开肚皮吃。我们几个搞曲艺的跟厂长开玩笑：“您家这里要不要人？我们把户口迁来行吗？”厂长是个老实人，听不懂我们的鬼话：“你们坐办公室的，户口到哪里都只有26斤定量！”

社会上以更浮夸的方式反浮夸风的做法，终于没能维持多久，曾经哄闹一时的“城市人民公社化”，组织机构，成立日期，庆祝方式都酝酿好了，一旦搞起来，一定又是一场大吃。后来的不了了之，恐怕和国家实在拿不出多少粮食来闹腾有关。到了1961年，我们的粮食定量已减至男26斤，女24.5斤；蔬菜一日4两，全是收不拢心的包菜边边（那年头也怪，粮食闹灾荒，包菜都只肯长边皮），还不一定有；食油月供2两；肉干脆为“零”！于是各级领导和报纸广

1965年10月，在省文艺干校辅导全省农村“乌兰牧骑”文工队，辅导快板书《大寨英雄贾进才》。虽没成专业快板，但基本功帮了我一生

播都强调劳逸结合，让日益蔓延的浮肿、肝炎尽可能得到一些控制。

四业中的课程减到最少，因为许多职工都要劳逸结合，学校便没了生源。四业中新调来的书记虽然把劳逸结合念成“劳免结合”，搞副业为大家改善生活的决心却大。学校巴掌大的院子被分成一个一个小指头，让老师们种点菜补贴肚子；后楼走廊砌成池子，发展人造肉精；在拦江堤外搭棚子搞小养殖场，派一个叫袁尚膜的老师去养猪，喂来杭鸡。买的几十只来杭鸡，喂到鸽子般大小就先先后后地死了，几次让老师们吃了一点“鸽子肉”，那成本却太高了；养猪是小的进门，养得更瘦死掉。校领导一气之下把剩下的两头半大的猪杀了，一人分一点肉完事。据说死鸡死猪的数目到最后算不团圆，问袁尚膜，他说“我吃了！”老师们恨不得把他拿来“吃”掉。

后来，组织中青年教师到武湖农场种苕，到南湖挖藕，总算让全校老师得到了一点补充。

至于教学业务，那时候就处于“各凭天良”的状态了。愿意作些准备也行，没劲搞完全可以扛出劳逸结合的牌子睡大觉。

当时语文组的老师多数是在家里住。住校的曾传骥和我都是爱看书的。曾有志于文艺评论，平时订了不少杂志，没事翻翻写写，不断向文艺期刊投稿，自我娱乐也算不寂寞。我则是自知学历太低，便借此机会自修中文系课程，有目的地读中外名著。

四业中的教导主任徐孝威先生是武汉大藏书家徐行可先生的公子，业中的图书采购仗了他的明白，做到了品种较齐，废书较少。管图书的金老师退休，见我对书有那么一点痴劲，便把他的一摊子交给了我。

接过金老师交给的图书目录和借阅记录，我发现有点乱，便请示和请教徐孝威老师，如有书无目的有目无书的情况该如何处理，分类不适的可否改动等等。徐先生一一指点，就让我大胆去办。他强调，有目无书的情况，只怪我们的藏书没有副本，不怪老师们借了不还。因为一些教学参考书不同于小说，读完了就可以周转，而应该让老师们有一段保留的时间。

徐先生的指点，恐怕和他藏书家的家庭背景有关。有点“宝剑赠烈士，红粉送佳人”的味道。反正这说法对我影响较大。我一生爱书如命，对把一本新书卷起来看到脊裂页卷才还来的人，决不再借书给他。而对于如我一般爱书的同道者偶有借书忘了还的，却绝对不催不要。现在“何祚欢工作室”里摆出的，也是我积年藏书的一部分，也采取了借给需要之人的方针。这和徐先生的影响不无关系。

而这段整理书籍的过程，也是我静下心来读书的过程。

那些日子，空阔的礼拜堂晚上只有住在阁楼上的两个人。书籍伴着我们度过了一个个饥饿难耐的夜晚。但有时看得性起睡觉晚了，暂时被搪过去的饥饿感又会阵阵袭来。然而我们谁也不敢出门，生怕一个把持不住，发了浑，一口气吃掉二两三两粮食，弄得一个月生活混乱不堪。实在饿急了，就喝几口开水欺骗一下肚子。白开水喝得寡味，就买一瓶酱油，冲汤喝，好把读书的时间延长一些。

在我们业中对门，就有一个“胡巧食堂”，除了白天卖饭，那些日子一到夜晚七点半就有桌案剁得山响的声音。它使我想到听熟了的卖剁馍的刀声。我之所以饥饿难熬又不敢出去，就是怕自己连对门这第一道关都过不了。

这样酱油汤抵挡剁馍，终于有一天熬不住，想像中外脆里柔的剁馍实在太让我发馋，我自己劝自己：偶一为之，只吃二两……

下得楼去，走到胡巧食堂，一看却哪里有什么卖剁馍的，那里面高朋满座，在听一位先生说书呢。那先生可能是储存的词汇不够用，就来它个“瓜菜代主粮”，两句话就敲一记醒木凑数，把等词儿的空当填满。无怪我在楼上听着，总惊诧“这卖剁馍的生意可真够好的！”

我成了职业说书演员以后，用醒木特别特别谨慎，就是从“卖剁馍”当中得到的启发，这是后话。

除了在学校较有系统地读中外名著，还到文化馆阅览室去度过每一个下午。那里是“明柜借书”——把每本书的书脊都朝着读者，读者只要从玻璃的空当中把看中的书一推就行。只要不带走，任何人都可以在那里一泡一个下午。

到文化馆借书看，是我有意为自己安排的“吃花色”的读书方式，书目方面就比较宽泛比较杂。文学艺术、科普读物、人物传记、回忆录、谈艺录、体育杂志、青年刊物等等，只要让借就瞎读一气。大有不挑食不厌食，先尽饱后消化的味道。

“学有专工，兼涉杂项”，使读书充满趣味性，游戏性。这段时间的读书，与其说让我积累了什么，还不如说让我初步选择了一种

"进补"的方法。读书"进补"是读书人一辈子天天要做的事，如果人人都"头悬梁，锥刺股"，那读书岂不是一条畏途。所以我对"学海无涯苦作舟"之类格言一向不大赞成。有些晚辈问起读书之道，我多爱说：把它当玩。或者说：犟着读出味道来，就会找到享受了。

事实也是如此。以我当时年方二十的阅历，中外文学名著就有许多我弄不懂的。比如屠格涅夫的某些作品，比如《红楼梦》中的许多细节。即令是故事性很强的《聊斋志异》，也因是古文体例，文虽通俗却也有很多地方要借助工具书才能弄明白。我只能尽可能地弄明白，实在有些模糊的，就跟牛吃草一样，吃下去留待以后再咀嚼。那时我特别怀念我的相声搭档姚心正老师。那是个绝顶聪明的人，一部分拿了名牌大学"撇撇"的老师总爱鄙视他中华大学的学历，然而他对于文学的那种感觉，他对于自己感受的准确表达，绝不是名牌"撇撇"们用"撇撇"可以比肩的。我们一起说相声时，我曾向他讨教过许多东西，他每次都是极尽所知，生动地给以解答，使我获益匪浅。可惜由于政治运动的原因，在我们"劳逸结合"的这段时间他已离开了学校。其他老师现在要少动少消耗，一般只上半天班。即令是上班，大家也是谈业务少，"精神会餐"的多。有的人倒是愿意谈，但平时连一个词语解释都不搬词典不敢开口，那点"急时抱佛脚"的本事，还不如我自己去悟呢。

在这同时，湖北省曲艺家协会提供的一次机会，又使我的读书"学有所用"，反过来又刺激我"知不足而后学"。

一次省曲协（设在武昌读书院省文化局内，行政那边的牌子叫"曲工组"）工作人员老诗人田野向我布置一个任务，说老艺人匡玉山手上有一本传统长篇书，几十万字的手抄本，从来秘不示人。老先生年已七十开外，后人又没一个说书的，怕的他百年之后这书又会流失。田老师交给我一个地址，让我找到匡老，给他做做工作，让他把书借出来，抄录整理之后就还给他，给他的稿酬按挖掘传统处理。而且这整理工作就交给我来做。明确告诉我，挖掘费三七开，我拿三成(二十年后的八十年代规矩改为:演述者20%,整理者80%)。

接到这个任务我很兴奋。因为匡先生在湖北曲艺界几乎是一个里程碑式的人物。是“评（书）鼓（书）分家”时期的代表者，曾经在民国初期红极一时。论辈分，应当是上世纪五十年代走红的王鸣乐先生的师辈。能跟这样的老前辈接触，就是完不成任务要不出他的书来，也可以从闲谈中学些东西。

在民意二路附近一个棚户区里，我找到了匡老先生，一个已显衰迈的老人。也许是缘分使然，听我一番自我介绍后，老人把我迎到家中，一坐下便打开了话匣子。给我印象最深的是，老人当年走红之时，并没有如一般红角那样，“江湖一把伞，只吃不攒”，大把大把拿去吃喝嫖赌，而是分厘珍惜，把儿子培养成为土木工程专业的大学生，后来经营了一个营造厂。他拒绝了儿子接他享清福的好意，依旧靠自己唱大鼓书过活。

交谈中，老先生知道我是一个中学教师，业余从事曲艺工作已有许多年的时候，说了许多鼓励赞扬的话。当我“话题一转，说明来意”时，我心里暗自打着鼓：老先生千万别犯倔……不想老人听我提到他那套书，竟一点也不像传言的那样躲闪其辞，很爽利地告诉我：

“那一本书多年都没得人说它了，叫《文武图》，是我从我先生那里一个字一个字记下来抄好的，钉了十本。”

说罢进房将那十本书一齐抱到了我面前。他说，同行中传言他说的书本都留底子，但从不轻易示人，这话全是真的。因为同行有些人品质不好，笔又懒，向你借了底本不还，一转脸还说是他的。现在省里要拿去整理存档就没话说了，“一齐交给你,弄完了还回来。”

我没想到老人家这样通情达理，没像我预想的那样，要费不少唇舌。我把书一本本拿着翻了一下，估计字数在五十万左右，光抄录也不是三两天可以完成的。为稳妥起见，我与匡老约定，拿一本整一本，整完一本换一本，就手将挖掘费送来。整理《文武图》的工作就这样开始了。

随着整理工作的进行，我发现我尽管读了一些书，所知却极有限。别看那部书属“通俗说部”范畴，情节编织也非常陈旧，落套，但由于是清末的“产品”，时代的前进使得一些当时通用的词语变成了现代的死亡词汇，古旧无所用，却必须疏解。时代不同所用的谦词、敬语也不尽相同。说部、戏曲中通用的一些词语，现代文学中已全然被淘汰等等，都需要我自己首先弄通，才能为原本改错订正，去芜杂留正本。如“两岸猿声啼不住”被写成“原生”“堤不住”，由于对原诗很熟，订正它就很方便。有些引诗引句不知出处，就要查找，询问了。

五十万字的抄录整理，是我此生首次经历的长篇作品。它使我长了学问，警醒我继续长学问。

挖掘费非常微薄。第一本十余万字是 70 元，按比例我得到 21 元。这在当时是很管用的。从第二本开始，田野老师告诉我说经费困难，每本就只有 50 元了。每次到武昌领了稿费，我都要到曹祥泰买两斤“人造肉精”，其实是榨了豆油后的黄豆饼，以前是当肥料的，现在掺和到“三合粉”里一蒸，多少能搪搪饿。另外我还买一些胡萝卜，每天用小罐蒸一些，到熬夜读书或整理《文武图》时，就不必再喝酱油汤了。

除了《文武图》，省曲协还同时派人整理江云卿的《走马建国》，陈树棠的《五老剑侠图》，所以发挖掘费有点“十个坛子九个盖”的味道。《文武图》开头两本是送稿子去当时就能拿到稿费，后来就只能等电话通知了。有一次是下一本快弄完了上一本的钱还未等到，我不着急匡老急，竟从民意二路步行到西大街，来四业中找我。我诚惶诚恐向他解释了一番，又请他吃了一次私人摊点上的三鲜豆皮，以表达我对他的歉意。这一来老先生反给我宽心了：不急不急，我是来看看你的。

从匡老的登门，我看出每笔挖掘费对他都很重要。我估计老先生的生活过得不宽裕。一问果然，由于没有多少茶馆请他去，他现在上台的机会就少了，经济上便紧张。知道这点内情后，我立即发动汉阳业余曲艺队的弟兄们，帮老先生找场子，让他有业务可做。几天之后，老先生就先后在汉阳月湖、东菜园一带演出了。

读书和整理旧书，使我平静地度过了灾荒岁月，同时也训练了我的“坐功”。这一份营养，确实让我受用了一辈子。

寻找“走红”的感觉

1962年上半年，我开始在全市范围内“走红”了。不是由说相声、唱快板、唱大鼓或唱歌“红”起来，而是由一本书——罗广斌、杨益言合著的小说《红岩》，而我将它改编成了评书，一下子说“红”了。

坦白地说，当年因一部书而半年内“走红”，并不是我刻意谋划的结果。我自小就有随遇而安的习惯。及至当了教师，我也觉得教教书，说说相声拉拉琴，活得蛮自在。书教好了是符合工作要求，职责所在，没什么可夸口的。相声说好了人家说声好，当时心里乐一乐，走到食堂还得自己付饭票，图个好心情而已。一切的用心和努力，都为了干得精彩、玩得正宗。

这仅仅只是我尚未走红时的平静，看起来像个世外高人似的。然而真到了方方面面找上门来，街街巷巷有人认识的时候，我就发现自己并不能免俗，并没有真正世外高人的那一份淡定。因为，一切才开始，没有阅历的淡定只是纸上谈兵。

在我喜欢相声喜欢得坚定不移的时候，是汉阳区文化馆布置的任务让我来“试一试”我从没想到认真一试的艺术样式——湖北评书。

第一次接受任务是1961年11月，汉阳区文化馆图书管理员徐楚炎（后任区图书馆副馆长）找到我，说有一本新出的回忆录《王若飞在狱中》很有教育意义，问我能不能用说评书的形式说一说，引起青年们的阅读兴趣。

我自小就喜欢听评书，所以徐先生一布置任务，我心里就痒痒了，于是答应一试，并且很快就做好了准备工作。之所以快，是因为没什么东西可“卖”——原作的结构不能当书说，又没有本事重新结构它，便只有在丑化敌人上做文章。我第一次改编的评书作品，就是这么单薄幼稚。但在五医院的第一场试演，气氛却很热烈。观众除了喜欢我加在书里的那些“包袱”，更重要的原因还是对革命先烈的崇敬。区里很多单位都注意到了这部书的教育意义，于是纷纷找到文化馆，要求我到他们那儿去说。没想到一下子安排了十多场，从 11 月中旬隔三差五一直说到了春节前夕。

别看场次多，那可全是义务演出，清茶管喝，“谢谢”管说，演完说声“再见”就行了。那年月业余演出全那样，也没谁心里不平衡。

十几场书说下来，我开始品出点滋味来了。觉得用我的“母语”——武汉方言来表达我之所想还是怪有意思的，而且在本地有北京方言（说相声系用北京方言，而不是普通话）无法比拟的优势。心想，以后碰到更接近评书的书，我还来试试。

时隔不久，那本书就“蹦”到我面前来了。

1962 年 4 月初，还是徐楚炎来找我，不同的是这回他代表团区委和区文化馆两家，邀请我将罗广斌、杨益言的小说《红岩》改编成评书，在青年中开展革命传统教育。

作为一个共青团员，对团区委出面布置的事情，当然不会讨价还价，何况我还憋着一股劲，要再过一把说书的瘾呢。

在接受说《红岩》的任务时，我的底气明显要足些。一是这部书本身是小说，为改编评书提供的故事因素要多得多。二是自说《王若飞在狱中》之后，我对评书的关注也多了起来。不论是中央电台播出的袁阔成先生的长篇评书，还是民众乐园武汉市曲艺队沈帮寿的短篇评书，我都像当初听相声那样，用扩大节目源的心态去对待它们，很快就把沈帮寿的《智闯鄱阳》“偷”了下来，找不到相声搭档时就上它。后来和武昌区曲艺队混熟了，就隔三差五地在那里练台。在老队长胡明朗的指导下，我把“偷”来的《武松代嫁》搬上了台，成为一个很火暴的场口。有了这些书目和舞台实践垫底，《红岩》的改编就地道得多了，从结构方式到表现手法到语言运用，基本上能算是正根正叶。

1962年4月26日下午，湖北评书《红岩》的第一部分在汉阳区委小礼堂首次试演。上台前我一门心思全在书里：前一段《沙坪书店》故事较严肃，以当时的形势，也不敢作过多的加工，所以“包袱”显得稀少了些；中间《怒写自白书》全靠情绪推动，一点不集中就会引来全场的散神；最后的《许云峰赴宴》是高潮，但我为一些人物规定的方言如徐鹏飞的山东话，并非我的最会等等，都使我不敢马虎。因此，这场演出的观众是谁我是一点都没注意。

演完了我明白了。因为一群冲上台和我握手的都是和我差不多的年轻人，自报某某单位“团委”的，其实好多位都是要在后边缀上“书记”二字的领导同志。他们的握手都在亲切接见之外下达了一个任务：“请到我们ＸＸ来说一场。”

面对这热情得有些乱的场面，我的思绪还沉浸在刚才演出的现场效果里：说《怒写自白书》时观众的感动，说许云峰对敌时观众的笑声，都使我断定这回的改编在艺术上有可取之处。然而我却无法回答这一锅粥似的邀请。我毕竟是个教师，再热爱曲艺也不能向学校提出不上课的要求而出去说书！但要是回绝，那可真有点“狗子坐轿子——不受人抬举”了。

就在这时候，一个说着标准京腔的中年人从台下“突破包围圈”，站在了我和那一群热情的共青团干部面前。他说：“大家不要直接找何祚欢——这件事由团市委和汉阳团区委一起安排好了。汉阳区的单位找团区委，区外的由市里协调。”

一看，是青少年宫的何守忠，他是代表团市委来的。我在前文曾提到过这位出身于曲艺世家的老大哥。可能是出于对曲艺的特殊感情，他每在我面前出现时，带来的都是鼓励。这次他不仅帮我解了围，而且直接切入了我最难启齿的事。他向团区委领导说：“何祚欢这部书说得相当地道，看样子不是在汉阳一个区说的事了。团市委再组织一场之后，那局面就不是他能控制的。团区委要向区里汇报，让区委区人委跟学校打招呼：革命传统教育，学校要全力支持！”

事后果然由区里跟学校打了招呼，学校的态度很坚决：为了尽可能支持何祚欢搞好革命传统教育，将其每周六节课减为两节，而且放在下午。其余时间由市、区与何协商安排。何出外演出的公汽车票，对方单位不报的，一律回校报销。

这个决定是由不善言词的校长郝庆云给我谈过之后又向全校老师宣布的，当时我确实受到很大震动：还要怎样啊，只有把书说好再说好了。

5月4日下午，团市委组织全市团干在协和医院礼堂又听了我一场，这一下市里区里一齐“放闸”，一时间我的演出比专业演员还要多。一场书两个半小时，有时一日三场，七个半小时下来回宿舍爬楼都爬不动。仗着年轻，睡一夜第二天屁事没有。

来请我说书的单位，一般是派一个人来陪我坐汽车、电车，演完再陪我回学校。武钢运输部条件好，每次都是汽车接送，不过车子稍稍大了一点，大黄河的副驾座，开起来照样兜风。

汉阳区十里铺的十里公社特别客气，前几天电话联系时就强调派车来接，后来讲好下午五点半，车子到学校，接到公社先吃饭后说书。到那天我等到五点半，公社来了个小伙子，听声音是电话与我联系的人，很客气：“何老师，请出门上车吧。”出门一看，轿车、卡车都没有，连拖拉机都没有。小伙子把斜靠在墙边的自行车扶正：“何老师，这是我们公社书记和主任共用的车，今天专门请您家的！”

自行车来接也是一份热情，我却不大满意他连续几天造的舆论。但想到马上开始的演出，我只能不露声色地坐上后座。等到了十里铺，我的一双脚麻得都下不了地，站了好半天才挪得开步子。

七里庙的“小拖”——小型拖拉机厂到底优越，小拖来接，风驰电掣，屁股虽麻，速度还可得！

大约过了一个月的样子，在区里组织的又一次演讲会上，团区委蒋书记一见我就说我瘦了许多，问是不是太累。当时我正在兴头上，而且刚学会克服嗓子过累的困扰，所以连说没关系。这位细心的老大姐却发现了我说这些话后边的隐衷。第二天她就找到学校去了。她很诚恳地说：“对不起，我们太粗心了。你一场书两个半小时，体力消耗太大，一月27斤定量怎么够！我把这事向主要负责同志作了汇报，决定从团区委机关的机动粮里拿出三斤粮票支援你。以后各单位请你我们都要打招呼，招待一餐饭，不收粮票！”

生活在今天的人们是无法理解我当时的感激的。“三年灾害”过后的我们，肚子里依然空得没什么油水，一场两个半小时的演出，的确跟重体力劳动一样耗营养。但以我们当时的觉悟，是怎么都说不出要求粮食补贴的话来的。蒋书记发现并提出解决它的办法，全然凭的是关心同志的真心，相对今天在某些机关里蔓延的冷漠，它是很能调动人的激情的。

后来场次越排越多，团市委也出面发话了，要求请我的单位给予一定的报酬。从此我到很多单位去，还可以收到每场5至10元的报酬。

过了些时候，一位不知内情的文化馆干部在全市业余文化工作的一个会上，对我收取报酬的事提出了批评。话传到团市委，一位领导同志当即批评了那种说法，“站着说话腰不疼！”

接着，汉阳区第五届政协会议将我列入委员名单。我们老革命的郝校长却表示：我们很支持何祚欢的，但不同意他去政协当委员。我开始很有意见，一些老师就劝我说，郝校长这个人你还不知道，他就怕把他的人才弄丢了。你去告诉他，你还是在四业中锅里吃饭，只是要干点别人家的活！我跟老校长一交谈，他弄明白人民代表、政协委员是给单位露脸的事，便很爽快地表示同意了。

从我经历的这些事情可以看出来，当年那方方面面的人们，都是怀着对事业的一股激情来支持我的，这种支持使我成长的外部环境如同坦途。

然而，没有阻滞的坦途，有时对一些特定的职业、特定的人群，并不全是好事，比如对刚尝“走红”滋味的我。

以我当时二十一岁的年龄，说相声说了六年才在水里起了一点小小的浪花，说评书却在一夜之间声名鹊起。这个来那个去的邀请，如何棒如何精的夸赞，听多了见多了，便以为一切本应如此，从前没有这一切时的淡泊就全没有了。我开始注意起人家邀请时的态度，讲究起场子里的条件。遇有不理想之处，就免不得言三语四，牢骚指责。做的次数多了，人家也将它看成了惯例。而我自己反倒沾沾自喜地以为，“这才是角儿！”

夏日一个白天，我和汉阳区业余曲艺队到汉口海员文化宫演出，好像是暑期慰问教师。由于全场各活动场所同时开放，主办方在照应上便有些疏忽。我看了很不满，便唠唠叨叨地说着“把人不当人”之类的牢骚话。

这时，在一旁听了多时的一位武汉一师校友很严肃地打断了我的话：“何祚欢老师，你晓不晓得老师们是在太阳地里看演出啊？你们慰问他们，你们倒有人迎来送往，他们又该谁来照应？同志啊，这是一次大活动，人家不到的要包涵一点！”

这番话完全没给我留面子，它出自一个比我晚两届，在校时以我为偶像，向我学声乐被我婉拒的校友口中，一下使我听懂了它忍无可忍的分量。

当时我无言。

事后我无颜。

它在我一生里时时响起，每当我旧病复发时，都会令我自问：

"角儿"的毛病又犯了？你真是个"角儿"吗？

后来，我干脆给自己归纳了一句话："出了名也离不开生老病死，说明出名和不出名没两样。"这样多少可以帮助抑制自己的心魔。

想起1962年，那真是一段充满喜悦，又充满自省的日子。

一方面，是大家的抬举和帮助，一方面，是自己跳出顾盼自雄的努力。

汉阳区文化宫、馆，硚口区和江岸区文化馆，许多干部都在《红岩》改编中出过点子。当时还在江岸区馆的贺征老师（后调说唱团，很长时间和夏雨田搭档），在我改编《双枪老太婆》时就说，"老太婆"出场前要铺垫，最好是先让匪兵借查证件揩老百姓的油，一直揩到"老太婆"出场。汉阳文化馆的罗良铭则把双枪老太婆随身的四个人名字传奇化，让他们更符合双枪老太婆的传奇色彩。评书艺术家沈帮寿则让我把"幺店子"里的匪军全安上绰号，"国民党的川军都抽大烟，就把他们叫烟土、烟鬼……"这才有了我后来《双枪老太婆》的那一番表演。

从5月到9月，《红岩》不知不觉说到了百场之数，区里领导便提出，为我开一个《红岩》百场座谈会。

这件事不但惊动了区领导，而且惊动了市说唱团和省曲艺家协会。市说唱团恰逢建团之初，正在全面网罗爱曲艺的读书人，便在暗中听过我的书之后放出话来，"这个人我们要了。"这个会他们派出了创作专职干部张世槐参加。

省曲艺家协会那时附设在省文化局，行政方面称"省文化局曲工组"。三位工作人员中，一位田野是诗人，一位蒋敬生出自书香世家，对读书人多少有些偏爱。听说有个教书的年轻人喜欢说书，很快就吸收我成为会员。这个会，他们不但参加，而且主动承担了写评论的任务。

9月末的一个下午，座谈会在汉阳区文化宫古琴台"高山流水"

举行。我为专家们说了《许云峰赴宴》。专家们评论自自然然是多所赞誉，我的心里漾满的自是满足与自得。其中以蒋先生的话最有诗意。他说的不是当时听的《许云峰赴宴》，而是就书风来概评，说是“玉树临风的少年柳敬亭，融融月色淡淡香”。我之所以记住这些，除了好听之外，还有受启发的成分。真把一门艺术经营到“融融月色淡淡香”的境界，别说我刚演了百场《红岩》办不到，一部书说了几代人的前辈们又有几个能办到？但它是我要努力去做的，是一个目标。

真正令我难忘且不敢忘的发言，是市群艺馆刘震老师的。他对《许云峰赴宴》能平中出奇是赞赏的。说到后来却话锋一转：“听说说唱团要调小何，那我就多说一句：无论你今天听到多少夸奖，都不要忘记艺术是靠作品说话的，没有一个一个的好作品，要听夸奖也听不长。”

直到现在，我都相信刘老师的一番敲打出自真心，并且一直把“靠作品说话”当行动时的动力。它甚至在很多关键时刻帮我冷静客观地对待一些好友的真心劝告——

刚进说唱团不久，正是我的《双枪老太婆》传遍全省的时候。便有好友劝我：“以后你的作品超不过《双枪》就不要朝外拿！”这道理并不错，但细一想不符合创作有高潮低潮的规律，没有低潮的积累，哪有新高潮的来临？

所以，1963 年“学雷锋”时我说雷锋，是明知敌不过《红岩》也“霸王硬上弓”的。除了当时宣传之需，我还觉得常说说不好说的节目，对锻炼“人保活”的能力有好处。

这样，我在调进说唱团之初在民众乐园顶场时，能有 15 个节目应付两天一换的变化。还能在坐镇民众乐园的同时赶演团里另一场《相声大会》。回过头再看我几十年几百万字作品，就不会觉得有什么可奇怪的了。

无可选择地选老师

1963年7月我接到调令，8月离开我工作了四年的“四业中”，正式成为武汉市说唱团演员。

那正是说唱团在市曲艺队的基础上扩编，四处延揽人才的时期。一部分老艺人退休，一些“科班”出身的中青年演员从全国各地来“入伙”；同时吸纳了一批湖北艺术学院（现武汉音乐学院）和附中的大专生、高中生，以及来自机关、学校的业余尖子。“业余尖子”中，在我之先已调入了胡必达、夏雨田、蔡贤臣等。与全国各大城市的曲艺团体相比，武汉市说唱团改变人员结构的努力，无意间奠定了它以后几十年不断创新的基础。

人员的来路不同，对曲艺艺术的理解、吸收方式、创作态度、创作方法自然存在差异。说唱团领导一方面大抓演出，让演出市场逼得演员天天为节目着急；一方面抓演职员之间的互补。如让艺术院校来的青年向全团讲音乐知识，让老艺人人人带学生，形成了全团钻研业务的风尚。

团里从事湖北评书的只有两个人，一个是团长李少霆，一个就是刚进团的我。按“组织分配师徒”的原则，我无可选择地被安排为李先生的学生。

我暗自庆幸团里只有两个说书的，让我不用为选择老师而劳神费力，轻轻松松地完成心愿。

原来，就在我说《红岩》最热火的时候，汉阳区的老区长张效臣就提出，要由区委、区政府出面，为我举行拜师仪式，征求我选

七十多岁的李少霆老师还有如此地道的功架

择师父的意见时，我就毫不犹豫地选择了李少霆。因为，在武汉众多的说书艺人中，李先生是惟一一位不带江湖气的艺人。他在湖北评书界率先说新书，一部《铁道游击队》既改变了评书界题材选择一成不变的旧貌，又促进了茶馆观众的新陈代谢。他说《飞车夺机枪》，能令我这样的说书人两手抓着椅子下沿直到听完。他说传统书，往往能突破情节惊险奇的局限，而从书情书理入手，真正做到"说尽人情方是书"。他是四五十年代汉口说书界"三大巨头"之一，却没有像许多名艺人那样沾染"嫖、赌、抽"的毛病，甚至连酒都拒不入口。这样的老师不找，我找谁！后来听说不提倡拜师会，这事就放下了。没想到，转了个弯又在这里接上了榫头！

团领导不知道我曾经有这样的一番打算，似乎还有些担心我不肯接受这位老师，所以找我谈话时特意来了个"精料加工"。这层意思从副团长彭邦桃嘴里出来就别有趣味。他对我说："你是我们费了好大的力才调进来的，你的书还有点基础。在业余当中看算尖子，在专业那就差个码子了。你身上沈帮寿（另一位湖北评书名家）的东西多，你可以学他。但要想长久，就要学李少霆。我们把他从江汉评书队挖过来当团长，不光是要树这面旗帜，还因为他的书正。你要先在他手下受点夹磨，把底子打正，再放开眼界广泛学习。基础不牢的人学沈帮寿，弄不好就学油了。"然后就是组织决定之类的一番宣布。也许是这个"组织决定"对我是正中下怀，我连彭邦桃的说话方式也接受了。后来朝夕相处，倒觉得和他交换意见特别放松，因为我这么说他他也不以为忤。

只是有一段"特别提醒"使我特别难办。领导强调，我和李少霆老师的关系应该是"新型的师生关系"，而不是"封建的师徒关系"。我心里直打鼓：什么关系是"封建"的，什么关系是"新型"的呢？这分寸可不好拿捏。老话说"师徒如父子"，师徒之间除了事业、技艺的授受，还有一层生活上的互相关照。这一部分是否就算

沈帮寿，湖北评书一怪杰，《智闯鄱阳》轰动京华，也是我们“偷学”的范本　　　　　　　　　（说唱团供稿）

“封建”的？我原打算问李老师家住哪里，去登一登师门的，这一来就不敢随便动了。

再看李老师，见了我也有点欲言又止的样子，看来他也弄不清这关系该怎么处。我想，我作为共青团员有顾虑，他作为共产党员只怕更为难些。

1963年9月的一个星期六，李老师突然对我说：“明天休息，你到我家里来一趟。”接着告诉了他的家庭住址。我心怀忐忑，但又不敢细问，估计和师生间的教学有关，便如期而至。

一进老师的家门，我就看出老师是精心准备了这次会见的。因为比我先到了三位客人我全认识。一位是李老师的授业师，湖北评书界公认的学问家陈树棠；一位是陈老的同辈人，与李老师同列汉口书界三巨头之一的“落地红”江云卿；再一位是老师的师弟颜荣卿。这可真是“人数虽少，尽取精华”，这架势，分明是缩小的拜师会。

然而没有拜师会的一切礼节，只是让我陪几位前辈先生吃饭，甚至没有一句师门认定、辈分大小、进门先后之类的话语。李老师仅仅在酒过三巡之后向几位前辈说了几句关于我的话。这是我铭记终生的一段话语。他说：“这个小何，何祚欢，去年市里会书的时候大家都认得了。组织上把他交给我，由我来带他。现在不兴拜师那一套，我是在组织的人（此处的‘组织’指共产党组织），要响应号召。今天让他跟各位老师见见面，以后到各位的书场去，就请大家关照一下。”

许多年以后，随着年岁的增长，阅历的加深，我越来越觉得李老师这样的安排是费了一番心思的，权变透露出他的真诚。

可以说，这是一次并不“违反组织原则”的拜师，从那以后，我到任何一位艺人的书场去听书，都会受到很热情的接待，原因是“这是少霆的学生”。

接着就讨论教学问题了。一天早晨，李老师笑眯眯问我："你想从那一部书学起？你是知识分子，悟性高，袍带公案对别人难，对你就不会难。"我笑答："老师，武侠、公案、脂粉、灵怪，我一部书都不想学。"

我本来还有下文，准备滔滔不绝说下去的，却发现李老师的脸上再没有刚才的春风春雨了，便急忙打住。李老师是有些恼火，冷冷地问了一句："你的意思是不学？"

我知道刚才的话引起误会了，便笑道："您家没听清白，我是一部就不学，要学就学十部八部！"

李老师看出我这"急就章"是为了缓和气氛，便也缓颜骂道："个杂种，在这里也'抖包袱'！"

我诚恳地向他说："老师您家想过没有，一部一部地'过'书，就算'过'给我十部，我都有可能只学会了书，不知道李少霆！"

老师眼一亮："依你呢？"

我说："学规律。从前的书是怎么一部一部'穿'起来的。现代小说拿上手，要怎样砍删补添才会说出滋味。老师，我比前面的师兄们贪心哪，他们只要一部书、几部书，我要晓得怎么做粑粑，还要学会种做粑粑的料！"

李老师兴奋起来了，感慨地说："个杂种，我从前教了那多徒弟，还没得哪个像你这样的。你要把老师弄得'倾家荡产'啊！那就照你的！"

我为老师的肯定所鼓励，竟兴奋过头地说起了狂话："李老师，我不光要学您家的书，还要学湖北所有高人的书，有机会还要下扬州、苏州去学扬州、苏州的评话！"

直到今天，我还为当年的年轻气盛不知进退而脸红。人家老师正跟你讨论怎么教你呢，你学他都才开始，就又是湖北又是扬州、苏州的，是觉得老师不行，还是你自己好高骛远？许多年以后，团里有些青年演员为了提高文学素养，到我家补课时都背着他们的授业老师，往往使我想起当年对李老师说的不知轻重的那些话语。如果遇到一个量狭的师父，也许当时就给我顶回来了："你的意思我不够资格教你了？"如果碰上个阴一些的，当时不说什么，以后尽让你穿小鞋，你这"祸"不是从嘴巴"不关风"引出来的吗！

然而，我所面对的李老师不一样，听了我的激情表白他不但不恼，反而高兴，赞许地说："对的，哪个艺人一生只从一个师父的？我就是先拜容忠圣先生，后拜陈树棠先生，到了四五十岁还到扬州去拜王少堂王老呢！"

李老师的赞赏不是玩虚套。以后的日子，他一有空就给我连讲带比画，什么顺笔、倒笔、顺插笔、倒插笔、惊险笔、隐伏笔，什么气口、叫口、嘻口、嚼口，什么赋赞、趟子、开脸、穿章等等，恨不得把他知道的一天灌进我脑壳里。还时不时向我提供"最新书讯"。某某在哪里说《隋唐》，哪个在何处说《野火春风斗古城》等等。通过他的引荐，我认得了新艺评书队青年艺人中的好手王启高等人。这样，我在民间说书人里就有了一些年龄相若的可以切磋的朋友。

有一天，李老师突然问我："你今晚有没有活？"听说我在民众乐园有一场，他就找来曲艺队长王鸣乐，让他把我的节目往前调（当时我在民众乐园曲艺场坐镇"小攒底"，即中场休息前的位置）。王先生问原因，李老师说，要带我去听书，"老先生的《三国》。他们年轻人现在不听，以后就听不到了的。"王鸣乐先生原本也是说评书的，后来才改行唱湖北大鼓。他知道李老师此处说的"老先生"是指陈树棠，也是他的老师，所以他知道李老师要让我调节目的分量，当即答应安排。

晚上我演完卸妆时，王先生过来嘱咐我说："小何，老先生的弟子当中，只有李少霆、李兴凯两个人拿得下《三国》，但都不如老先生说得好。老先生的《三国》轻易不说，听一回少一回，你要会听才行。”

这时李老师已经在后台等着，这些话他听得一字不落，但也没有怄气。出门往六渡桥红旗茶馆去的路上，他对我说：“鸣乐也是老先生的徒弟，比我进门还早，说起来是比我小几岁的师兄。他说得对，听老先生的《三国》要会听，会抓紧时间择精华的听。”

《三国》对我来说并不陌生，最精彩的部分应该首推赤壁之战的那些回目。所以我问李老师能不能听赤壁之战。李老师说赤壁之战回目本身就精彩，好一点的说书人都可以把它说得十分生动。听陈老的书，就要选人家会说而说不好、说不精的，比如《青梅煮酒论英雄》。

这一下我茅塞顿开，悟出那些演出繁忙的专业艺人，是怎样抓住有限的学习机会，尽可能多吸取别人精华的。

我们到红旗茶馆时，陈老先生的《三国》已经开书有一会了。看见我们，老人家简单打了个招呼就继续演出了。我一听，这才是《十常侍之乱》的故事，一部《三国》开头还没几天，若要听《煮酒论英雄》，当中还有《十八路诸侯讨董卓》、《三英战吕布》、《连环计》等一系列精彩回目。我小声对李老师说：“先生，这才是开头，没得半个月到不了《煮酒》啊。”言下之意，陈老是职业艺人，多一天书就多一天饭钱。要他跳过十几天的回目展示一段《煮酒论英雄》，我不忍心，他也不一定乐意。李老师却说：“不要紧的。老先生的书，收放随心，起止自由，什么样的变化都禁得住，无所谓的。”

看来这段《煮酒》是听到手的了！

中间休息，陈老坐到了我们师徒的桌前问我：“今天怎么有空？”李老师说：“特地来听您家的《三国》的。”陈老说：“既然来了，就要让你点菜吃饭。说，想听哪一段？”李老师看着我，我知道这是叫我自己开口。我吞吞吐吐说：“您家这才开书不久呢……”“不要紧。说书的不会跳不会挪移，这饭就算白吃了。点吧。”我受到了老先生的鼓励，就不顾忌什么，一咬牙一跺脚狠下了心：“那，那我就听《煮酒论英雄》！”

陈老一听，笑着直点头：“这是少霆教你说的——只有他才晓得挑这种冷书。这一挑我要丢半个多月生意啊。”

我觉得怪难为情：“那您家还是顺着说吧。”

陈老说：“你们年轻人来听我的书，我总要让你们听一点名堂么。就《煮酒》吧。你没点《蒋干盗书》就算宽大为怀了！”可不是么，那就得跳两月的书。这么说我点《煮酒》就不算心狠手辣了！

陈树棠老先生是民国初年就享誉汉口的大家。因为个子小，人称“小猴子”，是当时并称“五子”的五个名家之一。他的《煮酒论英雄》，好就好在语言通俗，前牵后连，把一个“论”字由政治家嘴里通解到了老百姓心里，能让人觉出曹操的知人知己，这正是他将来的成就大业的雄才大略的基础。

李老师带我去听的这场书之所以叫我终生难忘，不仅因为他指点我品出了一个真正有学问的书家深入浅出的厚重味道，还让我知道了，那些被称作“大家”的人，除了学问技艺的“大”，更重要的还必须具备人品、心胸的“大”。从陈树棠老先生，到少霆先生，都具有容人让人成全后辈的大心胸。

所以，在“文革”初期的“大揭发”中，任工作队怎么做工作，要我这个徒弟揭发他们认定的“反动曲霸”李少霆时，我怎么往坏里想也找不出老师“反动”和“霸”的地方。再三催问之下，我只能把武汉评书界争夺书场之类的往事，用章回小说的办法写成大字报，弄得工作队最终还是不满意。

实际上，经过“文革”初期“先定性，后集证”式的思考，我反而感受到老师大气的可贵。所谓“君子坦荡荡，小人常戚戚”，老师的坦荡不但不应否定，反而令我亲近。

在那之前，逢年过节我几乎没有到老师家去过。倒是从 1968 年老师进了“牛棚”之后，每一个春节的大年初一我都要去给老师拜个年。大清早，还是路旷人稀的时候，我轻轻叩开老师的门，进门去说一声：“先生，给您家拜年！”喝一口茶后说一声“先生多保重”，就趁着四下无人偷偷告辞。师徒四手相握，四目相对，在那个不允许“人性”、“温情”存在和将“反动权威”踩在脚下的时代，我们只能这样相见相别。对于我，这是老师形象升华所致；对于老师，这多少是一分逆境中的安慰。

也是从那时开始，大年初一上午成了我给老师拜年雷打不动的规矩。我拜的不仅是一位父辈，一位业务上的“授业、解惑”者，更重要的是一种精神，一种将职业升华为事业的信仰。老师进入晚年以后，形成了大年初一不外出的习惯，一到上午十点，他就会不断在窗口、路口眺望，口里念着：“他要来的，他要来的……”迎着了我，他会孩子般地说：“我说了你会来的。”稍晚了才看见我便会说：“我晓得你忙……”一个一直到生命终结时都惦记自己的弟子，宽谅弟子，并体贴弟子种种难处的老人，给予弟子的恐怕不仅仅是技艺，宽容，体贴，更多的还是一种——

幸福！

关于何祚欢的笑话

武汉文艺界流行着几个关于我的笑话，无一不是与我的眼睛有关。当事人的亲历一般不被人相信，而坊间的版本却很流行，这类“沉冤”之事不知找谁可以申雪。

最流行的“坊间本”：

说唱团下乡，常走夜路。领导号召互相照应，以策安全。几个女生被指定为何祚欢引路，因为他是深度近视眼。开初，女生们认真负责，一路沟沟坎坎总能领何顺利跨过。久之，女生们渐生懈怠。一日，女生们唧唧喳喳说着忘形，跨过一大沟走出老远才记起身后跟着个“进士大哥”。便回头大声齐呼：“沟！”字音才落，就听何祚欢闷声答道：“不必费心，我已经到沟里多时了！”

真实故事发生在沙市，主人公是湖北小曲元老张明亮：张公明亮者，汉滩小曲耆宿也。四胡一动，听者流连。惜双目失明，行动不便，走村串户，皆由几弟子执杖引领。一日，几女徒一时高兴，竟在过沟时未加提醒，待觉悟时已走出十丈之余。急回身高呼：“张老师，有沟！”“再喊有鬼用，我掉到沟里了！”

两个主人公，一在沙市一在武汉；一为全盲一为半盲；一个擅说一个工唱，差别大了。想来读者诸君能分别正史野史，茶余饭后，只说张先生别说在下我，以示甄别。

这里还有一个正版笑话：

说唱团到汉阳县（现蔡甸区）演出，吃晚饭前穿过一片小树林。走在前面的相声演员董铁良走到两树之间，突然将手伸到鼻梁的高度，横抚一个来回，然后举至头顶，再一低头一弯腰过去了。他身后不远处走着何祚欢，一看这动作，感到两树之间一定是牵了根绳子或铁丝，走到近前便学董抓绳索，将手伸到相似高度。可是一抓扑空，两抓三抓仍扑空。为了保险，干脆蹲着走过。追上董铁良后，何祚欢不解地问："那两棵树当中有么事啊？"董说："么事都没得！"一时众人大笑，因为眼神好的都知道那当中没有么事。

在说唱团的相声演员中，玩笑开到像董铁良这样具有机智、幽默、"蔫坏"水平的还不多。从玩笑当中我有一点感悟：铁良"使活儿"时的那份地道，有滋味，是和他天成的感觉分不开的。

这些笑话多数发生在农村。

20世纪60年代，文艺界提倡"到基层去"、"到工农兵当中去"，但在许多领导人眼里，似乎只有下乡才算"下"去了。我刚进说唱团时的第一次上班并不是到哪里演出，而是追赶在大悟参加"社会主义教育"运动的大队人马。1963年由武汉到大悟并不是一件容易事，得坐火车先到广水，再转汽车到大悟县城，最后到小队直接住到农民家里。住在素不相识的农民家，对于许多城里长大的人都是一件新鲜事，特别是每天吃"派饭"都要调换不同的人家，几乎天天要经历和陌生人相处的尴尬。大悟本是个穷县，我们住的环城公社阚家村相对要好一些，但每户农民都只能吃白水煮面。头一次吃不搁盐的煮面，的确不惯，尽管主人千篇一律地对我们说"咽，粗点儿咽"，那一盘盐辣椒却无法使我们"粗点儿咽"。就是这个相对富些的地方，头一回让我们体会到了中国农民之苦。

其实下到农户中的演职员并没什么事情做，搞"社教"的干部并不希望我们参与他们领导的运动，但乐于看我们"唱戏"。我们的全部工作就只有每天晚上的演出。从驻地阚家村出发，自己问路问到目的地，和住在另几个村的人会合，自己围个场子开锣。那些演出属于"配合运动"，全都是免费的。别看免费，看戏的人却闹不清

21 岁说《红岩》，看架势就知道是业余的　　（黄克勤摄）

我们演的到底是什么，开演前干部们的开场白，竟没一个把“说唱团”三个字全说对的。有的是“武汉市说剧团”，有的喊“武汉市话剧团”，张村说“武汉市话说团”，李村讲“武汉市唱说团”，有的干脆“武汉市说话团”。

但农民能听懂我们的演出，相声的“抖包袱”招来的笑声一点也不比城里差。倒是干部们，由于是带着搞运动的任务下乡，就生怕笑话把运动笑散了气。有一回王树田、杨松林的相声刚刚让满场笑了个开口爆，就有个干部从人群中跑到台上，大吼一声“严肃一点！”弄得大家再也不敢笑了。

后来我们每到一地就先向干部们开展“相声普及教育”，告诉他们，相声就是要笑的，并且开玩笑地指着体重220斤的王树田老师说，你看我们王老师就像个地主。结果有个干部非常积极地上台动员：“这个武汉市说剧团，他们就是来叫你们笑的。你们响应号召，大声地笑。他们还有一个地主说相声……”

从大悟回到武汉后已是8月末，我才算正式开始了职业演员的演出生涯，在民众乐园曲艺场坐镇“小攒底”——中间休息前的那一场。那些日子，我从说唱团集体宿舍搬出来，住到民众乐园后台，主动替代了值夜的老师，为的是每天清晨能和住在园内的演员们一起练功，同时还因为剧场后台比团里清静，每天后半夜和上午的时间都可以用来读书和写作。除此之外，每天下场后赶听附近茶馆的长篇书，也是我一天的活动之一。民众乐园比说唱团锁门要晚得多，这样我到远一些的茶馆就敢去了。

这是一段任何时候回忆起来都觉得有滋有味的日子，它也许正是我所要的职业演艺生涯。

但日子真要这样过下去，我的书可能会越说越单调。在民众乐园安静的后台写作时，我常常为题材的无法拓展而焦躁，甚至痛恨自己阅历浅薄，见识狭窄，隐隐地盼望突破狭小生活圈子的机会。

1963年10月中旬，这个机会居然就来找我了：湖北省文化局（当时叫“局”）为了搞好下乡服务，打算组织两支熔文艺、图书、科普于一炉的“农村文化工作队”，分别深入恩施、荆州两个地区的贫困山区。由于省群艺馆江云先生的力荐，我被点名加入了赴荆州的这个队。

我们这支队伍，聚集了省新华书店、省博物馆等单位的专业人员，演出队伍以省实验歌剧团为主干。演员有：省歌剧团李述真（韩英B角）、傅凌（秋菊扮演者）、孙艺、邝健娜、黄光祖；省汉剧团玲牡丹、刘开祥、吴玉宝；市说唱团何祚欢。乐队有省歌剧团杨仲谦（二胡）、虞柳青（板胡）、韦戎图（小提琴兼三弦）、武道生（大提琴）；省汉剧团鲁德经（京胡、二胡）。

凭这支区区14人的演出队伍，首先在地、县两级所在地演出整台晚会就难。省歌的人就拼命发掘我们几个人的潜力。于是有了刘开祥扮地主分子的一出小戏，我和吴玉宝的《白毛女》片断（从"北风吹"演到杨白劳喝卤水），傅凌和吴玉宝的湖北小曲《开箱教女》，我的评书，和几乎所有演员参加的表演唱等节目的加入。结果一台节目中，一半节目有我上场。

在这些节目当中，我最怕的就是上歌剧《白毛女》片断。我一个没练过形体功的青年演员，首先要过的关不是唱，相比之下唱倒成了我的强项，我怕的是杨白劳的步法，和喝卤水死去的身法。请教刘开祥，他示范的老头步我勉强可以模仿，那往下倒的一招却是怎么都学不会。刘先生说："这叫'吊毛'。"我说："我没掉过头发！"嘴上这么说，背地里却不断在无人处操练：倒下，不像，爬起。再倒，再爬起。到后来身法没学会，脸却练厚了。不管有人没人，觉得找到感觉了，说倒就往下倒。弄得歌剧团的人诧异不已："这个何祚欢，这是干什么呢？"知内情的人说："练杨白劳自杀呢。"那人就说："像他这样，杨白劳就不用自杀——摔都摔死了！"

好容易练了个把月，排熟了，可以上了，于是请领导审查节目。

那天省文化局的领导都到了场。我们也劲鼓鼓地，想展示一下"九个演员一台戏"的实力。谁知我排《白毛女》只顾了唱与做，忘记了自己浑身都是"痒痒肉"。等到吴玉宝扮演的喜儿发现老爹身死，大叫一声"爹"，往我身上一扑时，死去的杨白劳立刻触电一样，浑身大震，变成了活的，惹得台下一片笑声。

这件事若发生在"文革"中，我就会挨斗。好在当时还比较宽松，事后副局长任清只是轻描淡写地问了一句，知道问题出在怕痒上，还帮忙出了个点子，让吴玉宝扑上来时找我的肩膀趴。可吴玉宝是个有激情的演员，冷静时可以认准肩膀，一激动就管不了那么多了。万般无奈，我们只好在平时排练中找主意：让她专找我怕痒的地方趴，我就咬牙憋气忍着，试了几回居然可以挺过去。于是杨白劳在台上就变得干脆多了，说死就死过去，再也不会“触电”复活了。

这次省农村文化工作队下乡，下到了荆州地区当年最穷的三县——京（山）、钟（祥）、荆（门），且深入到了京山最苦的杨集、周畈，荆门最偏的栗溪。

文化部门的领导希望这支队伍能深入到农村“社会主义教育”运动第一线去，我们是按要求去做的。京山县永兴区是中央的“点”，我们从县城出发，带着学习的目的向永兴前进。而永兴迎接我们的却是人山人海的观众。中央下派的干部说：“为农民演出，就是对运动的支持。”演完了，任务就算完成。看来“第一线”的人们并不愿意接纳我们到他们的“线”里去，我们的领导在当年的情势下，能有几次活动表明文艺对于运动并未置身事外，大约也算功德圆满。

同样，我们的所谓“深入”，在很大程度上也是一种态度：我们去了，我们正在努力地向下，再向下。我们穿越京山大花岭原始森林时，行李早由农民组成的马帮驮走，而一路陪行的，是宣传部长、文教局长、广播站长、文化馆长。我们和农民的接触，还是只有演出。在荆门时，省局领导要求我们就在下边过年，县里领导却怕我们在大雪封山时被困在了山里，便抢在变天之前把我们接到了县城。农村的风俗也使我们不可能在农民家里过年。这一来，我们的“送戏下乡，和农民一起过年”就变成了县委领导陪我们过年。

1964年这个春节，荆门县把联欢活动安排得十分热烈，十分周到，以至我们队最年长的玲牡丹老师都热血沸腾，坚持要求上演一折《摘花》。平日里，玲牡丹老师不言不语，在后台只是帮忙清清捡

老师的眼神看来这辈子是我学不到的

捡，像一个跟包的。那个腊月三十夜，她扮起来了，出现在台上的就是一个明眸熠熠，玉齿皓然的小姑娘。那小锣伴奏下的圆场，跑起来竟如仙女临凡，流畅利索，无滞无碍。那摘花的一招一式，看得人眼花缭乱。那种轻盈灵动，就叫你相信台上这女子只有十八岁！从小到大，我还没有在这么近的距离看过花旦表演，更没有亲眼从便装到扮起来看个全过程。这明明白白的“全程跟踪”，让我折服，让我叹服中国的戏曲艺术，它可以用深厚的功底，保着一些垂垂老矣的艺术家，在舞台表演的瞬间，找回青春，焕发青春。

十多年后，当我听说玲牡丹老师带着氧气袋，抱病参加汉剧界庆祝粉碎“四人帮”的演出，并且一出场就叫人眼睛一亮的情形时，我心里有的只是欣慰，而丝毫没感到惊奇。因为我见过玲牡丹老师的瞬间爆发，也听说过七十出头的“江南活武松”盖叫天《十字坡》里真刀出手的功夫。它们令我相信了老一辈们“台下如绵羊，台上像老虎”的艺谚，更相信戏曲界随处可以发现深藏不露的高手。

我们因了县领导的精心安排，过了一个并不寂寞的春节，而上面了解的情况，却真的限定在了“和农民一起过春节”的假设上。因为接下来的普遍号召，重点要求可以证明，“下乡过年”是被当成成功经验了。1964 年下半年，武汉市文化局就指定了有“轻骑队”之称的市说唱团下乡送戏，不但要“和农民一起过春节”，而且规定了节后在农户家必须住多长时间，更规定，在农民家要做到“三不吃”，即不许吃鱼、肉、蛋。

为了贯彻市局的规定，说唱团完全中止了市内的演出活动，包括长年不停演的民众乐园曲艺场，除了年龄六十上下的顾伯年、潘占奎、李少霆三位老师，其余演员无一例外地下去。

开始是兵分两路的演出。一路走洪湖新滩口，一路走洪湖的丰口、曹市一线。

我所在的走新滩口这一路由副团长彭邦桃带队，沿途演出十分顺利。

演出环境和住宿条件的五花八门让我们体会到了那些乡下小班社、小剧团的生存是何等艰难。在新滩区的两场，虽是露天，但有亮晃晃的电灯。往下走，几乎都是在水利工地上，处处是露天台，好的有两盏汽灯，一般就在台口挂上一排“夜壶灯”。那些用来盛便溺之物的夜壶灌上了柴油，塞进了灯草，竟可以高居于我等头顶之上，照亮我辈的面庞，这着实很让我们兴奋。我们有时指着那些灯说：“谁说床下的夜壶高不过腰，现在它不是高到了我们头顶上吗？”

每一处的居住条件都不同，碰到了个把小礼堂，挤住在后台那算最理想的。其次是住农民家。再次是住工地上民工腾出的房子。

带着学生为老师李少霆庆祝八十大寿。那一年，我五十三岁

最要命的是生产队胡乱一指的一所空屋，因为它往往要让我们从清扫开始，还未住下就眼睁睁看着虫鼠蛇蝎为我们而搬家。然后再说好话，借来稻草铺地，将半幅幕布扯作隔帘，分开男人和女人。

每当到了这样的环境，主动要求睡在最边上或靠门处的必是副团长王树田。别看王先生体重二百二，躺下时鼾声如雷，在大悟时被河口区委书记冠以“叫驴子鼾”的美号，却要自荐“睡觉惊醒”的本事，说有什么响动他醒得快，可以招呼大家。转了几个台，我们不得不相信老先生所言非虚。有一天我起身上厕所，刚刚推开后台门，睡在门边的王先生立刻停下了他的“轰天雷震”，对我说：“是何祚欢吧？多加件衣服，外边儿凉。”弄得我非常歉疚，忙说：“王老师，我吵醒您了，您……”他说：“没什么，我接着睡就是了。进

在农村祠堂里为农民说书

来把门关好。”我溺罢进门时，王先生果然已经“重操旧业”，把呼噜打得气势更盛了。

为了保证演职员们的健康，彭邦桃团长一路上都强调办好伙食，命后勤人员尽一切力量让大家吃饱吃好。

这一路演出结束后，已经进入阴历的腊月。彭团长带着我们赶到曹市，与另一支队伍汇合。

别看平日里同事之间有这样那样的矛盾，分开个把月后在曹市会师，却是十分亲热。互相端详时我们吃惊地发现，凡是走曹市一线的人，都面黄肌瘦，憔悴不堪，和我们这一线没法比。一问才知，他们是一出门就按文化局的规定，严格执行三不吃。我们却是什么都吃，直到见到他们才晓得有这个“三不吃”的规定。于是有人问：“你们没有搞三不吃？”当问者纷纷之时，彭邦桃忍不住说道：“三不吃？还八不吃哟！一路上又演出又赶路，又装台拆台，再闹个三不吃，哪来的力气！”

这种明显抗命的语气，在当时颇得好感，却不料在“文革”中成了彭邦桃无法洗刷的罪名。

“歪掰”岁月

从1963年初开始，湖北和武汉人民广播电台（当时是一套班子，两块招牌）就播出了我的评书《双枪老太婆》。随着录制节目的增加，电台每周不少于三次地播出我的节目，这使我一进说唱团就有了高于一般演员的起点。在观众眼里，我就算是个“名演员”了。经常有认出我的观众问我：“一个月拿几百（块钱）？”几乎所有人都不相信我说的月薪46元，有人甚至说：“好幽默啊。”而在团里的演出中，我的场子排到了“小攒底”（中场休息前的一场）或“倒二”，也是对演出水平和在观众中的影响的一种认可。对于一个只有二十二三岁的青年演员，这应该是职业生涯中一个好的开头。倒二的场口在戏班里叫“压轴”（最后一场叫“大轴”），负责安排场次的杨松林老师敢叫一个进团不久的青年演员演这个位置，其提携青年的心胸令我至今难忘。

好话多了起来，观众中开始出现“何迷”。

一天我到一朋友家去，路过一家大副食品商店，见门口围着一群人，正听电台播放我说的评书《双枪老太婆》。这在当年是很平常的一件事，家里没收音机的人家，常常在商店门口听听唱片或广播，来过过瘾。现在听的是我说的书，我哪有不兴奋的。可还没等兴奋上劲呢，我就发现从录音当中暴露的问题了。

我听到开书不久的一段“贯口”：

“这时候，只听得桥南边‘嗨嗨，嚯嚯，嗨嗨，嚯嚯……’

表演唱中串一个角儿

来了一大群、一大帮、一大队人：有做买的，做卖的，卖米的，卖菜的，卖碗的，卖筷的，提篮的，背袋的，讨钱的，要债的，毛痞的，放赖的，随么事都有！”

这类高速度、节奏分明的段落，要求一气呵成，特别是最后部分要一气儿冲上去，连结构性的停顿都要忽略掉。而那一次录音我可能是前边的气息没安排好，居然在“……毛痞的，放赖的，随么事都有”这一截上出了毛病：“放赖的”三字说完，竟有一个停顿吸气。这在舞台上是要砸掉一个“包袱”的。因此，我情不自禁地脱口呼出：“唉！没说好没说好！”

不想这句对自己的批评引来了听众的不满。一个听众马上问我：“伙计，看不出来你还嫌他说得不好咧！”

我说："是没说好。"

那人说："依你的，该么样说才好呢？"

我自己说得烂熟的书，偏偏在面对更广大听众的录音上出了违

1963年12月在京山。左起第4人是我。从小花岭原始森林那如毯的落叶林中穿过，三十里路走得腿软，出来时却忍不住欢呼

反常规的毛病，我自己把它挑出来予以纠正，那还不易如反掌？于是我把舞台上惯常的说法演示了一遍。心想，这你们该晓得我是在批评自己了吧？谁知听我说完后，一位中年人过来拍着我的肩膀说："伙计，你还可得咧。想不想搞这一行吵？想搞我让何祚欢收你做徒弟！"

我怕越往下说越麻烦，打了个哈哈就跑了。

在单位会议室说书，人一围就干起来

朋友当中，也有不少赞扬声。四业中一位老同事一见我就说："伙计，你现在是炉火纯青哪，我一听就能听出你的风格。"

就在听这话的当时，我都觉得它颇像从前报纸上捧角儿常见的捧场凑趣的老套。以我说了一年多书的经历，我是谈不上"炉火纯青"的。然而，我还是喜欢听这类表扬。直到有一天在街上碰到几个迷我说书的同龄人，我才回过头去，好好审视自己的"炉火"到底在一个什么火候。

那一天碰到的那几个书迷，肯定是民众乐园曲艺场或相声大会的常客，不然不会在后边老远就认出我来。他们远远地喊着："何祚欢，话说1948年！"喊第一遍我恼火：又没招你们惹你们，这样指名道姓搞么事！喊第二遍我转过了弯：这肯定是很"铁"的书迷。喊了第三遍他们似乎满足了，不再喊了。我却有点吃惊，猛然间发现自己的当家节目，那开头的方式几乎是一成不变：

话说一九四八年，中共重庆地下市委工运书记许云峰被捕……（《许云峰赴宴》）

一九四八年的重庆城，昏天黑地，光怪陆离……（《江姐上船》）

一九四一年，是中国抗日战争最艰苦的岁月……（《大闹桥头镇》）

开头样式的单调，使“话说一九四八年”成为我的“招牌”。这个出自观众的玩笑使我猛省，就凭我，连个开头都不知变化的演员，充其量不过是一只刚生着的炉子，旺也许很旺，但要到成丹即丹、化铁即铁的火候，还差得远着呢。

于是在以后的创作中，我就特别注意开头。同时，由开头的追求变化想到整个段子甚至湖北评书的变化。

逼得我大跨步变革的契机，是1964年全省曲艺观摩演出。

这次观摩演出，实际上就是从前说的会演，比赛争高低的气氛极浓，扩建不久的武汉市说唱团正干在兴头上，颇有些志在必得的心气。主管业务和行政的副团长彭邦桃作动员时就这样分析：我们是全省惟一的国营专业曲艺团体，专业会演理所当然要当排头兵。我们有许多来自高校和来自业余的青年演员，文化结构之高在国内曲艺界都少见，我们应该拿出全省最高水平。

为了这个“最高”，团里法外施恩，分别给胡必达、夏雨田和我放了几次假，让我们去抓本子。我首先想到选择《桥隆飚》这样有传奇色彩的小说作底本进行改编，以为这样容易达到“抓人”的效果。改编的过程却告诉我，我并不适合说以惊险传奇为特色的书。同时，整个湖北评书界近四十年武侠题材的经营，已经造成了一大批说“惊、险、奇”的高手，一般人在会演这样的场合去赶这份热闹无疑是以短搏长，胜算微乎其微。我决定找一点大家不太涉及的题材，说一回与人不大一样的书。

20世纪60年代，有一台卡车把我们送到乡下，那就是最好的演出条件了　　（说唱团供稿）

几经犹豫，我选中了李准的电影文学剧本《龙马精神》。那年月中国的文艺新作，农村题材铺天盖地，别的题材佳作极少，能改编成评书的更少。选择李准的新作，的确是“矮子里头拔将军”，多少有些无奈，因为从《龙马精神》那么大篇幅的作品中改出一段三十分钟的评书，并不是容易的事，何况说唱团定节目的标准首先是观众喜欢。

好在那时的创作普遍地概念化，写农村生活基本上是反映公与私的“思想斗争”。故事千变万化，主题却是预先认定的，这恰恰是传统评书的套路。因此我在写柿树沟队委韩芒种和爱人蔡秀贞在一匹瘦马上的思想矛盾时，就在那匹瘦马和“落后人物”身上打主意，设计了一个接一个的包袱。比方说到“皮筲箕”老梁这个“自私”

人物，就安排了这样的出场方式：

大家一看这马，心都凉了半截。这时候，有个人说了一句："伙计们，我看这马不错啊。""它还不错？""是啊，它有三快吵！""哪三快？""它屁股比锥子快，脊梁骨比刀子快，跌倒了比爬起来快！"一阵哄笑后，才注意到说风凉话的是"皮筲箕"老梁。这个人哪，心里没得生产队，眼皮上贴了人民币，棒槌上都要刮四两油，皮筲箕从来不漏水！

为了开头的火暴，我拿出了胡明朗先生教给我的一段"贯口"，还在那前边加上了一点头子，组合起来就是：

全村的人：大块头、小伙子、大嫂子、小姨子、大姑娘、老头子、大娃娃、小秧子。还有白胡子大爹、黑胡子二爹、长胡子三爹、短胡子四爹、八字胡子五爹、鼻胡子六爹、没得胡子的幺爹，都到了村口。

在结尾处，用了一段"马赞"，既夸赞在韩芒种夫妻精心喂养下壮起来的马，又为"豹尾"效果酝酿气氛：

大家看韩芒种，比两个月前瘦了一圈，但人很精神。再看那马，膘肥肉满，滚瓜流油。好马——

它恰似无角魁牛，亚赛斑斓猛兽。遍体无一杂毛，浑身精神抖擞。驾车辕，运出棉粮万担；拖犁耙，翻开良田千亩。柿树沟，今日喜得千里马；鼓干劲，要将穷字连根锄。

众人看罢，齐叫芒种试马。那韩芒种翻身上马，挥手扬鞭。那马撒开四蹄，"嗒嗒嗒嗒……咴！"长嘶一声，绝尘而去。

正是……

我设计的是，说到马儿撒开四蹄后，接一个马蹄马嘶的口技，承接“贯口”的热气，把气氛推向高潮。

节目一讨论就获通过（那时说唱团审本子是所有人参加，作者念完后大家提意见），副团长彭邦桃建议标题定得直白些，叫《芒种喂马》，还命令我：拿到民众乐园去说！

四月中旬节目通过以后，我在民众乐园曲艺厅和新汉、群众等剧场的《相声大会》中将《芒种喂马》演了不下二十次。它从一开始就在营业性演出中接受考验，火暴炽烈的现场效果和结尾时持续弥久的掌声，证明了观众的认可，证明了这次大跨步的成功。等到六月底参加会演时，它自然比人家临时抱佛脚，专为会演而排练的新作要成熟得多。《芒种喂马》成为继《双枪老太婆》、《江姐上船》、《许云峰赴宴》之后，又一个被省群众艺术馆印成单行本在全省散发的节目。接着，湖北人民出版社将它印成大 64 开的小册子，正式向全国发行。

客观地说，《芒种喂马》是湖北评书第一个农村题材的评书节目，既是我改变自己的开始，也是湖北评书题材选择的一次突破性尝试。因此，它的成功使我赢得了更多内行的支持，圈内圈外，都把我视为这一行奉行改革的人物。

实际上，《芒种喂马》是贴近剧场观众的跨步，其本质还是湖北评书的演出本。接下来的情形，就有点“过犹不及”了。

1964 年初传达了毛主席关于文艺的两个批示，文艺界的气氛便远不如 1963 年以前那么宽松，直接配合政治运动的要求越来越高，曲艺这个“轻骑兵”自然要冲在前面。

1965 年援越抗美的宣传达到高潮，说唱团便组织了援越抗美专场。这场晚会我有两个节目，一个湖北道情《椰林新曲》，由我写词编曲，张守元、史梅英表演；一个评书《烈火赞》。写这两个节目时我就打定了改革的主意，想法是很好的，雄心也是很大的，“要把其他文学样式的东西带到曲艺里来”。道情《椰林新曲》用了一点新诗的句法，意在改变传统唱本“二二三”、“三三四”的七字句或十字句的基本构架。这在唱的节目上形成节奏样式的变化似乎还有可为之处。而评书《烈火赞》通篇用了散文的结构方式，淡化情节，不讲连贯的故事，句子也文绉绉的，整个就是一篇报告文学。我自己很为这“革新”而得意，团里的同事也觉得这又是一个味，不妨演了试试。

说唱团自行车演出队，经常一日行百里后再演出。图为团长李少霆

（说唱团供稿）

演出时，《椰林新曲》因曲子较有新意，首先被演员钟爱，观众反映也好。《烈火赞》演下来，我自己激情满怀，浑身大汗，感觉是搞了一场痛快淋漓的散文朗诵。内部审查时，还有不少“有新意”、“有创造”之类的好评。到了观众中，却只有莫明所以的愕然，下场时虽然也有掌声，但那只是出于礼貌，出于武汉观众不知何时出现的对我的特别宽容，而绝没有赞扬褒奖。我对这一点很不服气，觉得这么有文学色彩的东西不应该受到如此的冷遇。向别人问个为什么吧，一般回答都是“我觉得不错嘛”。有一天我实在忍不住了，就去问我的好朋友，四业中老同事刘正大（后来在汉阳区文化局副局

长任上退休)。他听了以后半天不出声，那种沉默，让人想起鲁迅的名句“不在沉默中爆发，便在沉默中死亡”。我等待着他的爆发。他沉默后的话语很轻很轻，力量却绝不亚于爆发。他说：“不像个东西……”

这可是我开始这次“创造”以来，听到的最“挖祖坟”的话了。倘若此人不是我的老同事、老大哥，不是我最知己的人，估计那天我就耐不住性子再往下听了。往下听，他说的道理很简单：“别个到曲艺场来听你就是听评书的，听散文朗诵就不找你了。”我虽然争辩了几句，从此没敢再演这个节目倒是事实。

然而我这个人好像有点“不记打”，过了不久我又弄了一个以夏菊花为题材的《红菊颂》，不但没吸取《烈火赞》的惨痛教训，反而干脆分行，真像作诗一样抒起情来了。而且样式也明目张胆地改称为“评话诗”。团里讨论节目时，从艺术学院来的同事们表现了对它一副学生腔的特殊喜爱，老先生们除了“还可以”就是一言不发。而观众和我一样明目张胆——你“评话诗”，我不喜欢！

一连两次，连续地“崴脚”，对我的“改革”雄心打击不小。冷静下来一想，倒把头绪理清楚了：写诗写散文，没事写了发表就是，拿到书场？观众不是吃这碗菜来的。我不得不承认，那一“赞”一“颂”，的确有点歪掰。

这一来，我就觉出刘正大兄那种“挖祖坟”的方式的珍贵了，我不能少了这班朋友。

从积极一面说，1965年的“歪掰”，正是我努力超越自己时的苦闷。

在我略有小成之时，许多朋友于表扬之外还向我提了不少建议和忠告。这其中有些意见我是没有听的。

一位老大哥劝我：不要轻易把演出本给人家，人家拿走了你拿手的节目，你拿什么吃饭？

还说：不要把节目交给电台，电台一播，你在剧场演什么？

我向他的解释是：我这是在逼迫自己不要懈怠。拿手节目给了别人，满天下都演这个节目，就逼得我赶快拿新节目替代它，即使再演这个节目，也要比别人演得好才行。节目给电台也是同理。

后来这几十年，我创作的评书，发表于报刊或出版成书的有近三百万字，未见文字却进了广播电视，上了书场的有二百余万字。就不要说副产品小说、随笔、戏剧的近二百万字了。这一切证明我当初的确是把自己“逼”得很凶，自己的创造力也被“逼”出来了。

《双枪老太婆》打响之后，另一位老大哥劝我：小何，以后你出作品要慎重，不超过“双枪”的不要出了！

我没有向他解释或争辩，但我心里清楚，《双枪老太婆》绝不是我的极限。同时，要超过“双枪”还必须有创作数量上的积累，有迎接高潮前的低潮，要动要出作品却是铁定的。

这样看，我的歪掰也是追求和创造中必经的过程。在那以后，我并没少了歪掰，只是掰的目的很清楚，要把别的东西变到评书里面来。态度也极审慎，动手大掰之前，一定要找几个“挖祖坟”的朋友来说说，他们多数说不行，我就坚决不掰。

“文革”当中，我们到咸宁军分区去慰问解放军，在听英模故事时，我被一位模范的事迹打动了。他为了表达对毛主席的热爱，把像章干脆直接别到胸前，结果导致发炎化脓。我们到他住院的地方看他时，他挣扎着爬起来，高呼着“毛主席万岁！”在当时的氛围里，我们都很感动，也自然地产生了创作冲动。

回到武汉后，恰逢我的好友、市 27 中学语文老师余望来看我，问及部队的新鲜事，我便很激动地把那个故事讲了一遍。谁知他听完后连想都未想，一口就下了结论：“假的！”任我怎么解释，我亲眼见过那个人，我们很受感动，他依然说“假的！”

大约过了两天，另一位好友、玻璃厂的查大春来时，我又把那故事说了一遍，大春也是毫不迟疑张嘴就说："假的！"

连着的两炮把我打哑了，但我想不透明明见过了人，听过了事迹报告，在另外的人听来怎么就有"假"的感觉呢？

几天过后我冷静下来想一想就悟过来了。尽管大家都热爱毛主席，但那位模范的事迹太个别，太不具备普遍性，即使事情发生在眼前，外人听来也觉得不真实，因为它不具备典型性。到现在来看，我们悟出的就肯定远不止这些，但朋友们在我经常"蠢蠢欲动"的创作冲动面前帮我分析事物，那一份真诚却是我忘不了，也终生受益的。

互相支撑的“胡夏何”

在说唱团待了整三十年，我觉得最有意思的事是这样几件：谈创作，讨论节目，谈表演。

进说唱团之前我也搞创作，但摸索着写的时候居多，在课堂上讲的文学创作好像总和手头写的东西不搭界，骨子里是我不晓得怎么搭界。

进说唱团之后，和夏雨田谈创作谈得最多。他起步比我早，才分比我高，作品涉及面又广，交谈起来，一般是他说的时候多，我听的时候多。把文学的因素引进曲艺作品，在他的作品里体现得非常鲜明。那时候，他的曲艺作品中诗多于曲，看上去处于他自己的尝试期。而对于我来说，那种用写诗的激情去写曲艺，把诗的意境用曲艺的方式来予以表达的味道，就是活生生的范本，不用讲也能给我许多启发。从这点上说，雨田这个同辈人在创作上对我的帮助，远比“一字之师”多得多。2004年7月30日我在由咸宁赶往大悟演出的车上听到雨田去世的噩耗，悲痛中曾口占一联：“笑洒大地，献汝才智献汝爱；恨向长天，夺我艺魂夺我师”，下联就是对我们这种关系的缅怀。

我与胡必达的交往就更不拘形迹些。

在武汉地区的曲艺史上，胡必达是一个不应被遗忘的好人。他原本是银行职员，20世纪50年代初参加全国职工会演，以一段快板《一分钱一两米》一炮打响，接着先后与梅尚乐、刘礼长、项克绍合说对口相声，成为武汉业余相声的翘楚。我还在上初中的时候，就从《长江日报》上读到评介他的文章，说他是“业余演员，专业水平”，给我留下抹不去的记忆。1957年参加建设青少年宫的义务劳动，在那个草棚子大礼堂里听过他一回对口相声《妙手成患》，觉得他清新脱俗的格调，的确不同于习见的带油滑习气的相声演员。1960年的全国职工会演，他又与武钢的王一诺、吴俊佑等合说四人相声《湖北好》，在京城很是露脸。以后武汉市曲艺队有重要演出时，又经常请他做帮手。和一群专业演员一起，他不但不显逊色，反而以他独有的气质，赢得更多年轻人和知识阶层的偏爱。武汉市曲艺队扩编建说唱团，他于1962年调入，一上专业舞台便大红大紫，被任为相声队队长。同年侯宝林先生偕中央广播说唱团来汉演出，市委宣传部长辛甫亲自出面“保媒”，说合促成，在汉口璇宫饭店举

从业余走向专业的“胡夏何”，胡必达是老大

（说唱团供稿）

行了胡必达的拜师仪式。这是继市京剧团王婉华拜入张（君秋）派门下之后，又一次由市委领导出面的拜师仪式，在武汉并不多见。以后的几十年，胡必达除了到成都演出期间碰到一位同门师弟时谈论起师门之谊，在一般场合就根本见不到他向人提起自己是侯门弟子。他的不事张扬，低调做人，由此可见一斑。

胡必达打骨子里是佩服侯宝林的。七十年代初他到北京出差时拜谒了师父以后，我见到了他一生中惟一一次主动谈侯先生，那种情不自禁、感慨系之的情形，令我也感慨不已。他对我说：伙计，这回我见识了么事叫大师！你说我们排一段相声，几时做过什么预案的？我们侯先生听说我上演了《保卫西沙》，劈头就问我段落怎么分，层次怎么安排，哪里是高潮，几个包袱的力度该怎么分配。问得我手忙脚乱。你还莫说，侯先生问完了不白问，接下来讲得是有条有理有滋有味。相声要照他那样排，哪有上台捅不响的！

公允地说，在侯先生的一群弟子中，无论是长相、声音还是台风，最像侯先生的还是胡必达。这一点张明智与我有同样的看法。只是胡必达除了不爱张扬还不爱走动，以至我几次见到侯大师时代他向大师问好，大师总批评他："我这个徒弟太懒，过年都不给我发封贺年片。"这也是侯门弟子们数起同门往往忘了他的原因。必达自己也许不觉得怎样，对于曲艺界，这也是一件可惜的事情。

未进说唱团之前，这样一个胡必达在我心目中自自然然是一个遥远的偶像。近距离一接触，却发现这人很好交。他与我有许多相近的东西：好几口酒，但酒不过量。好拉京胡，但不沉溺。还好唱几口。1963 年 8 月我刚进团时赶上队伍到大悟，第一次在农村稻场上围圈演出，打闹台的锣鼓一停，一把京胡拉拉曲牌的事，就由几个人轮着做。这几个人里就有必达一个。记得我们的交谈就是由京胡开始的。以后的几年，我们经常相约到一些小酒馆去品两口酒，说些表演上的事和一些艺坛掌故，但从来不论人短长。一般都是 AA

胡必达拜师仪式后合影　　　　（说唱团供稿）

制，喝至微醺就结束战斗。

一次出差与必达为伴，那可美了我们了，到哪里都要品尝一点当地美味。不料在南京下关，差点喝出了一场大祸。那天我们在下关码头一起岸，就被一家卤货店的猪耳朵惹发了酒瘾。几乎没作任何商量，我们就揣了一大块，然后走进了一家小馆子。一进门就喊：“老板，拿个盘子来，我们带了卤菜。”老板说：“什么好卤菜啊？”我说：“猪耳朵。”老板突然拍着刀吼了一声：“滚！没看清我门口是‘清真’吗？”怎么走到回民馆子了？我们两人一齐站起身往外走，边走边道歉：“对不起对不起，我们真没看见。”老板气还没消：“没看见？瞎了？”我指指我的眼镜片：“哎哟，我这近视眼，跟瞎了差不多。”错在我们，不这样解嘲怎么办？老板的气发不出来了，我们也出了门。一出门我就故意气必达：“总喊我瞎子，你这个好眼睛连个清真都看不见？”必达说：“我是远视眼，那个牌子离得太近了！”他就这么机智。

一次在上海南京路，我们看到一家餐馆里摆出的油虾、拌毛豆特别诱人，就进去了。除了这两样，还点了鸭肫和炒菜。那正是物资匮乏的年代，毛豆、油虾拿着钱都没地方买，今日久别重逢，当是不醉不归。喝的时候尽兴，喝罢才觉得酒偏多，肚偏饱。于是两个饱汉都说起了大话："下午有再好的东西也不喝酒了！"我跟他抬杠："我可以保证，你就难说。"必达说："下午我还喝就是个儿。"谁知下午走到汉口路，看到一家挂着"羊肉饺子"牌子的小馆，他就走不动了。

必达试着引诱我："饺子就酒，越喝越有。羊肉饺子啊，难得的呀？"

我跟他装憨："难得的就进去吃哕。"

他说："那喝不喝酒呢？"

我直笑："不敢。你说今天再喝是儿啊。"

"唉！那算了。"依依之情溢于言表，走出两步他就"叛变"了，一咬牙一跺脚："算了啊！当儿也喝！"酒一喝到口他就向我"反攻"："我是儿，哪个不是儿？我是我爸爸的儿，哪个敢犟！"

到了舞台上，必达就是个一丝不苟的人。在观众开怀笑声的背后，必达的多少苦功夫没几个人能知道，就是他上台前的那份认真，不接近的人也是不知道的。

在曲艺界，像必达这样上台前必"溜活"的不多。在说唱团，像必达这样上场前不许改一字的是惟一一人。

我曾在夏雨田的捧活演员病休时为夏雨田捧过活。上场前我问夏雨田："我们对对词儿？"雨田说："你那记性我还不放心？不对了。"雨田用的是放松术，让我上场前充满自信。

必达就又是一个风格。1965年陈尚忠阑尾开刀住院，必达的相声由我顶替捧活（评书照上）。上场前他问我："这节目你记得吧？"我晓得他的脾气，忙说："咱们对对。"溜下来，他没疑虑了。到了场上，我却发现他偶尔扶到我肩上来的手，回回都有些微颤！一个上场如履薄冰的艺术家，他要不取得成功，可真是老天爷不公了！

我和必达、雨田都是从业余来的。1964 年春节过后，《湖北日报》发表了记者田雨声的一篇特写《轻骑队里三尖兵》，从此胡、夏、何成为说唱团第二代人中“胡夏何”并称的三个挑梁的“角儿”。

在其他曲艺团体，并称的角儿往往在台底下会为排名、工资等争个谁长谁短。胡夏何之间，却始终没出现过这种情况。

1964 年，我感到正节目好写，小翻头（小段）难成，就问夏雨田：“雨田，有翻头的路子（未成节目的构思）吗？我有点顶不住、不够用了。”雨田说：“前些时想了个滥用简称的路子，你去掰一下试试？”于是他说了“麻糖”、“麻油”的构架。我拿来演了几次，觉得有些味道，但还真要“掰”一下，搁下来就没有再演了。我没再演，雨田从那以后在任何节目里也都没用关于简称的内容。直到七十年代末，我偶然想到了“上海测绘研究所”这个点子，才把这个节目再度拿出来，而且成了我的“硬活”。1987 年北京一群相声演员到武汉晚报作短期演出时与我同台，又从我这儿拿去进行了一些加工。可惜七加八加加得太多，过犹不及，这节目的味道就没有了。说到底，它的构思是夏雨田的。对创作来说，构思是全局性的东西，添删补留不过是小技而已。历史上有艺谚说“宁赠一文钱，不赠一句言”，雨田和我交往，这种“言”就赠得太多了。

1965 年，省市文艺界支援越南、支援多米尼加反美斗争的名角大会串，点名要我去，我却拿不出节目。我问雨田：“在这台节目里我上你的快板《癞皮狗》好不好？”雨田说：“那长了，这类串演要短。我这里有个慢板《两个美国佬》，又短又脆，你拿去试试。”

就是在说唱团的排练厅里，雨田把节目念了一遍：

两个美国佬，

对坐把酒喝。
一个吐苦水，
一个牢骚多。
步兵先举杯：
老兄，喝呀喝。
还是你们空军好，
开跑不用脚。
我们是步兵，
条件差得多。
越南游击队，
神出又鬼没。
枪又打得准，
专打后脑壳……

念完后问我："可不可以？"

这种又短又有味的节目，哪有不可以的。拿去一演，简直就下不来了，十分火暴。后来在市五七干校宣传队，不少知青听了几遍之后就拿去作他们的演出节目了。

胡、夏、何声名鹊起，说唱团的《相声大会》的"响档"就多了。老一辈的相声有王树田、康立本，还有顾伯年的单弦拉戏等等。硬节目多了，排节目次序就要求讲究一些。既要一场一场不使场子出现过冷的低潮，又不能把几个响档放在一起"自相残杀"。老艺术家杨松林不愧是此中高手，他总能把每场节目安置得十分妥帖。胡、夏、何三场是整场中最响的，一般情况绝对不搞"鱼咬尾"，相互之间总有其他节目相间隔。

但有一天出了个意想不到的情况，就不能按常规排次序，结果还真碰上了"鱼咬尾"。

胡、夏、何三人，夏雨田一直坚持排在第二，成就却是最大的　　（说唱团供稿）

那天《相声大会》在汉阳剧场公演，武汉剧院又有一场招待首长的内部晚会需要胡、夏、何去演出。三场节目是《相声大会》里的半壁江山，公演这边不能让这三个节目中的任何一个演开场，又要保证那边的晚会不误场。杨松林老师只好让我在汉口演完前边第二个节目再往汉阳赶，赶到汉阳坐镇“小攒底”，等着夏雨田从汉口赶过来进后台了才能下台休息。胡必达则在汉阳演第三场，赶过汉口演后场。

这么一排，我从汉口赶到汉阳时就正碰上胡必达接近下场的时间。那时候他的演出是每场必翻三次才能下台的，那天急着赶场，舞台监督杨松林老师只得在他再来两次之后让他赶快奔汉口。这一下，我就“撞到枪口上”了。没有要下第三次翻头的观众不依不饶地鼓掌，报幕员报节目的声音被淹没在了掌声之中，我出场时，台下还是闹哄哄的。我进团以来从来都是在“碰头好”的掌声里走向台口，多少有点被“惯坏了”，碰到这种场面，简直不知所措。我只有在嗡嗡声中硬着头皮往下说。虽然也翻了头，但比起以往那可真差了不少成色。演完后，我一动不动地坐在后台，说不出的懊丧，甚至觉得观众不可思议，明明是喜欢我的，为什么看见我出台了还静不下来？

节目快演完时，必达从汉口赶过来了。他是队长，他担心今天这么多节目对赶会赶出纰漏。见剧场里热烈如故，他放了心。见我呆坐着的一副懊丧样儿，他坐到了我身边。

这时候我其实害怕别人触及我刚才的上场。必达却是一上来就点题：“不快活？是不是刚才接我的场子没接好，观众静不下来？”

我害怕触及刚才那种事，实质上是害怕别人嘲笑，害怕幸灾乐祸。但必达的语气里根本没有嘲笑，只有关心。我心里一热，说道：“真奇怪，看见我出台了还静不下来。”

必达一笑说：“在那种气氛之下莫说出去的是你，就是侯宝林出去也静不下来。”

“那为么事呢？”

“我走的时候就担心这件事：我为了赶场，本来要翻三次，只翻到第二次就走了。观众的注意力还在我身上，这时候谁上去谁倒霉。”

“接这样的场口就只有认倒霉了？”

必达摇摇头：“观众不是还要我出去吗？你出去就顺他们的劲，夸我吵。你一夸，他们觉得对路，不就静下了吗。你再找一个地方痞我一句，抖一个包袱，这场子就是你的了。”

这一说，说得我心里云开雾散。回到家里我越想越觉得有道理，越觉得有道理便越觉得感动：这是必达经历了多少次我这样的懊丧才换来的一招啊，在我感到失意的时候，他就这么轻易地教给了我，他待人的真诚，不必加什么描绘都能看出来。我的演出笔记中，就记录了那天的一幕，还为那段文字加了标题叫《顺水推舟，轻支慢引》。

必达的这一招，后来我还真见他用过。七十年代中期的一次演出中，凑巧把我的节目排到了他的前面。那天我的场子也火，翻头时我又上了一段口技，结尾是模仿弹棉花，那花弓的弦声和瓷夹被震动的响声同时从一张嘴里出来，在手工弹棉尚未绝迹的那个时候是能唤起观众联想的。因此弓声一落便掌声雷动。因为要赶时间，舞台监督杨老师不让再翻，接着是报幕声被淹没，必达和陈尚忠上场时场下嗡嗡声不断。情景和我原先碰到的一模一样。

不同的是，胡必达不急不躁，气定神闲地一上去就夸我：

甲：上个节目是何祚欢的评书。

乙：说得不错。

甲：所以观众要他添一点儿。

乙：他来了一段口技。

甲：何祚欢的口技说得好。

乙：逼真，学得像。

甲：你看那弹棉花，多像啊。

乙：确实像。

甲：观众听不够。

乙：是啊。

甲：鼓着掌还要呢。

乙：可不是吗。

甲：何祚欢的弹棉花，多地道！

乙：地道。

甲：何祚欢的弹棉花为什么学得那么像？

乙：为什么？

甲：因为何祚欢他爸爸——

乙：怎么样？

甲：是弹棉花的。

这简直是把他教我的一招在我面前演练了一遍。说到这里，全场的注意力果然集中到了他的身上。这次“现场教学”，实地证明了胡必达的真诚。

胡、夏、何之间也有些矛盾，但绝对只是工作上的不同意见，认识上的差异，交换和解决都很简单。

我和夏雨田，往往是自然消解一些误会，一切均在不言中。因为他这个人肚量大，有什么意见往往照顾我的面子不会说出来。我便会在暗暗体会之中去适应他，消解我能体会得出的意见。1984年他担任市文联专职副主席一年多以后，我担任了说唱团团长。有几次团里为公事应酬客人，我又不能分身到场，便打电话请他出面救救场面。若不是多年形成的知近感，我是不会让他做这种在旁人看来有些“降格”的事情的。然而正是知近，雨田每次都来了，救场于必救之际，谢不谢，都没有在言语上表达。

必达和我闹别扭，常常这样办。他或我发现问题，都会问对方："这些时对我有意见？"有意见的一方也不会隐讳，于是两人都会说："找个地方喝着说！"这一顿，就会是有牢骚发牢骚，能解释就解释。一般都能做到烟消云散。

1984 年 10 月我担任武汉市说唱团团长，是全团海选出来后由文化局任命的。选举结束后局领导参加了全团在德华酒楼的酒宴。去酒楼的路上必达对我"坦白交待"说："伙计，我没投你的票。我不赞成你当团长！"

也只有处到必达与我这样无话不说的状态，才会有这样大胆的"坦白"。自然接下来我会对他"从宽处理"，在酒宴上多灌了他几杯："老哥，为你的不投票，干杯！"

因为我当团长是接他的下任，他知道当团长有多痛苦，他不想我也同样痛苦一回。这种关心，也只有我能从直通通的"坦白"后边品出来。

1964 年 6 月，改编的《芒种喂马》在全省会演中大火

（胡文新摄）

到上海配眼镜，影响我一生

1966年元月，团里给了我一个月假期，让我到上海去配“无形眼镜”（现称为隐形眼镜）。

进团几年来，有感于上山下乡演出时上下场的极度不便，给同事添的麻烦太多。我以为有了“无形眼镜”一切麻烦就没了。

到上海经过了医院验光、厂家配制的一系列折腾，才知道我等近视之辈要提高视力，就要以忍受许多痛苦为代价。现在戴“博士伦”的人都知道，那软软的小镜片怎么说都是个异物，戴久了对眼睛是有损害的。那时候我们去配的是什么？是硬硬的有机玻璃片。

那副眼镜留到现在，让我有了向人吹牛的资本：我是武汉市最早用隐形眼镜的人！

然而面对有机玻璃镜片，从验光到配戴，都需要有直瞪瞪看着个冷冰冰硬邦邦的东西塞进眼睛的勇气。验光那天，镜片戴到我眼球上以后我起码流了十分钟的泪，不是伤心而是酸睛。配好后还有一星期的试戴期，帮我们解决戴镜时可能出现的问题。有一天我戴着戴着突然眼前一黑，眼镜从瞳孔这个部位滑开了，好像没掉到地上，因为眼睛里痛感十分强烈。看地上有没有吧，镜片没有了拿什么看？想抠出来吧，又怕连眼球一起抠下来了。到门房给厂家去了个电话，他们说，这事很简单，是镜片滑开了，只要拿眼睛去看那个你觉得疼的部位，镜片就会回到正确的位置上去。我咬着牙三看两看，看了一脸泪水，突然眼睛一亮，它真的复位了。

离开上海时戴镜验光，矫正视力竟达到了1.2。带着一分喜悦，回到武汉后我戴着镜片上了舞台。往台下一看，收获不小：演出这多年，我第一次发现观众都长着牙齿！第一排那个小伙子，一嘴东倒西歪的牙，居然敢把嘴张得城门似的哈哈大笑。

有天下台后往外取眼镜，一不小心没捏好吸管（初期的隐形眼镜上下都要借助一个小小的橡皮管），将镜片掉到了地上。失去了眼镜，哪还能找眼镜？我只有大叫："胡必达！胡必达！"胡必达说："么回事？哪里失火了？"我说："快救命，我的眼镜掉了！"

胡必达说："伙计，这不是开玩笑的事咧。那这样，后台戒严，都不许走动，不然一脚下去你上海一趟算白跑了！"说罢低着头走到我身边开始趴在地上找。其他人还真的戒严，站在各自位置上一动不动，只是望着胡必达，全团只有他过细，绝不会找着找着一脚踏到镜片上的。而胡必达趴在地上的认真劲儿，还真像我们小时候打珠子趴在地上找目标的样子。女演员们不敢动却敢笑，东西没找到，她们就在原地打着哈哈。

突然，胡必达大叫一声："找到了！"用一只手捂住了目标。说是捂，又不敢把手掌按下去，而是五指撑地，手掌高高悬起，给那失落的镜片做了个人肉护罩。奔过来的人望着他那模样，一时都笑岔了气。

那眼镜的确没过关，一天最多只能戴两小时。有一天我贪图那份清楚，戴了近六个钟头，结果连续几天眼睛红肿疼痛，一检查居然化了脓。就这样，我一咬牙彻底告别了"无形眼镜"。

但上海之行的副产品却非常丰足。

那是我第一次到上海，未曾出行前就担心到那里之后怎么安顿自己，住宿、伙食贵不贵。

到上海登岸是凌晨四点，十六铺码头一个小面食店却给我留下温暖的印象。桌椅掉光了漆，连木纹都清晰可见，但用碱水洗得一片白，不像武汉某些小摊油渍漫漫连日子也不想过的落拓样儿。一打听，一碗阳春面才九分钱二两粮票，比武汉热干面还便宜一分钱，看样子物价贵不到哪里。这样，我放心地要了一碗咖喱鸡汤，吃得暖暖地奔了验光的医院。

拿到验光单时天已大亮，我没急着找旅馆，而是去了上海文化出版社（现上海文艺出版社）。出版社有两位编辑郑硕人、邵德馨1964年春上曾到过武汉，接着出版了我的评书节目《双枪老太婆》，在短短一年多时间里，印数由5万增加到15万、30万。我想，向他们打听什么地方旅馆干净便宜，总比自己乱撞要好些。我估计他们会记得我，也会帮助我。

郑、邵两位对我的帮助大大出乎我的意料。他们一见面就跟社里其他编辑介绍我，说我是“我们的作者”，说得我惭愧万分。因为我那时在他们社仅出过那么一本64开的《双枪老太婆》，和那些出版大部头的作者相比，我属“拈不上筷子”的那块菜。但两位编辑把我当作者介绍了，还真把我当作者对待。出版社靠永嘉路那边门房旁边有一溜小平房，是专为作者到上海来改稿安排的客房。可搁一床一桌，小却干净，天天有人打扫、生取暖炉子（有烟筒的那一种）。他们为我要了一间，说是免费的。吃饭安排在出版社食堂，头天预定次日的菜，十分方便，且便宜、干净。

这还不算，从我住下以后，连续几个晚上郑硕人先生都到社里来陪我打乒乓球，他说是“家里没事，我们晚上爱到社里来打球”。开始我信以为真。直到第四天晚上，一个我并不认识的编辑来到客房，说“老郑今晚有点事，我来陪你”。

听这么一说，我就很过意不去了，但无论怎么婉谢，那位编辑还是陪我打了近一小时的球才走。次日上午我特地找到郑先生，以“晚上要动笔写些东西（实际我在配镜之余是在写《大洪山风云》）”为由，才使他不再特意陪我了。

另一位编辑邵德馨则陪我进出于西藏书场、仙乐书场、大华书

无论是年龄还是艺术成就，我都该排在他们(胡必达、夏雨田)后面

场和一些相当于武汉茶馆的二三流书场，去听上海各评弹团体的演出。

在这之前，我曾在武汉听过上海长征评弹团凌文君、王月仙等名家的演出，读过上海文化出版社出版的《评弹丛刊》上一些名家名作的片断，对苏州评弹特别是在上海发展的苏州评弹，充满了崇拜和憧憬，却又不满足，老觉得没听过瘾，没读过瘾。

这次跟着邵先生听书，首先从他嘴里知道了评弹书场的规矩、演员的大致档次。随着每个书场的演出，他又如数家珍地介绍现场的主要演员和他（她）在上海评弹界的地位。他对评弹的熟悉，简直像长期泡书场的一个老书迷。我不由得在心里感叹：《评弹丛刊》之所以编得好，恐怕与编辑们对评弹了解的深刻有关，否则，哪有那么好的选稿眼光，作出那么精准的选择？

在西藏书场听上海人民评弹团那一场，名家张鉴庭人未出场，台下的掌声就响得密不透风了。邵先生低声告诉我："注意！要有一段好'开篇'听了。"我不懂："'开篇'不就是开始说书之前唱唱的吗？"他说："'开篇'早就可以与正书分离，成为独立的唱段供人欣赏。现在，观众就是要他先加一段唱。张鉴庭的'张调'就像京剧里的麒派，别具一格，非常过瘾，所以大家才有这一片掌声。"我这就闹清楚了，评弹的"翻头"是加在节目前面的。张鉴庭的"张调"，不在小弯弯拐拐上努力，不靠花哨的滑音、波音取胜，而将恰到好处的倚音与适当的停顿结合起来，加上关键时"擻"音的运用，把整个唱腔润饰得极大气，极富苍凉意味，那是一种听一次就能记一辈子的享受。1980年、1982年我又两次在苏州听了他的《颜大照镜》等回目，除了表演中"起角色"确有麒派风范，那一口唱又一次让我品味了评弹中少有的质朴苍凉。

1966年在上海还听到了擅说《明英烈》的苏州评话名家张鸿声说的《铁道游击队》片断。开书前邵德馨提醒我："你注意他即兴抓来的噱头。"果然，张先生说到日本鬼子在车站查票的情节时，就加了不少的现挂，与他在《明英烈》里的现挂有异曲同工之妙。

上海的评弹艺人，也有等而下之的。他们所犯的毛病和全国各地这一流的演员是一样的：大喊大叫声嘶力竭全无起伏，挤眉弄眼五官挪位装幽默，慢吞吞半天才蹦出几个字，想词想得来不及就拿醒木一通乱拍作过渡等等。

这就叫：有成就的名家各有各的特点，不上档次的书家一千个人只有一个味道。

但不管怎么说，上海评弹演员在风度、气质方面的大气，是全国各地的曲艺演员要好好学习的。从上海回来后我心里就暗暗鼓着一把劲，要学就学最好的。苏州评话的唐耿良（说《三国》）、张鸿声（说《明英烈》）、曹汉昌（说《岳飞传》）、汪雄飞（说《三国》）、张国良（说《三国》）、金声伯（说《包公》），扬州评话的王小堂（说《水浒》）、康重华（说《三国》）等前辈，将是我重点学习研究的对象。往后的几十年，我抓住一切机会搜罗这些前辈的演出台本，并寻找直接接触的机会，以直接聆教，这才逐步形成我说书南北兼容以南为根的书风。1990 年在南京举办的首届中国曲艺节上，我上演了评书《三国》选段《凤雏理事》(即后来出碟时的《张飞查办庞统》)。扬州评话研究家兼作家夏耘听了后说："这个何祚欢，学了我们扬州的'武艺'，又回头打到江苏来。能招架他的好像不多了！"

朋友们评价我的书文雅大气，恐怕都不知道这都是苏州评弹给熏"坏"的！

从上海回来以后的许多年里，我常常向朋友们发感慨：别老说上海人娘娘腔了，人家上海成为全国第一，那都是拿事当事做啊。

这感慨就是来自在上海文化出版社住了 16 天的所见所闻。所谓"拿事当事做"，就是现在说的敬业精神。邵、郑两位编辑善待作者是敬业，邵德馨对评弹的知根知底也是敬业。还有，有一天我向郑先生提及当时正在写的《大洪山风云》，写作需要看点参考资料，郑当时就叫我指个范围，他让图书管理员解决。说不出书目的我只好说了个历史界限：土地革命时期的。不过过了一天工夫，出版社的图书管理员就为我抱来了一大摞书，有历史资料，有回忆录，还有写那个时代的小说。看来他们的图书管理员也是敬业的，不然她对所管的书籍就不会很了解，不了解哪来这么快的反应？

上海文化出版社的朋友们的敬业精神，使我一生中时时自问：你把事当事做了吗？

而对于苏州评弹和扬州评话的痴迷，则“发酵”于上海之行，伴随了我一生。那已经从从事某种职业，基于谋生追求升华到了一种精神的追求。它使我相信，拿出我这一生再加上另一生来热爱我从事的说书，也是研究不到头、热爱没个够的！

我是“武林高手”

我说我是“武林高手”，读者诸君您信吗？我劝您先信了再听我说。

1980年7月，为了摸索长篇评书的市场应对策略，在请示团领导之后，我开始了一个人走监利、沙市“闯码头”的演出。算团里的演出场次，收入全部上交。

在那之前，我曾有过零星的个人专场说书。短篇书和折子书专场被证明不是合适的安排。因为每一个段子之间总有优劣之分，即使一场全是“响”节目，也只会有一个节目是最“响”的。自己跟自己打擂，结果削弱了自己，这叫“卖批发断了零售的路”。长篇书怎么说才能把观众抓得牢牢的，这在前代艺人中早有总结。但到了20世纪80年代初，经历了传统戏、传统曲艺复出的兴奋之后，书场上出现了前人未曾经过的变化：市内许多书场再好的书说到半个月以上就开始掉座。我1980年初在京山写作的空隙中说《三侠八俊十二雄》，开头七天都是盛况空前，一千零七十多个座全满，但到了第八天就掉座。观众说，“原以为一本书六七天可以听完，现在说得几个月，我们经济上负担不起啊。”有的则说，“我一家全都来听书，三五天可以，一听几个月就要倾家荡产了。”

这一切都说明，前辈说书人总结的茶馆说长书“三天定场，七天走人”的上座规律，在八十年代初遇到了挑战。说书人还想等到第七八天再“锁”住回头客，你的场子就跑光了！

到底一部书说几天才能始终稳住上座？

我到沙市是应文化馆之约去的，书目却是针对书场变化针对上述问题安排的。传统说书有“现撰”的成书方式，我就来了个“遵古法炮制”，从传统武侠的情节中变化一些可串可联的情节，定制了一部用五至七天能说完的书，书名为《双凤姻缘》。

在沙市只用一天就“定场”了。第一天，一千七百人的露天剧场只坐了二百来人，上座率一成多一点，但来了的人是来探路的。第一天我结尾时用了一个大“扣子”，第二天的票就过了五成，第四天满座。第七天一部书全部说完后，观众要求我加演两天，结果加演了两场《武松》，出现了加演加座的场面。

当时到沙市，除了演出还有讲课任务。每天是上午在文化馆讲课，夜晚说书。文化馆把我安排在防汛指挥部住宿。那是个临长江并有个伸向江面的楼台与之相连的一幢小楼，环境可谓优美，特别适合创作。

在沙市上座火暴，我住的那小楼就访客不断。其中有些人还成为我至今仍在交往的朋友。

有一天中午，小楼上来了一位访客，自称是沙市武术爱好者。他说，他师父和一班师兄弟凭我说书时亮出的手面，断定我是个太极门的高手，想“请何老师明天早晨到沙市人民公园去玩一玩，大家一起切磋一下”。

看到这里，您应该相信我是“武林高手”了，因为这话是人家说的。

说起习武，我还真是有“幼功”的人。我 6 岁从师，这可够早的。同时还有环境的影响。这对于一个“高手”的成长，算一个因素吧？我说这个您可别不信，当年的汉正街，有多少武林人士居住在我们身边？大乾隆巷的王立鹏、武圣路的张金亮、宝善堂的李铁头、四官殿的张寿山等等，都是大人们口中常说起，少年们心中崇敬的人物。他们一般都开着伤科诊所，为人疗伤之外，还卖一点膏

墙上题诗，回归传统——关键是人家肯让你写才写

丹丸散。

他们各有家数，至少有一两样独特的功夫。像李铁头的顶上功夫，曾因表演过“卡车过头”而名噪一时，诊所也因此而红火。王立鹏白髯飘飘，仙风道骨，一杆大刀使得泼风一般。建国之初，王先生的大刀曾参加中南区武术观摩大会并获奖。他的诊所生意也很好。

这里要插一句：我父亲生性讷言，和一般武师并不怎么交往，却和王立鹏先生相交甚厚。据说是因为王先生随和家常，没有江湖人的傲气和自吹，而且有真本事。

有一件事可以证明：我两次从楼梯上摔下摔成小臂骨折，都是王先生治好的。

王先生比我父亲年长，我叫他王伯伯。他接骨的方法极灵活。那天他把我抱在他怀里，两手慢慢摸我的小臂，嘴里叫我："乖乖，儿啊，不要怕，王伯伯一接就跟你接上去了啊，不疼啊……"说不疼之时却突然下手，将断骨碴对到了一起。那猛力一对的瞬间，疼得可真够劲。我哪懂得"接骨斗损"就靠这关键的一接，疼痛间只晓得是王立鹏造成的，便大骂"这个罪魁"……对上骨以后简单地敷上药，不上夹板更不打石膏，只用块板子托住，把小臂吊到胸前，过了不长的时间就好了。后来懂事了，碰见王先生就觉得难为情，匆匆喊一声"王伯伯"就跑开了。

我六岁那年，由王伯伯介绍引荐我投到万先生门下，开始了白天上学习文，夜晚小巷练武的生活。

万先生收了几十年弟子，我又是其中最小的。但在这里却没人打我，因为万先生管得极严，根本容不得大欺小的事。年纪小的学套路，年长的得学过了"提统子"（即硬气功，主要用来抗击打）才教散手，现在叫散打，俗称"走游手"。我们开蒙学的"大洪门"，第一套叫"青龙手"。我们一般孩子是不懂武术招式那些好听名字的。万先生就极通俗地创造了一些家常话似的叫法。比如"青龙手"开手几招他这么说："请。刷。端枪。打一锤……"我们一下就记住了。万先生要求徒弟们打拳不毛糙，一招一式交代清白，宁可显得笨些、慢些。我属于看不大清，手脚不利索那一类的，反倒很讨他的喜欢。几次检查"青龙手"他都给我打 120 分。当时学校实行百分制。我在万先生这儿得了 120 分还不念他的好，回家自作聪明地跟父亲说："万先生肯定没上过学，他给我打 120 分！"父亲笑着打我的屁股，说："苕儿子，120 分是万先生喜欢你呀。"我问原因，父亲说："十二万分的欢迎，十二万分的高兴，懂不懂？"

在汉正街瑞祥里和镇安善堂院子里，我学了大约半年"青龙手"、

“白虎手”这类开蒙套路。后来父亲发现我老爱干咳，问内行这是怎么回事，有人说这是学武造成的。学武之人，一定要把练功和吃药结合起来，强筋壮骨才能抗打，武师要挨得起打才能打人。说我这干咳是没吃药的缘故。父亲觉得这太麻烦了。他本无意让我当武师去打人，哪肯让儿子吃半辈子药去练挨打的功。用他的话说就是“我无打人之心，哪个会来打我！”于是我的武艺练到这一步，就与万先生缘尽而散。一个可以拿 120 分的武学英才，就这样夭折了！

但男孩尚武是与生俱来的。随着一天天长大，我也和街坊中的孩子，和同学们，无师自通地玩玩摔跤之类的游戏。中国式摔跤以灵巧制胜，其攻防变换的观赏性远胜于西方的摔跤和由日本保存至今的相扑（原产地在中国），因此在当时有很广泛的群众基础。我们一班孩子就是在摔来摔去之间学了一些“绊子”，知道了“抢门把（肩把）”、“得腰把”、“捡腿”、“缠腿”、“大背”、“小背”等等说法，也记不清究竟是谁教的。当然，这只不过是一些孩子的娱乐。课间的操场上，常可见到我们滚得泥猴般的身影，老师也视为平常。哪个摔跤常得胜，倒地也倒得漂亮，就会成为我们追捧和吹捧的对象。

我真正潜心学武，还是过了许多年我成为说唱团专业演员以后的事。这得益于两次“灾难”。

一次是 1968 年夏天，我出现肺结核症状，一查属“四型”，休假三个月。这三个月在汉阳病休，认识了一班晨练的朋友。得知我的病情，他们除了劝我不要紧张、坚持治疗，还出谋划策，建议我辅以适当锻炼。

有人说太极拳好。当时我才 27 岁，看着人家打太极那慢腾腾的样子都着急，根本没考虑自己也去慢慢磨着锻炼身体。有人让我去练沙包，我只好笑笑。我知道那是武术中练指爪力度的辅助功夫，结核病人浑身发软，肯定学不了。还有让我练大周天小周天的，建议我学摔跤的。

有两个人的建议让我眼睛一亮。

一位建议我学剑，触动了我的心病——我是“票友下海”的演员，身上没功夫，台上出手动脚不好看。一时变不了，就只有藏拙，多说少动，让口齿利索的长处掩盖“洋手洋脚”的毛病。1963年在省农村文化工作队虽说跟省民间歌舞团李重光学了舞蹈的基本手位，但动手的僵直仍使我应用起来毫无信心。我一直想着找个机会弄明白为什么李重光做起来那么好看的动作，到了我身上就像机器人一样。让我学剑的建议触动了我：也许动和说一样，也须积累？于是我开始了“琴剑书香”的生活。

还有一位叫张胜利，正跟他的姑父学形意拳，练罗汉功。他的形意拳打得中规中矩，首先使我有了信任感。他说罗汉功是内功，估计对肺结核的康复有帮助。这种无虚饰无夸耀的叙述很对我的胃口，再加上人们介绍说，他姑父师从名武师肖海，这就更叫我动心了。于是我决定同时练罗汉功。

小时候师从万先生，对万先生所说的先练“提统子”再练“走游手”（散打）的印象很深。“学拳不练功，到老一场空”，“提统子”便是学拳入不入门的关键。在武汉流行的抗击打的内功（“提统子”）大体分三种，一是罗汉功，二是活气功，三是硬气功。张胜利肯教我罗汉功，便是领我真正入门。更何况他师承的姑父，是大名鼎鼎的肖海的传人。在汉阳，肖海所继承的魏征福，在三镇武术界是独树一帜的。而肖海本人因为道艺得魏之真传，人品被人敬重，同样是宗师级的人物。他教的徒弟错不了，他徒弟教的功夫也错不了。

跟张胜利学到第三四把（罗汉功分十八把，“把”如广播体操的“节”，不同的是其每一把都和十四经络相对应）时，认识了他的表兄张发文，接着在张发文家认识了他们的姑父杨万国。从此，我们几个人便隔三差五地接受杨先生的指导，罗汉功就循序渐进地练了下去。

真没想到，这种气功练到一定时候，身体的感觉十分奇异：练罢功做放松活动，喉间有一股气流随活动节奏向上奔涌；身上有一种膨胀感，须作轻度击打才觉得舒服。不过一个月，就可以“开排”(即在自己身上击打)。三个月病休后去检查，肺部居然了无痕迹。

接着练下去，我明显感到气色好了，运动时耐力增强了，天渐冷时也不怕冷了。

糟糕的是当时我住房太小，要练功就得到团里的排练场。大冬天的夜晚有人几次碰见我光着脊梁身穿短裤在那儿做功，击打两肋，便有了不少说法。似乎我那是什么妖术邪法，是一贯道或别的什么反动会道门。那正是“文革”期间，疑问性的议论是最容易上纲上线的。在带笑提出疑问的背后，透出的不信任是很可怕的，我说是锻炼，谁都不信。我不敢在团里练，大冬天又不能到露天地练，就这么一停，又半途而废了。

另一方面，我却学了一套剑，摸了一下刀和棍的套路，对于台上的动作，总算积累了一些资料。只是“文化革命”已停止了一切演出，哪还有把各种“零件”用到节目中去的机会。

倒是1970年下“五七”干校，10月底奉调到宣传队，为我创造了一个扩大交流的机会。

那时“五七干校毛泽东思想宣传队”的队员，大部分来自市属各文艺团体。市京剧团吴涛也在其中。他是个“背时”学错了行当，先工小生，后改老生的演员，虽不大红大紫，却十分痴迷，且有不错的感觉，独到的见解。我们所以成为很好的队友和谈伴，全因为艺术上的交流。和当年李重光一样，他不但指出我身段手面上的欠缺，还和我一起探讨补救办法。我将前几年杂七杂八学来的一些套路演示给他看，他看了后真心实意地帮我分析。对于拳法刀法中的高虚步、三七步，他认为不能完全照搬。那种含胸待发的样子，是实战的用途，在台上就颇像丑行的身段，如果用到光明磊落的正派人物身上，则步法要朝舒展的方面找变化。为了让我体会其中意味，他特地教了一段京剧《沙家浜》中的“走边”。尽管这并非他之所长，但在我看来很美，很有启发，估计学像了在我说书时是够用有余了。可惜当时应用机会不多，反倒对他的艺术见解记得更多些。比如他说裘盛戎先生的善于“蓄势”，使瞬间的爆发掩盖其身材上的弱点；比如他说高盛麟“瞎站都好看”，实是规矩之外与规矩之中的有机变化等等，都是很有见地，对我影响极大的。

我悟出，戏曲武术舞蹈都是相通的，戏曲中的武打源于武术却更美化，因而更具观赏性。我想用得自如，恐怕还要积累。

更多的积累和体悟，得益于又一次“灾难”——1975 年的两次胸膜炎。

住院期间，我向病友杨坤潮先生学了太极拳，又向另一些朋友学长拳、学剑。从那以后便把晨练变成了每日必做之事，而且在三镇公园中访友聊天，从中体悟武术的精髓，琢磨上台应用的路数。

那几年我学得真杂，也真用心。武术、擒拿，太极推手什么的，逮住就让人家教。擒拿的“反关节”往往是人家细心指导好几遍我都把握不住要领，于是干脆让人家“拿”我。这样就少不了被人家折腾得“惊昂（武汉话，音“脏”，义“叫喊”）鬼叫”的时候。好在大家晓得我有多大本事，怎么折腾都是点到为止，不然，那“折”字就要加个点，把我给“拆”了！

但朋友们发现我的贪多始终有嚼不烂的毛病在，动作有力的时候发僵，需要柔和时又很“泄”。这证明我还没开窍。

量的积累是不能少的，到 1976 年参加全国曲艺观摩会演时，一个完全想不到的人让我“开了窍”。

那一年，团领导建议我把新出的“样板戏”《磐石湾》中的一折《刀对鞘》改编成评书，还建议我找市京剧团导过它的导演、演过陆长海的演员说说戏。我觉得这也许是比较容易表现评书特色的选择，于是在改编之前先找人说戏。

先在永康里汪洗先生家里请他说戏。汪洗先生是一位南下干部，原是市歌舞剧院副院长，兼当导演，下放“五七”干校后分配到京剧团当导演。在“五七”干校宣传队时他和我是队友，我们在一起常开玩笑。他曾指着我说“你跟我是同门师兄弟”，说得我云里雾里，他解释道：“你在台上是拼命红，我当导演是要命红，我们的师父是舍命红。你说是不是同门师兄弟？”这次为我说《刀对鞘》，我们是“拼命红二逢要命红”，不要命地比画了三个下午。汪先生先从全剧入手，掰开了揉碎了把陆长海这个人物在每场戏里的动作行为、心理依据讲了个透。

汪先生的说戏，不仅为我改编《刀对鞘》夯实了基础，而且使我开始悟出“评书”之“评”，在于议论的精辟或独到，从前惶惑着的一些看法，从此似乎有敢于立论的胆气。我进入中年后书风的改变，也是从这以后得以确定的。

接着请扮演陆长海的金景成为我说戏。金景成是从北京调到武汉的。在科班出身的人中，他有一些特殊，不是自小学唱戏，而是高中毕业后进戏校，文化程度高，武戏功底相对要弱一些。而这种长与短的配置，恰恰在说戏时显出了好处。仅就《刀对鞘》而言，他把自己的表演心得说得是很“进骨”的。而他比画的那两下，我硬性照搬也显得很合套了。

有了这样的基础，《刀对鞘》改编起来就有点驾轻就熟、游刃有余的味道。一演，还真是块响活儿。到北京之前在武汉演出了二十余场。在北京能坐三千余人的中山公园音乐堂（当时是露天）首演时，竟让参加会演的演员们叫着彩要了两个“翻头”（再来）。在全国几十个代表团十几个改编的《刀对鞘》中，我的这段独领了一回风骚，成为参加汇报演出的优秀节目，中央电视台录像转播，参加专题座谈，文字本刊登在复刊的《人民戏剧》等等，还有几个省的说书人来学说这段书。

令我高兴的是，在湖北代表团中有一个来自宜都叫谭金华的姑娘，看了我的演出觉得我身上僵，主动要求教我身段。从武汉备战两个月到驻演京城两个月，每天清早她雷打不动地教我《平原作战》中的一段“走边”，“披星戴月下太行”。

谭金华的教学，就像是老笑话“傻子吃烧饼”中七个过后的半个烧饼：从前的访友、学艺、交谈、思考，就是前边的七个烧饼，而她的不懈的教学，使我在饥饿中终于找到感觉。

武术界朋友曾告诉我，太极拳自杨（露蝉）式蜕化之后，便越来越向外柔内刚发展，到孙式、吴式出现，一招一式之间就圆和润泽到看不出界限的地步，即所谓一波未平，一波又上。即使是外家拳的洪拳、长拳、通臂，招与招之间也不可生硬割裂，其要点还是：这一招的止处是下一招的起点。

谭金华的教学，从实践上让我将对戏曲、舞蹈、武术的理解来了个融会贯通。当我一个亮相定在那里，全不管与下一个动作的关联时，她就说：“何老师（冤枉！人家就小我几岁，教了我还要喊我‘老师’，其实她是我心目中的小老师），动作之间是滑过去的，不是切断了从头来！”这种说法对于科班的人也许是小儿科，对我这个半路出家的人来说，岂止是弄清一个“走边”各个动作间的衔接关系，还闹清了亮相或别的动作停顿的“脆”劲从何而来。

后来我到公园锻炼，硬拉着人教动作少了，看人家动作琢磨其中门道的时间越来越多。看来看去，发现武术、戏曲、舞蹈之间竟有说不清的亲缘关系。李重光教我手位时说到脚步的配合是“平行移动”，再看武术的步法，不管马步弓步还是三七步，腿在移动时，脚的朝向可是没变的，也是“平行移动”。不同只在于舞蹈是向外撇，武术是脚尖向前，感觉上有点内撇。除了洪拳的“请”式抱拳有一个脚跟外拐这些小变化，其他招式都要保证“内拔”，以保证出手攻击时站稳脚跟。再如练过武术八卦掌的人就会觉得掌法里“腰如立轴，腿似蹚泥”的要领，就与戏曲圆场极其相近，只要拿捏的度略作变动，就能根据需要作些变化了。

正所谓“一子动百子摇”，开窍之后学动作，手面就再也不像从前那么难了。后来《武林》杂志问世，先后刊登过一些拳术套路，我跟着学了一些，有的与后来电视教学相印证，还有个八九不离十的样子。

由于有了这些准备，到书目剧目开放时，我抓住时机说一些长篇武侠书，就不再怕动手交兵的场面了。说到太极、形意、八卦、通臂、螳螂这些拳种时，甚至还敢于煞有介事地比画两下，解说一番。而这恰恰是让观众觉得“过瘾”的地方。

1980年沙市演出时那位朋友邀我到人民公园去“切磋”，我料定没有恶意。因为在我之前，说书史上有好几个艺人因为说拳术说得像，被人“访”过。所谓“访”，也非出于恶意，而是出于崇教，不敢接近你这高手，接近了也怕你不教，就想一招自认为难破的打法，躲在暗处向你偷袭，以便从你的防卫中偷学一招。沙市的朋友认定我是“太极高手”，没有采取“访”的方式，而提出正面邀请，的确是很友好的。但以我的“三脚猫”、“四门斗”的功夫，哪有与武林人士“切磋”的资格？于是以诚相见，实话实说。自己承认不过是每样练了几下，只求台上说得像，实际上还是个武林门外汉。“我还真有不少要向朋友们请教的，我请各位明天上午到我这里来喝茶，中午到‘好公道’（当年沙市最大餐馆）喝酒，怎样？”沙市的朋友告辞后，第二天并没有再来。足见这场误会真是友好的。

除此外，我还被人当成过围棋高手、烹调高手、中医、书法家等等，其实都是误会，我到底的身份最多只有两个——说书人，教书匠。其余的，人家怎么说您也别信。

我真的当过医生

对于一个读书人，不能读书或没有书读便是个极大的痛苦。而“无产阶级文化大革命”的到来，就把我们推入了这样一个时代。

1966 年 8 月以后，武汉也和全国一样，掀起了“破四旧”、“立四新”的高潮，图书被禁的范围越来越大，就连曾经教育过一代人的《王若飞在狱中》、《红岩》，甚至苏联的《钢铁是怎样炼成的》等书，都被看成有问题的书。各单位都有被抄出的“反动书籍”。说唱团与别处不同的是很多人交来了自己认为“反动”的书，领导上也没多问多查。

我因为团里集体宿舍太闹太杂，平时书籍不放在团里，这时也自认里面没什么“反动”东西，就没去管它，只将放在团里的几本书全数上交了。谁知有一天回家从母亲口里得知，父亲因为怕家里被抄（父亲是资本家），怕有哪本书犯忌，便偷偷把我存放在家里的一箱书全烧了。

我一听急得直跳脚。那里面有几本书是经过几番周折才买到的，当时印数就少，不知以后会不会再版。但急也无用，烧已烧了，父亲本来就有压力，说那只会催他的老命。事情就这么过去了，但没书可读的日子可真不好过。

过了一年多，1968 年我在汉阳养病时，在舅兄处见到几本中医书。粗粗浏览一下，发现清代程国彭的《医学心悟》相对比别的书好读，拿起细读便上了瘾。隐隐感到中国医学尽管主要靠行医者去“悟”，但规律性的东西还是十分清楚的。这本书不仅在无书可读时

看剑

让我有了伴，而且让我对另一个领域有了一点兴趣。

接着出现了与“文革”全不协调的现象：在各种书籍都可能被看成“反动”的时候，许多中医书却能用一条毛主席语录作扉页，堂而皇之地出版。在那之前就有人送给我一本《新编中医入门》，接着我自己买到了新出版的清代汪昂编写的《药性歌括四百味》和《汤头歌诀》，以及一批或简或繁的针灸书，还有一位当医生的朋友送的《中国针灸学》（属教科书一类，比一般普及读本要全面、实用得多），再下来是朋友送的全国五大中医学院汇编的两本教材。杂七杂八地一读，吊起了我的胃口，便从舅兄处借了李时珍的《频湖脉学》（李时珍家乡有频湖名被四方，故以名之）、《黄帝内经·灵枢篇》和《素问篇》，还有诸如《蒋玉伯医案选》等，后来还买了《常见病推拿疗法》这类小册子。

本是读来消遣的书，读出了味道竟有几分着魔，变得像专业医生一样，有机会访友问艺决不放过。日子一久，中医的一些基本常识一般人还真难不倒我了。

另外，还有些朋友知道我想找书读，也送来些不知从何处弄来的书。有意思的是，京剧《海港》已被定为样板戏，一吹再吹，四处传唱。它的前身淮剧剧本《海港的早晨》却被人当成毒草不许发行，在朋友送来的书里就有这部“毒草”。歌剧《江姐》据说也有问题，我向团里交了，几次送来的书里竟也夹了一本。最好玩的是，为我带孩子的阿姨家里是装卸工，却有一本《千家诗》，听说我没书读，就把它给了我。我拿着那本破破烂烂的书，心里真说不出是什么滋味。在有书可读的年月，那不过是“蒙学读本”之一，在“文革”时期，它却变成了珍品。它让我在无书可读之际不忘记中国文化的瑰宝。

工宣队进驻后，开始发还抄家物资。说唱团的人都比较温和，就是喊得天响的抄查，也没弄到底朝天的地步，所以“物资”极少，便把各人交的书也算在其内，没丢的就发还各人。于是我又领回了诸如《红岩》、《欧阳海之歌》，诗歌集《洁白的哈达》、《白兰花》，“萌芽丛书”中几本青年作家的小说集，还有京剧方面的谈艺录如《梅兰芳舞台生活四十年》、《徐兰沅操琴生活》、盖叫天的《粉墨春秋》、倪秋平的《京剧胡琴》等等，几类加起来一共有二十多本。这令我有一点宝贝失而复得的慰藉，但只敢偷着乐。

1972 年从干校回到说唱团以后，我对书的渴求总算有机会得到满足了。

记得是一次什么大批判，我到市图书馆去找资料。和那里的同志们一交谈，竟谈成了知音。在没有开放外借的情况下，他们放心地将我所需要的《文史资料》（中央文史馆编的）借给我带走。接着，我便开始了对明代传奇、明清小说的阅读，兼带涉猎一些笔记小说，后来连《太平广记》都一批批地借出来阅读了。

那是我一生中物质生活最困顿的几年，图书馆的同志们对一个求知者的信任和同情却一直温暖着我的心。后来为写长篇评书《杨柳寨》到图书馆查资料，和徐明庭先生说到湖北武汉地方历史文化，我才从他那儿知道除了地方史志外，还有许多这方面的“杂书”可读。从那时起，我便留心搜集这类资料。这使我自 1995 年至今在市电视台主持或参与地方历史文化专栏《话说武汉》、《江城民谣》、《都市茶座》时，有了一份从容。

从另一面说，“文革”时期的无书可读，造就了我珍惜书籍和读书不“挑食”的习惯。“开禁”之前是什么残书纸头都拿来看一看，能借着的借来读，甚至整本地抄，借不到就求人家讲。《再生缘》弹词，就是在“交代问题”的一段时间从友人处借来，夹在做检讨的稿纸中，躲在说唱团一个无人问津的凉台楼梯旁读完抄完的。开禁以后，便是疯狂购书。那时虽然也只 46 元工资，但已开始有稿费，那些稿费就是在书里“搞废”的。二十余年下来，我家里的书竟在朝万册迈进了。

“文革”时期读医书的消遣，倒印证了古人说的“秀才学医不费难”，碰到了实践机会，它们竟发挥了很大作用。

1970 年“全家一锅端”下放崇阳，第一天和社员们下田劳动，交谈时一句话就把我说凉了半截。在那之前，湖北是有广播响处都知道何祚欢，可我下放的崇阳县石城区桂口公社乃至更广大区域，都是广播“广”不到的地方！桂口公社石下大队的农民就只晓得我是个下放干部老何，不晓得我是说书的老何。我心里说，再见了，评书！

几天后一个夜晚，一个老太婆找到我，说他儿子发冷发寒，让我去看看，希望我有药能给他一点。我没有药，但从杂七杂八的书上记住了一些诊断治疗的方法，于是我去了。一切脉，洪大虚浮，典型的伤风感冒，便选择了几个穴位，按“君臣佐使”配伍为他按摩。当我用重手法点按“内关”时，他便有要吐的感觉，我等他吐完之后再施以摩、揉、推、拿等诸种手法，第二天小伙子居然就好了。这一下村里人认得我了，都说我是好“郎中”，能治病。我说不是都不行，人家认定了么。

过了几天，又有两件事让人们认定了我是“郎中”。

第一件事是二小队一个中年妇女牙疼，我以颊车为中心配了几个穴位进行按摩，居然就把她的痛止住了。第二天这家主人就打发他家孩子给我送来一条鱼，且放下就跑，无商量余地。

第二件事是那个被我治好的小伙子的爹便秘，四五天解不下大便，目赤舌红咽部肿痛。家属找到我时，我首先想到的就是中药的“大承气汤”。但得知病人已经六十开外时，我便犹豫起来。自己只是见人病痛偶施援手，能解人燃眉之急就是好事，有了三长两短那就算把好事做出格了。而“大承气汤”这类汤头，用好了立竿见影；其“峻下”的药力碰到了衰弱的体质，说不定一拉就把人给拉垮了。

这身手！看得出是五十岁吗

好心办了坏事，人家就只看得见坏事，没谁识你的好心了。看见病者一家人目光殷殷的样子，我又不好拒绝。思虑再三，我提出了陪老人到石城区卫生院去灌肠的想法。家属见我说得坚决，只好同意。

三天后，病人家的老太太来找我，说老头子大便没下来，连小便也下不来，阴囊肿得灯泡一样！情急之下，我是什么后果都不管了，一咬牙开了一副“大承气汤”，为保险起见好像还加了两位补气的药。

药方开出后，真是寝食难安。毕竟没当过医生，面对专业医生认为的“小事”，我只能祈求病人平安。

看来，中国传统医学的“验方”，是经得起实践的“验”证的。老头子用药的次日，便“开闸”了。我没有马上“断流”，而是去掉汤头中的芒硝，减少大黄用量，又对其他药物进行了一点小小调整，变成“缓下以毕其功，和胃以保其中”的组合。两副药下去，还真的好了。老头子几天后见我时，是牵着牛捎着耙一副立马下田劳作的样子。这样，我悬着的心才算落到了腔子里。

“我本无心求医名，无奈医名却累我”。在当年那个叫做“石下”的小山村里，实在没有什么人能为农民解除病痛之苦。公社有卫生院，但几间土砖房几个医生，面对一片辽阔的土地，实在是顾不上来。我们这些略知皮毛的读书人，便被他们信赖着。尽管我之心惴惴，他们却是信之念诚诚，使你看着那求助的眼神就无法拒绝。

1970年9月的一天夜晚，村民张水甲的爸爸找到我，说他在外村的一个亲戚想请我去看看病，让我第二天早点起床和他一起去。次日天还没亮他就来敲门了。我一边穿衣服，爱人就一边嘱咐：“你看得了就看，看不了就明说，千万不能出问题的呀！”我嘴里应着“知道”，心里却想，“推不脱就量力而为呗”。

走山路田埂路，一直走到天亮，到地方我才知道这次更麻烦，老先生以为我什么都能治，他让我看的是位产妇！

这时候，我有些感激我那位舅兄了。他是经过正式考核的执业中医，主工就是妇科。1968年至1970年初，我在胡乱读医书时，也经常“借酒偷艺”，与他喝着小酒，勾着他说他治病的一些经历。说是舅兄，他还比我小半岁；外表看去古板，说到自己职业中的趣事，他却是个很健谈的人。若不是这一段和他的接触，我也会和一般人一样，把治头疼脑热和问经带胎产的所有中医都看成一回事。实际上，头疼脑热是内科专工，说笑话，是属“伤寒六经”的管理范围。而“经带胎产”重在气与血的讲究，是中医妇科专工的很大一门学问。有意思的是，舅兄与我谈了一些时候，对我的悟性开始信得过了，便不顾师父教他之时的师训，将秘不示人的妇科基本方教给了我。岂止和盘托出，还断不了详细讲解。它使我明白一个道理：中医的辨证施治，极其讲究病家的个体特征。同一汤头，用于不同病人就可能有增药、增量，减药、减量的差别，有时定人生死甚至就在“量”的应用。因此不允许一方治百人，任何方剂都有临床时的变通。

由于有这么点底子，我在那次“出诊”就前曾经接触过经、带、胎三方面的病人。一位从东北南下到桂口公社落户的中年女同志张大姐多年痛经，听人说我会治点病，竟当着卫生院的医生要我切脉开药方。我战战兢兢在舅兄的“基本方”的基础上加以变通，给她开了药，没想到还真给她老人家解决了问题。要知道张大姐拉着我诉病时，我在人前可是闹了个大红脸的。那时我才二十九岁，虽已结婚养女，公社却有许多人把我当了知识青年。当众为一个老大姐看痛经，当时我简直有点“犯上”的感觉。不知是不是医缘使然，张大姐用药后还真的管用了，以后偶犯便照单抓药，弄得卫生院的医生见我都喊我“何医生”了！

这次遇到的产妇，产后病并无疑难，临近满月，有点“淋漓不断”，总有少量血液渗出。根据舅兄的“教导”，这类病表象在血，实则要扶正气，不能一上来就采取“堵”的方针。应是止而不堵，补中带疏，即在止血的手段里不忘疏导。记得那天切完脉，我简直像围棋手遇着“胜负手”，呆呆地思考了好半天才开始下药。

开完药后，病家通过张水甲的爹给我五毛钱，一下把我吓出一身汗：我一个“五七战士”，来接受教育的，心里把为农民看病多少当作净化灵魂的洗礼。这五毛钱一收，我岂不成了一个游医，甚至一个小人。当时的农村，五毛钱也许是一个农民一年“分红”的收入，也许是一担柴钱，但那是拿生命和汗水换来的啊。我急赤白脸地拒绝了病家的钱，却不能拒绝他们的留饭。大概是因为家里有产妇，这家人在给我的一大碗面条里除了卧着三个鸡蛋，还卧了两块巴掌大、巴掌厚的猪肝。

这是我平生见过的切得最大最厚实的猪肝。我已是两个月没见过荤了，走来时已是“饥肠响如鼓”，此时见了这种佳肴，岂不狼吞虎咽。然而“狼吞虎咽”到底是比方，此刻这个比方就显出了它的蹩脚：这么厚重的猪肝煮得不透，一咬竟带血带腥，我的狼性虎性皆不够分量，一松牙胃里就往外翻！这一下我为难了——不吃，人家怎么看“五七战士”？这么好的东西你还瞧不起？吃吧，里头已经在朝外涌，哪还能咽得进去？万般无奈，我只有采取搭配销售的手段，屏住呼吸咬一口猪肝，再咬一口蛋，再挑一筷子面条，在半涌半不涌之间，居然不辱使命地将面吃完。主人见我吃得还算快，便问我：“做得不好吃吧？”

能说不好吗？人之常情不允许，便答，“好吃好吃”。主人一高兴：“再吃一点！”急得我站起身来，拍着肚子往外跑：“饱了饱了……”因为再不跑就得吐出来了。

虽然猪肝不好吃，农民的淳朴却直接感受到了。虽然战战兢兢，面对求助却不能拒绝。从此不断反复这样的矛盾。然而“肉喇叭”的宣传，却让河对岸的梓木公社也知道有我这么个“医生”。那时候“赤脚”尚可行医，我们这半赤半穿鞋的人，人家给予的信任度当然要大一些。于是，对岸梓木公社卫生院干脆给我送来一摞处方笺，说他们通过了解，认为我开的中药处方不外行，农民用我的方子可以到他们那里去拿药。言下之意，我可以在这一带“便宜行事”了。

桂口公社卫生院闻讯，就让早跟我熟悉了的魏医生送来了处方笺，并且讲了一番热情洋溢的话，甚至说我帮了他们的忙，对我处方中表现的认真精神是很肯定的。

这一来，我就算有了两个公社范围的“处方权”了。然而我依然是忐忑复忐忑。因为接触的人越多，接触的病种就越多，有些事勉强可做，有些事是万万勉强不来的。

一次我自己拉痢拉得脚瘫手软，不料一位闪了腰的汉子从河对岸由人扶过来，向我求诊。我通过当时部队医疗队在七经八脉、经外奇穴之外发现的新穴位——腰痛穴，在他手背上扎了两针，然后咬着牙对他进行了推拿。完事了，他走了，我趴下了。这算勉力可为而为之，做了，心安就行。

但很多是我拿不下来的，是切脉针刺推拿办不到的，我只能采取一个办法：送。陪着病人家属，送病人到区里甚至县里。几十里路陪着走，累虽累，诚心却做到了，不起大作用也能给人家安个心。

现在想来，我对当时即令是有限度的大胆妄为也还是捏着一把汗的。好在我的个性里吹牛的细胞不多，胆还一直大不起来。我经常当着病人找书，直言相告说“你这个病我没有一点把握，我只能翻着书给你试试”。对于针刺，我是头面不刺，背部尽量不刺，找不到得气感觉的赶快拔针，改用“指针”。没有把握的宁可陪人家跑路找专业医生。这一份谨慎，使我战战兢兢经历了帮人不帮出大错的一段日子。

这一段日子让我认识了农民的艰难与真挚。他们对我是有回报的。表现在物上极其廉价，表现在情上却无法计价。

我家门口，几乎天天有不知名的人送来蔬菜，经常有人送来鸡蛋、鱼。村前村后有人杀猪，按当地风俗要拿出猪下水请至近亲友、长者、领导吃一顿夜宵，我往往也被列入这支队伍，而且还推辞不得。刚下去时我要借桶挑水，不久本村木匠张松林就为我专做了一对小些的桶，无偿相送。见我的扁担不好，就有人把用了多年的扁担立到我门前，用起来颤悠悠的，真好。下放回来后我带回武汉，挑一百七十斤煤也是颤而不断。还有小篾匠为我家扎筲箕、村民为我编的稻草用具等等，直到今天都在我心里装得满满的。

后来有人告诉我，我们下去之前，县里对农民是交了底的，说“下来的人都是有问题的，你们要做好监督”。相处之中，农民相信了他们自己的眼睛，他们的感觉，在不长的时间里就接受了我们。

1971 年 10 月我离开石下大队时的情景是我终生难忘的。那以前，我的妻子已奉调回武汉，自然带走了女儿。我虽已到干校校部文艺宣传队工作，关系却还在校外的崇阳大队，（干校编制，校内一个系统组成一个大队，校外一个县一个大队）所以家就没有动。十月份校部决定将宣传队员关系转过去，我就得把家搬走了。搬家那天，我是一个人回村子的，村里没什么动静。谁知第二天清早，全村所有人都到了我家门前，壮劳力不言不语地搬起我简单的家具，还有人把张三李四送来堆满一地的红薯朝箩筐里捡，说是知道我们爱这一口，让我们带回武汉留着慢慢吃。然后，运家具的、送红薯的、空着手跟着走的，在通向公路的三里长的小路上蜿蜒着。

不知怎的，我这时反倒有一种失落，与下放来时相比，这种失落好像更令我动情。有一段时间，我非常欣赏下田归来洗净泥腿，光着脚往桌前一坐，抱着女儿喝两口苕干酒，哼两句样板戏的日子。甚至理解了陶潜归去来时“童仆欢迎，稚子候门”是怎么吟出的了。我曾指着屋后的竹林、林边的河水和河水转弯处的一座小山对妻子说，“此处作我终老地，足矣！”看着随我走向公路的人们，我甚至觉得这一走就割断了我心中对这片土地特有的眷恋。

后来，我曾几次回到石下，每一次都能唤起这种情感，这种极切合我个人情怀的冲动。

石下小村短暂的生活，让我相信了真诚，也铸就了我的一个信念：一个人一生要面对很多，但心中有真诚，手边有书，就能找到幸福。在石下村的日子让我体会到了读书不偏食的好处，有时硬读能读出趣味的那种特别享受，长了咬着牙干来试试的胆子。

野心和麻婆豆腐

1972 年 6 月，我从“五七干校”分回说唱团工作。尽管当时运动未结束，我眼里看见的说唱团却有一些新气象。

在那之前，说唱团因为下放走了近一半人，就合并到了杂技团，被称为“杂技团说唱班”，后改为“说唱连”。几个人在杂技团的屋檐下过日月，久之则难免有寄人篱下之感。此时原班人马大致聚齐，又恢复“说唱团”建制，大家在珍惜之余都有一股“光耀门庭”的心劲。

刚好这时候夏雨田也归了队。他在话剧《六二六的光辉》创作组经历了“几蒸几晒”的折腾，还是觉得写曲艺来劲。他的归队，使说唱团的创作有了领军人物，一时个个摩拳擦掌，创作形势真是欣欣向荣。

眼看恢复之后的说唱团就要公演了，我却拿不出新节目。那是我回团后最摸头不知脑的日子。过惯了“五七干校”的生活，对说唱团的舞台倒生疏了，创作节目简直无从下手。万般无奈，我拿出了在干校时创作的评书《红石潭》。那是一段叙述贫下中农妇女勇救下放干部的孩子的故事，属于表扬好人好事的节目，直白得就是一杯白开水。当时的政治气氛是不敢否定这种节目的，所以内部审查时我听到的反倒是一片鼓励声，说那是我接受再教育的成果。其实每个人心里都明白它不会受欢迎。

第一场公演在武昌水陆街口的群众剧场。那是以武昌造船厂为中心的那个地区的“曲艺窝子”。正因为如此，我上场之前的情绪就极其低落。从前我曾在那里演过《双枪老太婆》、《飞车闯县城》等一系列节目，创下了评书节目连返三场（再来三次）的纪录。而今那些节目都有“毒草”之嫌，谁也不敢批准拿它们上演。《红石潭》内容虽好，却全无效果，保险不犯错，但不能保证不起座！当演员的怕什么？就怕自己上演时听得一片椅子响啊。

出乎意料的是，水陆街的观众用热烈的掌声把我迎出台去，又用热烈的掌声要求我返场。我在没有准备的情况下说了一段《五分钱》，竟招来了要求第二个返场的掌声。我来了一段湖北慢板《两个美国佬》，总算撑持下来了。

我明白并不是我的《红石潭》演得好，而是观众几年没见我演出，久别重逢，亲切使然。下台后团里新来的领导吕讷对我说：“没想到你还有这么火的节目，先怎么不报它？以后就演这个《五分钱》吧。”

《五分钱》其实也是“文革”前的节目，原是1965年武汉市江岸区文化馆干部陈新创作的一个故事。1966年说唱团第二演出队成立，公演时领导让我上演湖北道情《拉煤上任》，返场演评书。我觉得《五分钱》题材好，故事好，将它拿来顺了就上了。没想到效果竟出乎意料地好，笑声恨不得把人民剧院的屋顶掀翻。六年之后，又是这个《五分钱》在返场演出时帮我挽回了面子，而且一时间成为我的当家节目，一直“应门市”到另一个节目诞生。

不久文化局大抓创作，各单位有新节目都要拿出去让全系统观摩。说起来这也是文化局系统的老传统。此时原话剧院院长吕希凡已升任副局长，抓艺术生产，恢复这传统也算情在理中。对于各演出团体而言，这种互相观摩的方式比现在只由领导审查的压力还要大。所以说唱团新领导吕讷也得用老领导彭邦桃的法子，抓住几个人先把节目写出来。他让夏雨田除了写相声再写几个曲唱节目，让胡必达自保，让我于自保之外再写一个唱的节目。

吕讷调入说唱团之前，是荆州地区文化局的局长。长期从事农村文化工作，使他对农业题材更熟悉一些。想到我从干校回来，便抓住我让我写农村生活。为了让我在题材上有些感觉，他讲了不少农村的事。可以说，回说唱团后是他让我找到了创作的感觉。

这次创作，我写了一段评书《村头展览》，又到会宾酒楼去端了几天盘子，采访了一些饮食行业的师傅，写了一段长阳南曲《家常菜》。

评书《村头展览》其实是个很概念的节目，它按当时流行的路线斗争、阶级斗争的模式，设计了一个先进人物，一个批判对象，一群主持“正义”的贫下中农。它比《红石潭》气氛好一点的原因，是在讽刺那个叫巴家的富裕中农时组织了一些包袱。但我心里明白，它的结构方式有点仿照《芒种喂马》，但人物却是按概念设计出的符号。然而在那种形势下，它却很被看好。第一次在团内由文化局领导审查，演完后副局长吕希凡首先就表扬《村头展览》，八个字的评语说得我美滋滋的：别有新意，无懈可击。

吕希凡先生是一位艺术家，他的褒和贬往往是直率的，情绪化的。后来一些比他大的首长在表扬这个节目时，好话后边就带着尾巴，从各方面说明这个节目不仅“有懈可击”，而且要改的地方多多，希望我“好戏不厌百遍改”，把这节目改好。

于是，《村头展览》开始了艰难的“百遍改”的历程。二稿、三稿、四稿，越改毛病越多，一个7000字的作品，边演边改的结果是，我这个“全团记性最好”居然闹不清哪一稿是哪一稿。但上面还是要改，“不厌百遍改”么，首先是把你这当“好戏”，让你修改就是光荣了。你这离改百遍还差得远呢。

于是再改。

一天夜晚，我送走访客，等爱人孩子睡下，又开始了《村头展览》的修改。由十点写到半夜两点，关键部分还是想不出点子。万般无奈，我只好到外边去清醒清醒。那时我住在交通路22号，到江边十分方便，所以我一出门就直奔江边。我平日搞创作，已经形成了遇难题散散步的习惯，这时低头沉思信步走去，觉得比坐在家里苦想要舒服多了。正走着，就见对面许多人与我擦肩而过，那阵势是武汉关轮渡码头的最后一班船到了。我心里默想着“还有这么晚的过江船？”想过也就过去了，思绪马上又转回《村头展览》，脚也没有停。

突然，一个人拦住我的去路：“小何！”那个拦住的方式很坚决，两手抓着我的肩膀，不让我再朝前一步。我觉得奇怪，刚才想的什么点子什么对白全消失了，抬头一看，是刘礼长兄。他是人民银行的老员工，业余相声的尖子演员，先与胡必达合作，后来和田木久、肖声虎等友人一起，六十年代初经常与我同台，到“五七干校”后，他成了我的相声搭档。刘礼长兄为人耿直，是那种“有话就说，有屁就放”的痛快汉子，我们尊他为大哥。现在他拦住我的去路，脸上不仅写着关切，还溢满了担心。见我看他，他忙问：“你，你么样了？”

我丈二和尚摸不着头脑：“我没么样啊。”

“那……半夜三更的你往哪里跑？”言下之意显然，他以为我和家里人闹了别扭，要去投江！一定是我低头沉思的样子吓着老大哥了。

我并不直说，而是用惯有的玩笑回答他：“你半夜跑得我就跑不得？”

刘兄道：“我是在武昌演出才回，你呢？”

我说：“我是改《村头展览》改卡了壳，到江边来吐吐空气的。”

果然，藏不住话的刘兄松了一口气：“哎呀，刚才看你闷闷不乐的样子，真把我吓死了！”

许多年以后，我以写作为乐，集中写作的日子往往会成为我精神遨游的享受。但几次写作回来都有朋友指着我说：“最近写长篇去了？”我问他怎么看得出来，他说：“你集中写一段时间回来，脸上的表情就痴痴的了。”于是，我懂得刘礼长兄见我夜半徘徊为什么有怕我寻短见的担心了。

没完没了的修改，弄得团里都不耐烦。一天，吕讷先生给我讲了一个故事，说他原来在荆州抓创作也是一个戏一改再改。改到最后，作者一咬牙干脆把第一稿拿出去，领导们却一片赞扬："这才是那个事！"

细一想，这倒是符合创作规律的。作者的创作，表现的是他自己对生活的体验和感悟，因此一个戏的第一稿形成大框架时，这感悟往往是最直接、最真实的。旁人的意见，充其量不过是"读后感"，里面加上的是每个人对作品的自我感悟，而不是他们对生活的感悟，与作者的初衷是不一样的。一千个观众看一部戏可以说出一千种观感就是这个道理。而我们改戏过程中全按官阶高低来听取意见，就极有可能把最不能接受的当成必须接受的，这时把作者换成神仙也是改不好的。当一再修改触礁时，领导的关注便变成了焦虑。这时候拿出第一稿，恰恰是搔到了痒处。

把这一点想通，我也大了一回胆，把第一稿略为改了改，誊清之后就拿去讨论了。没想到，所有参加讨论的人听了后都说："哎！这一稿真的改好了！"

这一稿通过，便被《长江日报》刊登了全文。

《村头展览》是我自"文革"开始以来首次公开发表的作品。它极大地鼓舞了我，接下来是新作连续发表。《夺苗》、《女铜匠》等，让我多多少少恢复了一点自信。但这些节目在舞台上受欢迎的程度有限，我是心知肚明的。我决定写一些"上市"的节目。

我想到了《夜走长湖》。

那是我1964年的作品。那时说唱团领导为宣传"胡（必达）、夏（雨田）、何（祚欢）"，请来了《湖北日报》记者田雨声。田与我们认识后，间或来团里聊聊天。有一次他带来一篇作品叫《夜走长湖》，是沙市电影院傅长虹写解放军解放荆州地区前夕的一段故事。故事中写到江湖切口（即一般人指的“帮会或行帮黑话”，在使用它的人那里，就叫“切口”或“局子”）的部分非常生动，只是体裁介乎小说和说书之间，若是往评书方面靠靠，反而与题材更贴切。田雨声希望我动动手。我修改后只署了傅的名字，把自己的名字写在作品末尾，“何祚欢改写”。后来我把它排演来一试，发现效果并不好。但因为演过了，就晓得它在台上不好“使”的原因。当时因为可演的节目多，还腾不出时间来顾它。现在可演的节目出现“等米下锅”的现象，我自然会想到它。

原来的《夜走长湖》，着眼于大处，从沈俊夫妇与李大爹接头到李大爹护送他们过长湖，在短短三十分钟里说完它，就没有表现细节的篇幅。

然而原作里没有接头和过长湖这两段中的细节，甚至任何一段都不能形成完整的故事。我想，干脆发挥评书“捏花成朵”的优势，抓住一个因由从头另写一段。这样一想，我省去了沈俊的妻子这个人物，加进一个国民党特务徐金苟，直接把李大爹和沈俊与徐金苟的斗智变成一个段落的核心。

新的《夜走长湖》一出来，我在台上的被动局面便得到了改进。接着，我又从新出版的杨佩瑾的《剑》中找出一个片断，改编了一段新书《飞车捉狼》，在观众中火了一段时间。再往后是《西门豹》、《夜访沿河街》等节目，在台上能“捅响”的节目多了起来。

和“文革”前一样，我把身边的一些朋友都当成我创作质量的检验员。我的能“捅响”的节目的出现，得力于他们对那些内容好却难以保证效果的节目的大胆否定，使我随时感到节目荒，随时寻找好题材，写好响活。

在这些朋友当中，武汉汉剧院的熊少鑫是这段时间内使我改变最大的人。他对我连续出新作品的自信是鼓励的，但谈到《夜走长湖》时，他把议论引申了一把，从作品本身说到什么是真正的自信。

熊少鑫认为，我上演的《夜走长湖》除了时代背景和人物名字与原作有些关系，其整个构思已经全是另一个东西，我完全没有必要把标题还叫作《夜走长湖》。熊少鑫还对我说："从你近年发表的作品看，你完全有能力独力完成创作，你应该朝前跨一步，以创作为主，以改编为辅。"

"以创作为主"，我何尝不想。但许多年来我都没有这一份自信，实践的积累不足也是问题。1964 年我曾经构思过中篇评书《大洪山风云》，写完后自己觉得没写好，连自己是否有这个能力都信不过了。熊少鑫的话让我换了一个思路：自己的独立创作一直贯串在我的创作中，要让它成为主流就必须有事事关心的习惯，和敢于做下去的"野心"。

于是，我偷偷搜集历史资料，准备接续《大洪山风云》后边的事，写一部反映新四军五师在鄂豫边区创建抗日敌后根据地的长篇。从 1974 年起，我就陆续采访了周作胜等老同志，并与京山县文史界朋友建立了良好的友谊。这个暗暗萌生的"野心"，就促进了后来的长篇评书《杨柳寨》的诞生。

我还有一个"野心"，是没经过任何人的诱发，自己萌生、自己实现又自己将它掐死了的。

那是我对于长阳南曲的野心。

1962 年长阳县文工团带着长阳南曲参加全省曲艺会演期间，我就被南曲的优美曲调迷住了。1963 年春节我应他们团长王克华（王丹萍之父）之约，到那儿去参加他们的新年演出，便和搞南曲的陈洪、袁新秀、谭忠兰、刘勋一交成了朋友。他们唱得多的节目，也成了我私下唱得烂熟的节目。我通过交谈，知道了南曲三弦伴奏的弦式、指法，到说唱团后私下向陈世鑫请教。总算可以弹得有点滋味了。我梦想着有一天我自写自弹自唱，创造一个更适合我的表演样式。这次写《家常菜》，我就改变了南曲唱多说少的布局，而是像苏州评弹那样，把它弄成又说又唱的“书”（评弹是评话和弹词的合称，其中苏州评话被行内称为“大书”，苏州弹词则被叫做“小书”）。在很大程度中我想像的与我合演的女演员就是何忠华。

《家常菜》写毕一念，大家都觉新颖，吕讷便设法去调何忠华。这时何忠华已由黄陂县文工团调入省曲艺团。省团本来没什么扛得住大梁的演员，市团来调何忠华就无异于拆他们的台柱，这件事便始终没办成。《家常菜》后来还是上演了，但不是何忠华与我搭档，而是她从前在武昌区曲艺队的同事任陵陵。任陵陵嗓子极好，微微偏细，但是音色的纯净还是很中听的，还能弹弹琵琶。可惜节奏感不太强，技法也不足以像评弹女演员那样，当起“下把”（伴奏主力）的重任。所以我理想中的长阳南曲从开始就不能像评弹那样由两个演员自弹自唱，而是要在演员身后坐上一个乐队。这乐队的配置是两把二胡、一枝竹笛、一个扬琴、一把大提琴。只是第二把二胡是主胡的妻子，学琴不久，定弦还要丈夫代劳。有时在台上发现跑弦，她老人家就把二胡递给丈夫，让他帮忙调一下。

这在专业文艺团体里是不可思议的事，却在上千观众面前，毫无掩饰地发生着，的确有些煞风景。但全团并没有一个领导出面制止它。另外主弦二胡手特重，一边拉，他那把二胡的“千斤”就一边滑下去一点，整个《家常菜》演完，他的“千斤”要滑下一个音位，即比上台前的定弦要整整高出一个全音！

《家常菜》上演后反映一直很好。一年多以后，却越来越令人难受——演唱者一边唱一边听着二胡比其他乐器略高那么一丁点的声音，那种受罪的感觉是无法言说的。当你唱第一曲用 A 调正合适，唱到第四曲已变为 B 调时，你的演唱就无异于“鸡猫子喊叫”了，对于坐唱的形式，给观众的感觉也是很受罪的。这几个难以忍受的因素，使我看出它难以成为一个独立曲种，于是便由少上到不上，慢慢地就停了下来。如果说唱团有几个能独立弹唱的演员，又敬业到痴迷的程度，我的野心就不难实现了。

仅就《家常菜》而言，它在当时的卖点是不少的。首先是它的音乐大不同于汉滩小曲，一种充满闲适情调的旋律一下就让听者去躁入静，这是南曲特别是它的主要曲牌“上下句”与生俱来的优势。其次是对于说功的发挥。两个演员中，我本来就是搞说的，在唱的烘托下将矛盾的气氛，将产生矛盾的一盘菜——麻婆豆腐的做法说得细致入微，那效果的确比光说更有滋味。记得刚演头几场的时候，我几乎是场场下来都要被乐队骂，说我说的麻婆豆腐把他们欠得要死，一边听一边吞涎水，在台上掉底子。

由台上这一说，台下便形成一种舆论，说“何祚欢做得一手好菜，特别会做麻婆豆腐”。若是一般说说也罢了，偏偏又遇到认死理较真的。一天，薛永年的女儿过生日，满堂宾客之中就有我一个。客人们一见我，便起哄要吃麻婆豆腐。无论我怎样“抱小面”作解释，自嘲自讽说我不会，客人们不见这菜硬是不依。主人翁薛永年也以为我是保守，三拖两拽把我拉入厨房。万般无奈，我只得强打精神，按自己在台上说的一套备料下厨。做起了一看，连颜色都不对；拿上去一吃，淡而无味。这一下客人相信我真的不会，传出的口碑就于我十分不利了。那口碑是个歇后语，叫做：

何祚欢的麻婆豆腐——听起来吞涎水，吃起来吐涎水！

倒霉吧，我什么不好说，说个什么麻婆豆腐！

诗　与　酒

不知是不是我个别的感受，在我的记忆里，我们这一代人童年所接受的诗教是在“润物细无声”里进行的。从童年时的儿歌童谣，到成人的民歌民谣，劳动中的打硪打夯，挑土车水，乃至小买卖人的叫卖、迎神赛会、玩灯过节等等，无不充满着歌，充满着“韵”的感受。学校教育中，也残存着历来蒙学的韵文教学形式。《三字经》、《百家姓》、《千字文》的琅琅上口，使它们在私塾业已废除多年以后仍然活跃在老百姓的口头。它们和我们后来学习的诗文一道，从不同的方面让我们感受了中国的诗歌传统，感受了中国语言文字特有的韵律。尽管我在以后创作生涯中并未作诗，但诗作为文学艺术的基础和最凝练、最富感染力的样式，它在我从艺、治学的一生中，一直影响着我对语言的选择、对意境的追求、对中国语言文字的韵味的体悟和运用。

能激发我的创作激情的，除了一些无形的东西，还有一样有形的液体——酒。

我所受的酒的“启蒙教育”很早。身高刚及桌面时就被父亲用筷子蘸酒加以培养，是每个男孩童年都经历过的、颇公式化的第一次。倒是从上小学三年级为老爹打酒，听老爹念出“三杯通大道，一醉解千愁”的时候，才将“诗教”与“酒教”联系到了一起。后来读诗读到了“太白斗酒诗百篇”，就看出文人和酒的“血肉联系”了。

我父亲开“老天宝长记金号”时，乡下老亲来往都会受到热情接待，金号便被乡亲和亲戚们称为“长记大舞台”。“长记大舞台”

招待亲戚的三部曲是酒、洗、戏。于是我在其中见识了大姨爹一喝半天不下场的“萝卜冻”喝法，五姨爹王厚卿杯酒入肚妙语如珠的灵气，舅舅在酒桌上层出不穷的俏皮话，和堂伯父、被称作张飞的酒量饭量……老家的人们对有酒量的人的佩服，在我心里留下了极深的印象。

但我真正意义上的喝酒还是进了说唱团以后的事。算算时间账，倒也不稀奇：从读小学到1959年我毕业于武汉一师，当学生时除了年节父母特许沾那么一点点，一般是不敢破戒的。工作后一开步便碰到“三年自然灾害”，每月混个肚子饱都难，哪有余钱喝酒。1963年我调入说唱团之前，全国经济形势已开始好转，我自己也间或有一点稿费，吃饭之余花几个钱和同事朋友小聚小酌便成为一大乐事。

1963年我刚调入说唱团那会儿，演员的“成色”和现在是不大一样的。不管在台上站哪块台板，到台下只要说自己是哪个演出团体的，人家的笑就堆上脸了。全不像现在，一说演员人家就防着，准备拿什么话来挡住你拉赞助呢。那会儿民众乐园除了杂技团、说唱团、大小“京班”这几家“坐庄”客，余下就全是从各地邀来的班子。每天早晨，园子里有两样风景最值得看。一是每个班子里的踢腿下腰练功，再一个就是县里来的男女演员穿着灯笼练功裤、脸上留着头天夜晚没洗净的残彩满街去过早的景象。其中一些女演员梳着一条独辫子，走在街上头都昂得高些。在那种社会氛围里，各演出团体里稍有些头脸的演员就成为了各界人士大小酒宴的座上宾。

我在进说唱团之前，就已经于说书之外，还“流窜”于各区文化馆、文化宫为业余爱好者讲“怎样说评书”之类的辅导课了。课讲完了，一餐便饭是少不了的。那时的便饭一般都简单，甚至多是份儿饭。但有的宫、馆领导事后觉得公家招待得太简慢，便在自己家弄两个菜，打上半斤酒，请我小酌两杯。

团里的同事当中，胡必达和我是早就实行AA制，常在一起品酒的伙伴。除了品评什么碧绿、五加皮、香雪、加饭，就是谈演出谈观众和创作了。

同事当中还有一位创作干部彭玉林，虽比我们年长，却能和我们做酒友。因为他也喜欢边喝边谈，喝到三两即止，决不多喝。彭先生原来是专业京剧演员，唱旦角，解放前在国民党空军里唱戏，还有个中校的军衔。他和我们的酒话，除了说曲艺就是说京剧界的掌故，对于演员来说，这可都是有益处的东西。从彭先生处，我体会到了“从师不如访友，访友不如聊天”的正确。彭先生有一定的人生经历，古典诗文又有一些底子，喝酒时听他偶尔掉掉书袋子，既是一乐，也是一得。

彭先生因为有那么一点“历史问题”，历次运动自免不了对他有所触及，因此做人也算“磨圆了”，待人谦和之中也透着谨慎。1964年，市文化局把他调去搞“民间艺人协会”，实是执行毛主席对文艺界的“两个批示”，禁止在茶馆里唱戏的演员唱老戏。那些艺人多是幼而失学的人，唱几出老戏自谋生路可以，让学新东西就特别难。彭玉林去教他们改编演出样板戏，写好的词到他们嘴里就变了样。一个楚剧艺人演到李玉和“赴宴斗鸠山”时，一出台竟把台词改成了“见鸠山，吓得我抗抗打颤”，弄得台下一片嘘声。在“停步”和“开演”的中间，艺人们没了收入，有的四处设法挪借，有的先改行算命作过渡，有那胆大的便跑到彭玉林家去要饭吃。彭家孩子多，生活本来就紧张，但艺人们恰在饭口上赶点要饭吃，他就能做到笑脸相迎，有饭先尽客人吃。

事后说到这一段经历，彭先生免不了叹息：“怎么办呢？哪个有门路的人会出此下策？还不是只有让他们吃了再做。说我难，还有个工会可以靠，互助会可以借，他们不唱戏了就哭天无路啊。”

然而彭玉林的同情心在当时的政策和措施面前是无力的。他是处在第一线的干部，艺人们唱不成老戏，吃饭只能靠街道的救济，这仇就结在他身上了。“文革”中民间艺人组成的队伍斗争的第一个“走资派”就是他。市文化局主管这件事的副局长巴南岗都被摆在陪斗的位置。那天艺人们控诉了一番彭玉林，就激愤地喊起口号：“打倒彭玉林！”陪斗的副局长巴南岗朝台下喊道：“同志们，彭玉林做的一切，都是按我的要求办的，你们要斗就斗我，我负责，我负责！”这本是说的实情，结果却招来一通口号：“打倒巴南岗保皇派！”

有的时候，彭先生也会发犟。按常情想，“文革”时被关进“牛棚”的人是该服服帖帖的，可说唱团的“牛棚”却隔三差五传出一些小故事。一天，几个被关押的人不知怎么谈到了《朱伯庐治家格言》，说到其中“一粥一饭，当思来之不易；一丝一缕，应知世事维艰”这一联时，彭玉林把“一丝一缕”的“缕”念成了“搂”字音。武汉方言中这个字历来是这么念的，所以彭一点犹豫都没有。这时有个北方老先生就来纠正他了：“错了！念一丝一‘旅’，不念‘搂’。”纠错的人纠得认真，彭觉得自己没错，便解释说：“这是方言的读法，湖北人从来念‘搂’！”那位老先生却有点诲人不倦：“现在是按普通话正音！北京话为标准的普通话，知道吗？如果普通话以湖北话为标准音，那就照你的读：‘搂’！”

这句话明显地带了刺，要是搁到旁人身上就咽下去了。因为说唱团牛棚里关的多是老艺人，自认为文化比不上那位先生，只有咽下。彭先生这会不知怎么犯了性子，竟一步不让，针锋相对。他冷笑一声说：“嘿！生苕甜，熟苕粉，夹生苕没得整！”那老先生气不过，跑到工宣队告了彭玉林一状，工宣队找彭谈话，彭对“生苕”“熟苕”的话语供认不讳，最后竟然说：“他就是他妈个夹生苕！”工宣队师傅被他说得大笑，这事就不了了之了。

这都是后来我们喝酒闲聊出来的话，它倒从不同的方面表现出了彭玉林这个人的个性，一个不顺遂却不沉沦的文人的个性。

同事中的酒友还有另一种类型。那是一上来就以酒量自居的治泉辉。他本是湖北田径队的链球运动员，过了黄金年龄后长成了个大胖子，觉得适合说相声，便调进了说唱团。他自己爱酒，便用酒交朋友。他在东来顺请我时，我高低只喝了二两酒。他当然不知道这是我的习惯。当时我限于财力（一月46元工资，上养老下养小），还做不到每日一酒，偶尔打上一斤，也只能一餐二两地过过瘾。到人家请客处，也不敢轻言酒量，生怕落个“自家的死不吃，人家的吃个死”的坏名声。在新同事面前，我肯定不敢放肆。我的拘谨，使治泉辉遗憾，大有“说唱团里无知音”的感慨。

过了一些日子，我回请治泉辉时没了顾虑，一顿中餐就陪他各喝了八两，使向来以酒量自诩的治泉辉觉得摸不清我的底细。于是，他拉着我上老通城接着喝，我再三以晚上有演出相推辞都不行。治泉辉开口又点了八两酒和我对分。我喝下四两依然平安，他倒是一副人清白舌头不清白的样子了。说着到了演出时间，我只有扶着他赶到中南剧场。一场演完，竟然一连返场两次。坐在台侧的治泉辉看到这情景，忍不住大声叫起好来，接着在后台见人就说：“知道吗，上午八两，下午四两，上台照样‘翻头’！”

和武术界“以武会友”时宾服强者一样，“以酒会友”的场合，酒徒们对“海量”也是很佩服的。治泉辉还真是因为我的“放量一搏”与我交成了朋友。从那以后，他到我家去喝酒就不拘形迹不讲菜，各自喝到半斤就罢手。团里到外地演出，小治随身所带的军用水壶是用来装酒的。每到他喝酒不讲节制时，往往还只有我出面才制止得住。

治泉辉除了喝酒少节制的毛病，其待朋友的态度还是可圈可点的。我为写《杨柳寨》采访一些老革命时就有他从中出力。采访原新四军五师的领导同志徐觉非、周作胜，都是他引荐并陪同到底，使我得到了一般人得不到的方便。后来他从说唱团调到省纺织公司，还多次邀我相聚，多次到我家小酌。到2003年他有事找我再度小酌时，他已经只能用矿泉水兑白酒来过瘾。再过了一段时间，就听说他已去世，去世前跟他爱人小韩再三嘱咐，说一定要找到我来操持他的后事。我当时出差在外，事后听说也很感动。谁说酒友就是“酒肉朋友”呢，酒中的交往见真性情，也能交出“过命的交情”来。

在说唱团以外，我也有类似治泉辉这样的酒友。卢富洲就是一个。

卢富洲原在《长江日报》社当记者。1980 年湖北省曲协在武昌空司招待所开会，卢富洲是报社派去的驻会记者，几天时间下来，他的新闻敏感性得到了大家的认可，他成了曲艺界共同的朋友。由于都爱两口酒，他和我小酌倾谈的日子就要多一些。那时候，他大学毕业不久，工作上有一股锐气，和我小酌时，也多是议论诗文，应该是很投契的忘年交了。

卢富洲对自己的业务水平和酒量都很自负。1983 年春节初五中午，他跑到当时我住的二圣巷去拜年，留他吃饭时，他要求一个人喝一瓶酒。那时我的生活已有很大起色，家里总会放几瓶酒。武汉流行的汉汾酒（每斤一元五角六分，号称 156 白酒）只有两瓶，我便将它们拿出来，一人一瓶各自“承包”。

那一天我们从曲艺说到文学、戏剧，除了海阔天空的尽兴，还有他对我评书创作的看法、展望。他觉得我的说书已经有了俗中见雅的东西，就应该把它发扬下去。还说到对我的长篇评书《杨柳寨》中已发表的单元《三闯杨柳寨》的五回书的看法。和他见到的第一、二回相比，这五回书是“传奇有余，人物不足”，故事性强而与全书的风格不全一样。这些看法，在我的创作蒸蒸日上听到的尽是表扬的那个时候说出来，使我有了认真自省的开始。后来我重新调整《杨柳寨》的大结构，将已写起的以传奇色彩为主的三十万字全部砍去，其缘起就是这次谈话。

这样的交谈，特别能激起豪气。因为我觉得没怎么费力气就把一瓶酒干光了。再看富洲，也离喝光不远。我觉得奇怪：“伙计，156

的汉汾是60度的呀，我们一人一斤就下去了？”

富洲觉得没尽兴，又要了一斤，明明白白两人均分了。当年喝酒，我对于分寸是极有把握的。不是谈兴高涨决不超过半斤。喝过半斤后就特别警惕着“越喝越想喝”的感觉。若有这种感觉，我就真是“打死也不喝”了。所以最贪酒的年月我也没在场面上醉过。那天卢富洲喝了一斤还要，我只从自己的感觉上判断，再来半斤没问题。富洲平日酒量极大，我想我都不怕，他大概不在话下。谁知那半斤喝完再看他时，已经是一副行动不能自主的样子了，就这样还一个劲吵着要回报社，我与和他同来小周两条大汉连架带拖累了个贼死，才把他送回了宿舍。

和冶泉辉的情形一样，以后在公众场合碰到富洲，看到他喝酒有点失控，我制止一下一般有效。

实质上，卢富洲与我的共饮，求的就是以酒为引子的谈天之乐。他在文字上是极有灵气的人，对于旁人也善于发掘。1984年，他已调入《武汉晚报》。他所在的部门负责人郭令昕向他谈到了程云同志六十年代发表在晚报的艺术随笔《艺苑漫步》，提出请程云、曾卓和龚啸岚三位文坛老将共同主持一个类似的新栏目《艺海泛舟》。三位老先生答应下来后，因为各有一摊子事忙着，就一直没开张。郭令昕一着急，就让卢富洲想想，能否让几个人先写几篇，把栏目推上去再说。卢富洲向郭令昕介绍说，“说唱团何祚欢的文章写得不错，又在文艺界干了那么多年，能不能让他试一试。”

晚报社把这事定下来后，富洲就向我约稿了。以我当初的阅历、水平，我还不大敢揭这个榜。因为晚报所请的三员老将，那可是湖北文坛的泰山北斗，在他们即将主持的园地上先行耕耘，我是不是有点“自不量犁”？富洲鼓励我说：“我们跟三老通过电话了，他们听说由你先开笔，都说你能行呢。”我想了想，觉得难度是大了些，但重担可以长力气，这类随笔不但要谈一些文学艺术方面的观点，还要考虑文本的通俗优美，因为它是发表在报纸上给大众看的。这正好让我在练笔的同时，清理一下思路。

答应下来后，《艺海泛舟》很快就开张了。开始这栏目要求一周五篇，每篇不超过八百字。动笔写来，我感到这样的栏目还真要找我这种“万金油”来写。我平时为了说书的不时之需，爱好是极其广泛的。到写《艺海泛舟》时，就感到了“厚积薄发”的好处：一首诗、一段文、一出戏、一个掌故、一段轶事、一副对联、一句民谚，都可以生发出一段有关文学艺术的议论。且不说议论得好不好，对不对（文艺上的观点本来就不能用“对不对”简单断定），光是那一份畅快，就是写曲艺时无法感受到的。因为曲艺作品的目的性太强，就是要针对观众，“讨好”观众，创作心态是客观的。而艺术随笔则是自我的，只须照顾行文的晓畅明白，不必担心两分钟包袱不响就会起座。写作过程的无阻滞状态自然会带来畅快感。使我感到满足的另一点是，这些随感中提到诗文的原文，也是随着文思的涌动一齐下来的，几乎极少查资料。之所以有满足感，是深感随感与学术论文的不同，它就像是和朋友闲聊中信手拈来的举例，严谨固然不可忽视，而那种随手摘花的纯熟才更有感染力。我从这里感受到“学而时习之”的好处。

《艺海泛舟》一篇篇出来后，我有点惴惴不安：就凭我肚子里那点墨水，竟敢那么放胆地说东说西。原来准备在这里发表文章的曾卓、程云、龚啸岚三位前辈怎么看？过了不久，《武汉晚报》发表了程云老写的随感《呵！何祚欢！》，对我的写作活动给予了充分肯定。我悬着的心才放到肚子里。

由于《艺海泛舟》的发端，武汉的媒体就越来越多地约我主持专栏了。从那以后我在各家报纸上主持了《杂技节放言》、《侃林浑话》、《绿茵漫话》、《何祚欢茶馆》、《茶客闲话》（后几十篇为何隽续作）、《江城民谣》、《大汉口商界》等等。加上散发在各报刊的随笔、散文之类，不知不觉也有四五十万字了。

正当我觉得与富洲的诗酒之交十分惬意时，富洲突然没了消息。过了好长时间再见到他，听到的却是家庭变故、工作调动，最后到了一家民营的东星集团，为《东星报》当主编。不时收到他编的报纸，还能看到他办报的闪光处，他的才华。然而听到的关于他生活的消息却令人忧心：沉溺于戏耍，尤好麻将；酒这“穿肠药”与那“刮骨的钢刀”都有些过于放纵。为此我先后找他谈过两次。每次他都很汉子，不把消沉的责任诿之他人，表示将会节制。可是，忽然有一天听说他患了绝症——肝癌，而且医药费都成问题。我拜会了一些昔日的朋友，建议大家伸伸手，帮他一把。老朋友们几乎众口一词地说行，表态是“何大哥说出多少是多少。”我说各人的财力不同，与富洲的交情也有深有浅，就不一刀切吧。各尽其心的结果，总算让他的治疗得以继续。

不过几个月的时间，富洲走了。走的时候已是家无余财，原配夫人当年就不愿待在武汉这个伤心之地，远走张家港时带走了儿子。其身后的萧条可见一斑。好在有一死心塌地的女友杨女士，才有个张罗后事之人。后事的支出，仍然是一班朋友援手。富洲作为一个文人，确是犯了文人常犯的放浪不羁的毛病，但交友若此，也可得些安慰了。

我一生所交的朋友中，像卢富洲这样的悲剧结局的到底是少数。就是卢富洲，他在与我的小酌倾谈之中，也是很愉快的。像我十分倾慕的程云先生，后来就几次约我到家中小酌，放浪形骸的浅斟低唱，使我们忘了地位与年龄的差别，相约是否弄成个每月一谈。虽然后来由于各自的忙没有办到，但相见相酌之欢是令人陶醉的。

我一生爱酒，酒给我带来的是乐趣，也带来许多朋友。不论在什么场合，我的喝酒只求一个“微醺”境界，自己首先就不存把谁灌醉的心思。对于一些专说没油没盐的废话逼人喝酒，以求眼见“扶得醉人归”的人，我从来都不喜欢，碰见了也力求与之免战。对豪爽的武林朋友，我能放量地喝，决不藏着掖着，过程中的“吐气开音”、“比画比画”也尽量参与，所以才有一些“武人”与我倾心相交。

坦白地说，能让我完全放开的，还是与我有文章之交的朋友。我到京山去搜集资料、搞写作，往往能喝酒喝到越喝越想喝的临界点上，其原因是那里有一批文友，能与我诗酒酬唱。

在朋友当中，我是“大闻酒名”的人物。在初交的人面前，我喝酒的低调也会引出一些存心灌人的人来演一点喜剧。

一次在京山空山洞游览，同时也应邀为几处没命名的景点命名（现在空山洞中一进门的“罗汉迎宾”和“金龟恋蝉”等景点，就是我在开业之初的1987年春天命名的）。游完后的酒宴上，有一位武汉江岸区某公司总经理在座。那天我因为身体不适，在人家斟酒时就一再要求少一些。那位老总见此情景，马上面露不屑，向我建议道：“何老师，今天和你近距离接触，我有一个要求：你为我讲一个故事，我就喝三杯酒，你讲得多我就喝得多！”

我一听觉得不是滋味，里头不尊重的内容太多了。但初交之下又不便发作，便问，有没有不讲故事的条件。那老总说：“不讲就接受我敬酒，我三杯换你一杯！”

我想，除非你能一气喝三斤或者更多，否则你提出的条件就是你“自我灌倒”的条件，于是答应了下来。这老总见我居然有胆子答应这个条件，说了声：“何老师你莫后悔！”说完就喝了三杯。

于是，我应下一杯。他敬第二巡时，第六杯喝下去舌头就硬了。我应下一杯后还说了声“谢谢，到此为止吧。”那老兄非但不领情，反而问：“不行了？后悔了？再来一次敢吗？我敬你——”又是三杯下去了。我应他的一杯才喝下嘴，他就瘫到桌子底下了。

直到今天，我都弄不明白那老总的自信也会“肿”，而且“肿”到那个地步！

若有人问我对一生爱酒有什么评价？我的回答有两点：一，一生只醉过一次酒的男人并不多见。二，酒是我的文脉！

壶口瀑布，满眼的豪放，一肚子感动

镇一回，震一回

“文革”到了1975年，有了一些悄然的变化。一向批判“封资修”的气氛突然松了一点，传出了“江青同志要求文艺工作者读读六本外国小说”。列出的清单十分具体，有《约翰·克利斯朵夫》、《红字》、《红与黑》等。凭良心说，那时候我们想读外国小说已经到了“渴卤”的地步，有这传言就算有点根据，管它是真是假，读了再说！于是迫不及待地去借，开会时盖在批判文章下边或《红旗》杂志下边偷着读，读了偷着乐。

那时候，我们的创作已经全部进入“统一题材，公式化结构，脸谱化人物”的境界。长期包住北京西苑大旅社的文化部，夜夜笙歌的全国调演，演的尽是些开山放炮斗地主之类的戏，看前边知道后边，听上句知下句。但你还不能不搞。读了“江青同志指示”要读的六本外国小说，心里真是震撼得要命。震撼之余免不了要问：原来“旗手”也觉得《约翰·克利斯朵夫》好看？那她为什么老要我们写什么路线斗争和学大寨的戏？看起来，书写得有味戏写得好玩是人人喜欢的啊。

想是这么想，可那年月不敢说。让我们写作，我们也没那胆儿去搞批判现实主义，写开山放炮不好看不好玩，但不犯错。所以，1975年底市文化局宣布1976年将有全国曲艺调演，请说唱团准备作品时，我还是报了个反映农村“路线斗争”的节目，叫《姜大嫂》。我们说的什么“路线斗争”，实在是搪塞之词，那故事也就是富裕中农要发家致富，贫下中农反对资本主义这些老话，书里多编几个顺

“十年访友心走马，一朝识君话翻江。莫道同行即仇行，也愿他乡胜故乡。”1982年与重庆评书家徐勍、扬州惠兆龙、本溪田连元合影

口溜，刻薄一下想发家的“旧思想”，找几个包袱完事。和以前不同的只是这回的主角换了个女的。

《姜大嫂》写起后一试演，效果还说得过去。但说唱团新调来的书记柳华珍说要考虑换个节目。她说，新出的样板戏《磐石湾》里有一折《刀对鞘》，改编好了更有评书的特点，题材又好，为什么不试试？

柳华珍是市文化系统老资格的基层干部，原在市评剧团当书记。她办事泼辣，大刀阔斧，这个选材的建议，像她的作风。她分析《姜大嫂》这种题材的弊病时只用了一个“太多”，“拿出去不占便宜”，言下之意却再明白不过：这种东西没什么听头。

柳华珍机智地用一个无可争议的题材换下了一个不遭反对却不

一定受欢迎的节目，我当然只有高兴的份了。前文说过，为改编《刀对鞘》，我请京剧团导演汪洗和和陆长海的扮演者金景成为我说戏，品透了戏情戏理，了解了人物行为的心理依据之后才开始动笔。

柳华珍到底是戏班儿里摸爬滚打的出身，她懂得节目必须在台上锤炼的道理。《刀对鞘》一写起，她就催着我赶快上。到 1976 年 4 月湖北省文化局（当时还没叫“厅”）来审查节目时，我的《刀对鞘》已经是一个熟节目了。审查小组几乎是当场就敲定了我们参与全省组台的节目：我的《刀对鞘》，夏雨田、杨松林的一个相声（标题记不清了）。

不几天工夫，我们就集中到了武昌阅马场的“省文化局招待所”。用现在的话说，那时候让这些人住进去就为了折腾，上边一天一个批邓的指示，省局领导就天天领一群人熬夜听指示、改节目。以局长李晓明那样的老革命都不敢对局势对上面的要求说个“不”字，下边的人除了照精神去改节目又有什么办法？好在我的《刀对鞘》与运动没关系，我倒乐得隔三差五回家。

一台上京的节目，在改改演演中磨合得还算对得起观众，启程前惟一的遗憾是，和我们一起备战了两个月的伙伴，鄂州唱“九连环”的小徐，被用一个借口留下，失去了进京的资格。全队只留下了这一个人，这几乎让所有的人都为他难过，私下里的议论：仅仅为了个出身！

1976 年 6 月初，湖北省曲艺代表队进京了。住在西苑大旅社。

那时的西苑，没有现在这么高档。一律的三人间，房间里没卫生间，公共卫生间只有规定时间有热水。我和夏雨田、杨松林是当时队里年龄最大的演员，却被分在很小的一个三人间里。夏雨田一看那房就气得要命，坐在床前只出长气，嘴里念着：“我知道是谁……”我虽然一时闹不清，但因为前一年来过，知道西苑的房全是三人间，大小却很不一样，所以估计是因为这房太小。不声不响出

从1990年第14届起，我连续三届在世界杯足球决赛期间写专栏《绿茵漫话》。你看，到电视台侃完球还得在球上签字画押

去一看：可不是吗，全队哪个房都比我们大，我们隔壁的三个丫头，那房恨不得比我们大一倍。我们这一间似乎是特意比着挑了给分的。这支队伍的前站是早就进京了的，花许多时间作了这么个安排，的确没什么道理。且不说别的，单说那个前站如此待夏雨田都令人伤心。那位老兄本是个演员，因为没节目，就凭借近水楼台的优势在队里张罗个排练什么的。因为他天天演出后声色俱厉地逼着大家做小结，常把会开到半夜，弄得人很厌烦；平日又爱打个小报告什么的，大家对他的印象可说是差极了。夏雨田总能在人们议论此人时劝阻大家，甚至说“他搞这个工作，不管也不行”，为他解围。雨田好心没落到好报，气得要命但没发作，事过之后跟没事一样。后来那老兄动不动拿大家的某句话出来要“展开大讨论”（实则是大批判），雨田一方面进行劝止，一方面又对大家进行劝说。雨田的仁厚

和某些人的刻薄，在我心里留的印象是永远也磨灭不了的。我有时自问，回答总会是：我做不到！

整个调演分四阶段进行，除第一阶段的几个代表队演完就打道回府，其余的全部留到结束的那一天。湖北队好像是被安排在第三阶段，演出地点在中山公园音乐堂。

湖北的所有演员都是第一次参加全国调演，对取得成绩充满期待却没有一点底。我看了各代表队的节目单，其中报《刀对鞘》的不下十个队，所以我的没底比其他人更甚。为了使整个队演得好一些，全队对节目的排序进行了反复研究。根据省内演出的状况，大家都觉得有必要选一些效果好的节目作为防线节目。于是把快板书《向阳院的赵大妈》放第二场，作第一道防线。把三弦书放第四场，算第二防线。我的《刀对鞘》第六场，也是上半场休息前的“小攒底”，作上半场的高潮节目。下半场有何忠华的小曲可抵挡一阵，第十个夏雨田的相声就是“底”了。

这个排序，在湖北变来变去，证明是最受得住考验的。但湖北的情况到底不同于北京。中山公园音乐堂可容三千多人，当时还是个露天场，并不是很好演，加上看演出的并不是普通观众，而是参加会演的各队演职员。这些“内幕”，使我们当中很多演员都多了几分紧张。只有夏雨田和杨松林老师，我和何忠华这几个演员，因为是从民众乐园滚台板滚出来的，相对地沉得住气。正由于这种差别，演第二场的董治平和演第四场的王小四上去都有些发挥失常。前头两道防线崩溃，使我这个“小攒底”显出了生死关头似的重要性。按当时的纪律，演职员是不许站在台侧看演出的。可是这时全体队员都不管不顾，在我即将上台之前就挤到了台侧。

这时我的心情不可谓不紧张，但长年演出锻炼出的“出台疯”的职业习惯，使我一出台就松弛下来了，按平日的演出一招一式往下演着。我清清楚楚地听出，当节目中的“顶门包袱”按预期的效

夏雨田与杨松林。1976年全国调演，侯宝林先生对夏雨田说：“有杨松林给你捧活，是你的幸福。”

果抖响时，台侧就响起了一片脚步声——所有在台侧看着的人都撤到后台去了。全队放了心，我也安了心，顺风顺水演完，台下是掌声雷动。返场，再返场。在高潮中，上半场顺利结束。上半场一顺，下半场就好演了。夏雨田、杨松林的节目在又一个高潮中结束。

这一场结束后，又在音乐堂举行了两场公演。演员们没了紧张的心情，节目效果也正常多了。我的《刀对鞘》由于前边有几个节目的铺垫，效果就更好了，两场都是连返三次才算完。后来到一家大工厂演出，效果也是如此。

这一来，湖北的《刀对鞘》就在全国十多个《刀对鞘》中拔了头筹。一方面有辽宁、广东、上海、黑龙江的同行来学这个节目，一方面这个节目不断地参加大会举行的活动。民族文化宫的优秀节目汇报演出，还有中央电视台录像。中央电台的田维贤也找到我，说六十年代就知道我，中央台也播过我的节目，希望有机会时为中央台录点新节目。还有新华社的采访，刚复刊的《人民戏剧》的稿约等等。用领队的徐春林局长的话说，《刀对鞘》算是出足风头了。客观反应也能说明问题。像师胜杰、姜昆他们直到今天鼓励我时还要提一提“当年您说的那《刀对鞘》”……

我最欣慰的是，通过这次会演，我认识了袁阔成、田连元等几位同行前辈和朋友，事后还经常与连元交换新节目，谈论一些演出的心得，对我的进步大有好处。同时也认识了我仰慕已久的朱光斗。

还有一件令我高兴的事是大会举行艺术交流，在说功和唱功演员里各挑了八位发言者。头一次四位说功是天津的快板书艺术家李润杰，相声大师侯宝林，上海的苏州评话青年演员朱庆涛，沈阳军区的朱光斗。第二次说功的四个人当中，就有夏雨田和我。从我们听的前八位发言的情况看，还真有些艺术交流的东西。这使我很受鼓舞，自己毕竟在说书这个园地上付出了努力，由一段《刀对鞘》生发开去，还是能谈一点东西的。何况与科班出身的演员相比，我的文化优势使我的表述也存在优势。

我准备并期待这次交流。

交流的时间是7月31日。这差不多是这次调演的结束曲了。

然而，唐山大地震使调演草草收场，忙于疏散来京人员，为各地演职员送站成了调演办公室的主要任务。

回想起来，大地震前是有些预兆的。比如一向干燥的北京在7月下旬突然变得湿湿的、闷闷的，像武汉下暴雨前的味道。差不多的人都恨不得到露天地去睡觉了。7月27日晚，我们忍着热睡了，到了半夜（实际上是28日凌晨）突然听到隔壁房间天摇地动。那是三个小青年的房间，他们平日总是打打闹闹搞到很晚，我以为这又是他们玩上了劲在“大闹天宫”。还没来得及问话，房间就又抖了起来。正纳闷间，夏雨田、杨松林几乎在同一时间坐了起来。杨先生问了一句“怎么回事？”雨田突然喊了一声：“地震！”我顿时觉得是这么回事——雨田曾经参与过河北邢台地震后救援工作的采访，经历过几次余震，今夜晚这种天摇地动肯定是地震造成的。一个机灵，我赶快下床，往外跑时还在衣架上把衬衣抓到了手上。我跑到房外时，走廊上还没有动静，我一边跑一边喊："地震了——地震了——"由于近视眼的缘故，我住进西苑时就把走廊上的灯开关全弄清楚了。那天我嘴上喊着，捎带着还把一路上的灯全打开了。

西苑旅社真大，楼与楼之间的空地容纳跑出来的人，居然不显挤。我跑出去时，空地上已有几个人，接着我们湖北代表队的人陆续跑了出来。

人渐渐多起来的空地上，既有很快松下心来站着蹲着聊天的，也有跑得慌忙显得狼狈不堪的。有不少女同志听到地震爬起来就跑，跑到门外才知道自己光穿了件三角裤戴了个胸罩。有的醒悟过来后不顾一切跑回去穿戴好了再出来，有的却六神无主站在原地转磨磨。西苑的服务员还真是够水平，这时都是着装整齐地巡视于各楼之间，见到这景象便赶紧拿出被单，把那些女同志一个个裹起来。

男人们闹的笑话也是符合男性色彩的。某军区代表队一位说扬州评话的演员，前两天以一段《飞兵向前》轰动了整个大会。"地震"喊声一起，他居然又来了一次"飞兵向前"：不从走廊下楼出门，干脆从二楼窗户飞身一跳，结果黑灯瞎火弄了个骨折。

相声大师侯宝林与之相反，在人们纷纷往楼外跑时，他一步也不动，就在房里往桌子下边一坐，静观事态发展。事后人家问他为什么这样做，他说："真到房塌地陷的时候，你跑得过老天爷？我坐在桌子下边，起码塌楼的时候有了可抵挡的。"侯先生的沉着也是大师级的。

湖北代表队聚到一起，只有一个女娃娃需要服务员的被单。待到大家平静下来，"大老爷们"才发现自己没被人看出的狼狈。许多人站在露天地浑身发冷，才记起刚才只顾往外跑，浑身就只有一条裤头一件背心，和裹被单的女同胞是一个意思，强不到哪里去。

在大家互相嘲笑的时候，有人指着夏雨田说："我只一件背心？夏老师跟我不是一样的？"雨田说："我和你不一样，你是自顾自逃命，我是照应大家去了。"

我出门是抓了件衬衫的，这衬衫穿在身上不觉冷，便生出一点自得。我笑着对雨田道："你也莫找由头，你就是那么个马虎人！看看我们吧，边跑边抓衬衫，现在就不冷了。这叫远见！"

话还没完，雨田就发现问题了，他指着我穿在身上的衬衣说："伙计，这衬衣不是你的吧？"我一看，可不是吗，刚才情急出错，衬衫是抓了，却抓了夏雨田的！既然犯了错误，我们马上就改："嗨！怎么乱点了鸳鸯谱！来，衬衣物归原主，我再进去拿。"夏雨田一把拉住我："你那个眼神，再震一下你连门都没有，先穿着，我进去把你和杨老师的拿出来。"我还要讲客气，雨田说："别扯了，我是运动员，比你利索！"说着就奔进去了。

在以后的几天里，调演办公室把每个队一辆的大交通调来放在空地上，命令大家每晚就在车上打盹，不要进大楼。那几天里，西苑的服务工作是可圈可点的，服务员餐餐冒着危险进厨房做饭，开饭时却把饭菜发到空场子上，不许一个演职员进食堂，以避危险。这种精神，真正算得上"把危险留给自己，把安全送给别人"！

《杨柳寨》与京山县的朋友们

《杨柳寨》是我创作的第一部长篇评书。又是见诸铅字的作品中篇幅最长的，创作中砍去30万字重新结构以后，成书时还有45万字。同时它也是我创作历时最长的作品，从开始构思到1986出书，硬是经历了二十二年。

1963年省农村文化工作队到京山县演出时，县委宣传部长邓文向我们介绍京山时讲得最多的就是新四军五师在京山创立根据地的故事。文化工作队走杨集，下周畈，穿越大花岭、小花岭到八字门，所到之处也是李先念的司令部活动的地方。沿途所见所闻，使我产生了写一部反映“五师”抗日活动的评书的冲动。1964年初回汉后，我找了省市有关单位，调看了部分《新四军五师战史》(草稿)，就着手写起了中篇评书《大洪山风云》。写着演着改着，感觉只有三个字：不满意。

坦白地说，以我当时23岁的阅历和有限的文献资料，还有当年那样的写作水平，写一个自己不满意的急就章是不稀奇的。稀奇的倒是，对这个写砸了的东西，我始终没有忘情，没有放弃，一有相近的素材就往它上面想，往它身边贴。

“文化大革命”一来，新四军五师的多数同志都被指称为“叛徒”，写“五师”的事自然无人敢提。到了1975年，“文革”虽未结束，社会上斗争的气氛却缓和了一些，各单位都开始抓生产了，对新四军五师的评价也开始松动。“文革”前，曾有史家将蒋介石集结大军进攻宣化店“五师”所在地的1946年10月26日，定为解放战争的起始之日，这时候也开始有人对此表示承认了。这一切，都使我想起了那一部不成功的《大洪山风云》。

1975年9月，我与搞创作的朋友熊少鑫和徒弟孙仲江一起到了京山，目的就是搜集“五师”的素材。

这时候，当年和“文化工作队”一起下乡的县宣教战线领导人，任职已有了不少变化。从前的文教局长周克强已升任副县长，而原县委宣传部长邓文却在当文教局长。

邓文的调动显然属降职降级，但他却依然乐观，抓教育抓得有声有色，甚至一竿子插到深山小学里，直接解决教室、师资、课桌这类具体问题。这和他以后官复原职重任宣传部长时的雷厉风行倒是十分一致的。

到了1975年9月，我与邓文已经通过这之前说唱团的赴京山巡演取得了联系，他热情的家宴续接了我们间中断了十一年的交往。此时再见，自是十分随便。他拉住我们三人为县里的国庆演出修改作品，辅导排练节目，同时答应派最得力的文化干部带我们到“五师”司令部当年驻地周畈去采风。

熊少鑫的同行，使这次辅导十分成功。他是汉剧演员出身，对舞台调度、舞蹈动作和造型十分熟悉，做示范动作自然是“手到擒来”。因此从排练过程到演出，都受到了交口赞誉。倒是我修改的作品，文人们看了都说好，演出后听领导指示时，一位管文化的县委书记严肃指出：就是这个节目写得不好。说“京山人民战天斗地，一年开了多少土方石方，一年修了多大容量的水库，与去年同比提高了多少，与解放前比又提高了多少，完全没有写进去……”这一番批评就在我当面时提出，使我无法应对。幸好宣传部长是第一书记的爱人，在他批到一半时起身与他耳语一阵，眼睛还往我这里看了看，才使书记话锋一转：“我们文工团的同志给何老师提供这样一个本子，叫他怎么改呢？”这真是顾了我的面子，又撕了他部下的面子。其实这节目原本是有这些数字的，我觉得它太像报表，才重新写了一个。从那次以后，我再接“配合中心”的节目时就多留了个心眼，一定问清楚“要不要我在节目里唱报表？”若是要，我一定不接这活儿。可惜直到今天，我们仍然有不少领导者和企业家喜欢人家大唱“与去年同比增长若干”。其实他们在听人家唱“若干”的时候也很反感，到了他自己身上却以为别人就会特别爱他的“若干”了。这段插曲让我极生动地看到了急于求成的祸害。

排练的事情忙完以后，邓文派的人就和我们见面了。

事前邓文对这个人的介绍是充满赞扬的：对京山县的历史文化有相当的了解，排练辅导拿得起放得下，写得一手好字，是文化馆干部当中业务能力最强的。这一说，真把我们的胃口吊得好高好高的。我心里想到的是一个风度翩翩的“三国周郎”。可待到此公与我们见面时，站在我们面前的却是个五短身材，背厚腰圆健硕虎势的男人，人长得不难看，但不像文化人，倒像“武化人”。名字也叫得怪怪的：张长缨，不看字面怎么也是位闺阁中人的名字。

张长缨一见我们，就说马上坐长途车到原五师司令部驻地周畈去，他脚上的一双拖鞋却让我们不相信他会就这样出差。然而他真的就这样“拖鞋靸袜”地上了车。

到了周畈，我们才见识了什么叫懂行，什么叫打得开局面。那是个没有招待所的小村子，张长缨一去，很快就为我们一行四人“变”出了“招待所”。看得出来，他是这里的常客，与许多村民都有过交道，在一位当年参加过根据地革命活动的胡妈家里更是像进了自己家门一样，我们的“食堂”就直接安排在胡妈家。就是在这个极不宽裕的农村妇女家，我生平第一次尝到了绿豆汤里搁盐的美味。一些极平常的小鱼青菜，在胡妈的饭桌上就十分诱人。村小学就是我们宿夜之处，村前的小河可供我们洗浴。秋天的水已带凉意，但好久在政治运动里封闭着的我们，却从这一股清凉里得到了一种前所未有的轻松和温馨。

张长缨靸着拖鞋，领我们去看五师司令部一带的医院、银行，然后将我们带进了司令部所在地。那是一座极普通的农家土砖屋，只比一般农民家多一个门厅，门厅两侧各有一道门通天井，天井后才是正屋。所谓正屋，也只是农村家宅常见的“明三暗五”——正中一堂屋，两厢各两房的格局。有趣的是与这房有关的故事：

房主人叫张光泽，成分地主。新四军五师到周畈时，他主动让出家宅作了李先念的司令部，并参加了革命活动。他参加了洪帮并成为“双龙头拐子”（大哥），就利用这个身份在帮会头目中周旋，将不少青洪帮中有爱国思想的人引上了革命之路，还收编了一些散兵游勇和自立为王的小股武装。在鄂中地区，张光泽这个“龙头”大哥确是声名赫赫之辈。

从这个故事里我记住了张光泽，没想到五年后我去沙市说书，又由一个朋友毛杰直接把我带到了张家，从此成为张家的座上客，面对面地听张老自述他当“双龙头拐子”的一番经历，并和张老的家人处得极好。后来我到沙市演出，总要给张家送几张演出票，而张家奶奶一见我上门，总是喊着“坐一下坐一下，一会庆仁（张老的女婿，姓廖）回来陪你喝酒。”这种在工作中建立友谊的事情，在我们这辈人身上似乎成了一种习惯。

张长缨不但讲起五师的故事如数家珍，而且在带我们爬山体会五师当年艰难的生活环境和险恶的战斗环境时，展现了他在那环境中的自如。靸着一双拖鞋的他，在向半山腰上的“藏军洞”攀爬时，不仅速度比我们这些穿皮鞋的人快，那矫若猿猱的身手甚至让当向导的年轻的生产队长都自愧不如。沿途他给我们采摘当地土果子“八月炸”，下山时看见一棵树上攀着许多野葡萄，见生产队长想吃又爬不上树的笨样子，骂声“死无大用”，一甩拖鞋几个忽闪就登了上去，然后摘一串葡萄喊一句“何老师，接好！熊老师，接好！”顿时让我们又捧又抱，蹦蹦跳跳的下了山。这一次搜集素材，不但让我收获了很生动的历史故事，还收获了一个一辈子交往下去的朋友。这是一个很令我叹服的人，他是靠着在学校为人剃头读完了高中，又在工作中不断自学提高了自己各方面的修养，和我们这些人相比，他是太能吃苦也太能乐观地对待苦境了。他找了一个农村户口的爱人，一下子就生了两个儿子，生活之苦是可以想见的。他居然毫不避讳把两个儿子一个叫拉拉一个叫扯扯，他也真是在拉拉扯扯中养大了自己的孩子，迎来了生活的改观。

艰苦的日子一点也没有妨碍张长缨才气的发挥，他一手工整规范的欧体楷书在县里是排得上号的，在繁忙的辅导工作之余居然还出了三本书，只可惜脾气太躁说话太急，便常在不知不觉中得罪人，常常弄得做了事不落好，一直到退休，连一个职称也没有很好的解决。在朋友当中有什么事请他判断倒是很好的。无怪好友陈安松在他五十大寿时要为他写下这么一副对联："左传廿五，右军廿五，倘言附凤攀龙，十倍于双五；春华八千，秋实八千，若论溜须拍马，四分之一千。"这副对联几乎把张长缨一辈子在处理上下级关系上不太成熟的毛病写出来了。你看，两方面都是"二百五"，又不会附凤攀龙，又不会溜须拍马，还混什么混！

从张长缨那里，我看到了自己对"五师"知之甚少的缺陷，《大洪山风云》之所以没写到"五师"的皮毛，根即在此。我还从张长缨那里知道，县里打算组织专门搞史料翔实的"五师战史"。我想，那我就隔三差五地来。

真正能做到隔三岔五地到京山还是粉碎"四人帮"以后的事。那以后的 1978 年我几次到京山，还真的和搞"战史"的人们交上了朋友，其中主事的文化馆副馆长程义浩直到现在我们还保持着联系，每次到京山，程义浩必是相聚众友中的一个。京山的朋友们由于长期在一起磕磕碰碰，便少不了有互相间产生看法的，有的甚至几年

1976年全国曲艺调演，湖北评书《刀对鞘》从十余个《刀对鞘》中脱颖而出。这年35岁，才学会用眼神

不说话。我到了之后，也会听到他们与我单独接触时的诉苦，但我对这些磕碰一概不予置评，而要求他们和我的聚会是“要聚都聚，要散都散”。我“劝和不劝分”的苦心他们是理解的，所以每次都给我面子，就是几年不说话的，也一定拐弯抹角地通知到。

那年月一个单位支持创作人员“隔三差五”地出差并不是一件容易事，就是肯支持，出差的住宿费、差旅补助费等各项费用都有严格规定，谁也不敢越雷池一步。说唱团向来重视创作，支持、放行自无问题，但以我当时的级别，我是只能住四人间的，住勤补助一天只有6毛，而京山招待所大食堂的桌饭是五菜一汤，每天八毛，凑足八人开席。

开头，我到了京山就直奔招待所，千言万语地说好话，讲清自己搞创作的重要意义，请总台服务员尽可能照顾，能不往我房里就不安人。服务员往往答应得很好，实际上却一定让我房里住满四个，这四人还找不出共一个单位的！

那招待所里好像实行的是军事化。早晨六点半的样子，女服务员就用钥匙掏开房门，将房内那只锈迹斑斑的暖壶提到门外，然后大敞着房门，直到她挑来开水，一只只灌满放回各房之后再关上。这么一折腾，清早能睡下去的人就少之又少了。这年夏天的一次，我一到便去文教局，文教局招待我看了一场戏，睡得晚了一些。早晨醒来，就发现大敞的房中，横卧着四个仅穿短裤头的汉子！四个人全睡过了，这样摊在床上像什么样子？羞愧之下我赶紧起身去掩门，不料服务员打水到来大喝一声：“关门搞什家！（读如“送家”，“什么”的意思）”搞得我进不得退不得，尴尬万分，那服务员却安之若素。

在这样的环境里怎么写？虽然只是搜集素材，但总得有静思和简单记点什么的条件吧。情急之下，我想到了老朋友黄世英——老黄不是就在招待所当会计吗？

我早知道黄世英在招待所当会计，只是怕麻烦人的习惯使我没去找他帮忙。加上每次来都在文教局活动，和老黄见面极少，自然没谈到这个话题上去。

我知道老黄会帮忙，因为到那时候我已经知道他是个什么样的人了。

说起来，我和老黄不是一年两年的交情。早在1963年，他就是县里随湖北省农村文化工作队下乡的本县工作人员，是剧场会计。那时我在文化工作队里是最忙的一个，一台节目有一半都有我的份，因此与京山的随行干部交往极少，寡言少语的黄世英就很少进入我的视线。直到1975年我收到他的信，我才暗自责备自己的封闭甚至目中无人，险些错过了一个朋友。

1975年，说唱团开始久疏的巡演时，选择了下京山。京山的文教局局长邓文向来重视宣传，早早地为我们的演出刷出了海报。几天后我收到黄世英的来信，信上说："前几年听说你挨斗死了，心里十分难过。今天看见说唱团演出海报中有你的名字，知道你还活着，心里说不出的高兴。来了后我们好好聊聊。"

在"文革"这短暂的平静里，这种问候给人恍若隔世的感觉，它让我品味了久已无处品味的温馨。

不久以后说唱团到了京山，县文教局长邓文设家宴招待我时，我让他找来了黄世英。坦白地说，我是在十一年后才把当年那个见人仅一笑的"黄会计"和眼前的老黄联系在一起的。他的话的确少，在后来二十余年的交往中，他说的话加起来才有在邓文家久别重逢的那一次多。他重复着信上的话，只是语气更重："老何啊，你们那次回去了以后，我的工作就调动了。'文革'一开始我就担心你，担心你挨斗挨批。后来有人说你禁不住斗，死了，日他妈啊——我那心里'台'难过。这回一看说唱团的海报上有你的名字，才晓得你还活着的，才松哒一口气……"

就是这个无语的老黄，对我每次到京山都了若指掌，当我万般无奈找到他时他说："我怕是邓文他们请你来的呢。早晓得你是出差我早就跟你办了。"说完他把我领到了简易的单间，说这里又便宜又可以写作，他可以让总台以略高于四人间里一个人的价格给我。这个每间不到六平米的小单间，房与房之间是用竹篾糊上石灰隔着的，只要对墙打一拳，就能把你带到隔壁去；墙那边喝水，墙这边就听得到风雨交加的"淅淅"声。但它到底是一个相对独立的空间，在出差费的限制下已经无异于天堂了。

从那以后，我每次来都住到我的"天堂"里。只要住进来，黄世英都要安排几次单独的招待。有时在他的小房里，就从招待所单点几个菜。有时在他亲戚朋友家，倒能吃到一些风味十足的私房菜。但凡他邀约，桌面上的主人一般就只有我们两个，总是我说，他听，偶尔插话便扭转了话题。若有当地文艺界的朋友邀约的聚会，我就把他也拉上。日子长了，黄世英就成了我每次到京山时必聚必会的朋友。

说到京山的一班朋友，必须说程义浩。

他和我相识较晚，是20世纪70年代末由张长缨介绍认识的，他原本是业余诗作者，由此而调入县文化馆，与张同事。共同爱好使他们惺惺相惜，我到京山时便多了一个谈诗论文的朋友。每有聚会，就有程义浩和何帆（时在县文工团乐队，没事写写诗，自编自集自画题头尾花的诗集做得十分诱人，恨不得看完了扣下不还给他才解"恨"）两名"诗童"，我和周德祥两个"曲（艺）花子"，和张长缨带领的陈安松、魏理权等一干"文虫"，真可谓阵容强大，五花八门，不闹个尽欢而散是不得收场的。

到了1978年以后，程义浩就被抽调去专门搞"五师"的史料了。在一年多的时间里，他在武汉、北京间来回奔波，采访了包括原五师保安司令郑绍文、副司令徐觉非在内的许多老同志，搜集了大批的史料，这中间的辛苦是可以想见的。出于对资料的珍视，县里严令新老史料一律归档保存，不许随意示人。程义浩向县领导陈情，说何祚欢正在写一本和“五师”有关的书，这些资料能否对他网开一面。县领导考虑后的答复很干脆：“所有资料对何祚欢同志开放！”

那一段时间，寡言的义浩变得十分活跃，讲起“五师”的一些故事就像是说自己的经历一样。相比之下，他所记下的史料多重于史，就比较严肃；而口说的虽是治史无须记的所谓闲篇，在稗官之中却是“大补”之物。就连这部书后来的取名，也是源于李先念的一句话，叫“到敌人后方插杨柳”。这句话从义浩嘴里出来，好像一下关联了两代人的判断——李先念的下属记住了，几十年后传诸后人时，使我们感动了。《杨柳寨》之定名，围绕杨柳寨的一系列地名如杨柳镇、杨家湾、牛背岭、大环山、小环山，就虚虚实实地排起阵来。

可以说，1978 到 1980 年我每到京山一次，《杨柳寨》的创作就进展一次。到了 1980 年初，我采取了写作期间加进一点演出的办法，有了收入，住的规格就提高了许多，从前面的小单间搬进了后院 3 元钱一天的套间。虽然上厕所还要跑出老远，写起来的速度却弥补了出恭路途的消耗。现在看到的《杨柳寨》第一单元六回书，就是那段时间在京山写的。

到 1980 年动笔的时候，我已经在谈“五师”的环境里浸泡了一两年，底气应该是比六十年代足得多了。我知道，“五师”从 1938 年李先念自河南确山县竹沟镇带领仅够一个连的“新四军鄂豫挺进支队”进入湖北，到 1946 年集数万人于宣化店的五师，其发展环境的艰苦和发展之迅速，都是可歌可泣的。而惨烈的“五师突围”，以狭长的宣化店地区、数万将士吸引蒋介石十倍于己的兵力，为中央部署全国解放战争赢得时间，更是牺牲局部利益的典范。在土地革命时已是军级干部的李先念，经历了红军西征失败后又遭受“五师突围”的打击，到解放战争的决胜时刻还能领兵再入湖北，建立“江汉军分区”，这种面对大起大落的韧劲，在军事将领中不说是绝无仅有，也是不多见的。

我更知道，对于评书而言这些虽是我该知道的，却不是该写的。说书是给人娱乐的，即令是反映历史，也不应像写正史一样从大处入手，它需要的是故事，是细节。

促进我酝酿故事的，是这样几份材料：

一是刘志坚的回忆录，回顾李先念进入湖北后与“许大人”许全彪会师的往事十分生动。我对“陈大脚”的传奇生活正在无情节

左起第一人，就是上得了山、办得成事、爬得了树、写得成文的文化干部张长缨

可以依托之际，这份材料让我产生了不尽联想，于是有了第二单元《三闯杨柳寨》的五回书。主人公除了“武装工作队”负责人周浩外，还有女扮男装的红军战士陈铁，化名陈铁虎的“陈大人”。这一个单元的构思很重要，它使我把“插杨柳”的象征一直放在“五师”

的一个部分——武工队身上，通过它来反映李先念在鄂豫边抗日中处理敌我友三方关系的一系列思路和做法。其中一个与共产党又斗争又有共同的民族利益的老县长的取名，也来自刘志坚的回忆录，那里是“刘梅溪”，到了我手上就改为杨梅溪了。

二是孙耀华作为鄂豫边行署简派的应城县长只身上任的回忆，除了它本身具有传奇性外，这件事也考验着共产党在抗日时期对待友党友军包括无党派民主人士的态度。所以我让曾华光上任的故事在第一个单元就出现，曾华光的活动一直贯串始终。

三是回忆录中捉放日本皇室亲眷哇尚郎婴的故事，从这儿出发我设计了整整两个单元，与“捉放陈铁虎”、“捉放芦金龙”等“三大捉放”构成全篇。

1980年写完第一单元，1981年就碰到《布谷鸟》约连载稿，于是促成了《三闯杨柳寨》的诞生。《三闯》部分在《布谷鸟》连载后，引起了许多同类杂志的注意。《曲艺》杂志一直和我联系发连载《杨柳寨》，这时干脆将它全文转载了，弄得我激动了好一阵。因为它是全国曲艺最高级的刊物。

在写第三四单元时出了问题——饼子越摊越大，摊到第三个“捉放”时，对芦金龙的捉放在情理上就有些说不通。我设计过他们父子相会的一段情节，想的是以情感人：当着土匪的爹为了让儿子多读书，不惜每年以身犯险潜回老家送学费，让儿子成了个人才。抗战的浪潮使儿子投笔从戎，并接受了与父亲见面，坚定其抗战之志的任务，于是父子相见于烽烟炮火的敌人身侧……若要硬就“捉放”的名目，这一则能打动人的书就得废。

恰在这时，武汉大学李惠芳教授到我家做客，谈起《杨柳寨》时，也觉得“活捉哇尚”这部分过于枝蔓。写五师能把敌我友的关系写好就行，这一部分牵扯到日军内部反战的内容，它应该是另一部书的任务。

李老师的话促成我下了一个决心：这支出去的一蔓无论成了多大气候，也应该把它拿掉，好让正藤上长大瓜。于是“三捉放”解体，已成三十余万字的一大块被砍掉，这才有了杨华芸与蔡黑子重逢，杨氏母女拒黑子于千里之外，黑子夜入家门，哭祭父母的一系列故事，《杨柳寨》的写作顺溜下来了。

《杨柳寨》还在写作中，就碰上了两次重要的会演。1981 年 11 月，湖北省第一届百花书会开幕，我以《杨家湾比武结仇怨》和《黑松林投宿遭祸殃》两回书作两小时专场参赛，引起较大震动，被认为是现代题材长篇评书创作中的精品；两小时表演对观众的吸引也证明了我说长篇的实力。这个专场获得创作、表演双一等奖。

接着于 1982 年 3 月以《杨家湾比武结仇怨》参加“中国优秀曲艺（南方片）观摩演出”，被安排在第七台攒底（最后一个，当时不兴抽签，由组委会根据演员情况安排。每一台的攒底一般是被认为有些把握的演员）。由于有 1976 年全国调演垫底，这次演出我就不那么紧张了。尤其是我对这回书文学描写的自信，使我旁若无人地用 40 分钟说完全章，说得台下鸦雀无声——若是放在今天打死我也不敢，因为看节目的习惯不同，没人用 40 分钟节目参赛了。这节目获得了双一等奖。这节目的文学含量果然引起了同行的关注，尤其是搞曲艺研究的人们，天津南开大学薛宝琨教授就是从此时开始与我交往并建立友谊的。会演结束的表彰会上，由我与上海倪迎春代表演员发言。

在这次发言中，我说了这几句话：“有人问我现在最想做什么，我要说，我在想我们武汉的观众——没有武汉观众的培养，绝没有我今天的书风。”记得说这段话时，我心里十分激动，因为我想到了京山县的那一班弟兄——带我走周畈、访厂河（现绿林）的张长缨、把历史资料向我敞开的程义浩、和我一起讨论故事好坏的陈安松、周德祥等友人。正是他们营造的环境，使我这个胆子并不大的人终于敢写一个长篇。

京山诸友里和我关系特殊一些的要数周德祥。1963 年省文化工作队到京山时，他看了我几场演出，听了我一堂课，回去后就依着我唱的道情《拜财神》的调调儿，在京山演起了道情。一唱唱出了名气，被吸收到了县文工团，算是个自学成才无师自通的曲艺人。

周德祥也是 1964 年和我分别，1975 年在京山重逢的。他一见面就喊我“老师”，喊得我脸上直发烧。因为他比我大一岁，是个老大

逼着我“写不出来先来喝酒”的京山文友，左一：京山曲艺家周德祥，左二：张长缨，右一：京山县文联主席程义浩

哥，我受此一声受不起啊。1963 年以前我在四业中教语文，我教的学生都比我大，以“老师”代指我的职业，听上去还顺耳。调到说唱团我要算文艺界的小字辈，到处讲课时也有比我大的人喊我老师，我觉得这不大合适，我坦然接受就有点妄自尊大了。在我的制止下，有一批人都改口叫我“小何”、“老何”或直呼名字，一直与我保持

着朋友关系。如硚口区的胡思明、查大春、余望老师（27 中老教师）等，几乎都成为我的新节目第一稿的审稿员。只有一个许士华，大我十来岁的老大哥了，到如今 70 有余仍然以老师相呼，我也没办法，算是个例外。周德祥十余年不见，这么喊一声我不好制止，就留待以后再说。

以后我每次到京山，只要文教局出面的招待就少不了他作陪。一来二去，这种例行公事的招待变得越来越民间化，最后干脆成了我们一群人谈诗论文的“平台”。

在这班文友中，周德祥显得比较自悲。他从小由算命为生的祖父养大，大了当了教师又娶了个富农的女儿为妻，低工资的职业加上受歧视的“阶级地位”，使周德祥一直郁郁不得志。调到县文工团算是有了些改变，但夫妻一城一乡，家总不像个家。后来经县种畜场长马良法的帮助，让他妻子到那里上班，家庭收入多少增加了一点，马良法的爱人田大姐又常给他家孩子送点衣物。朋友圈里的关心，使他的生活多了许多生趣。

周德祥因为少时家贫，对读书十分渴望。1978 年那一阵正是我生活刚有改观，有钱就疯狂买书的阶段，到京山时也免不了到书店搜罗一番。文友们谈买书的种种话语激起了周德祥的少年心性，不久后他老家一栋祖屋归他所有，他当即卖了房子，将所得全部用来买了书。这个“破产读书”的故事曾在京山县一时传为佳话。

周德祥对京山乃至荆州地区方言俚语民俗十分熟悉，创作中用来带有出神入化之趣。二十世纪八十年代初他创作的楚剧《一河两岸》在省里得奖，就是厚积薄发的结果。打那以后，他成为县里文化界的“五老七贤”式人物，有什么“拢份儿”的事情总要把他放在首要位置考虑。1988 年初评职称，他是县级文化部门少数几个获副高职称的人之一。我作为评委是暗暗为他高兴了好一阵子的。

但德祥受压抑、被人看瘪了的时间稍嫌久了一些，这就使他的内向里多了几分挥之不去的怨怼之心。客观地说，朋友们对他从前的遭遇的确同情。比如 1980 年他爱人已在县里找到工作了，户口问题却一直无法解决。他找到有关领导时，那领导竟回答："现在是可以解决人才的家属农转非问题。你是不是人才要拿东西说话——你在省一级报刊上发个东西我看看？"朋友们听了这些话都愤愤然，说怎么着也帮老周写个东西去发表来看看。

当时我正在一起，听了这话便起了一个意念：这件事我可以做！那以前我曾写了一个道情叫《王大脚送军鞋》，给年轻演员唱的，现在何不改改拿去发表呢？我略作修改后，把作者的名字也改成"周德祥"，拿着它找到省里的《布谷鸟》杂志老编辑谢学泰老师，让他判断一下，够不够发表水平。谢老师当场看稿当场拍板："可以发！"这作品就这么发表了。作品进厂后，我即写信周德祥，"看到署你名的作品不要惊诧，那是我的恶作剧，供老兄拿去办大嫂户口之用。若能做到，弟将合什礼佛高宣：阿弥陀佛！"那位领导开始说话不中听，看到《布谷鸟》上"周德祥"三个字时倒也守信，真把大嫂的户口解决了。

这样的事情，会化解的人可以这么想："要不是那个领导赌气似的话，我家的事情也许还解决不了。"可是德祥不大会这样，他的执著使他直到去世也化不开心里的旧疙瘩。每想至此，大家都不免扼腕。

在这班友人中，有一位不见得怎么得意的陈安松倒是个很会为自己减负的人。

陈安松是个多才多艺的人，诗词、对联、谜语、书法、篆刻等都有些道道，还是个铁杆儿的曲艺爱好者。他对他的专业很专注，在京山县城建系统可说是一个有点情调的技术人员。这样的人在反小资倾向的年月当然不吃香。但安松不怨不恨，和我们在一起自道是个"业余的"，玩起来却行行精通。他常搞的古诗集句，甚至还有杜诗集句，拿来叫我"提意见"时我是不大敢碰的。因为我知道那全是学养游戏，以我的储存还达不到玩它的水准。还有一回，梅兰芳诞辰百年纪念，他这个戏迷为此做了个上联，很是令我心仪。联语是：

好寿辰，盛龄高百岁；

为梅先生的百龄之庆，这联语里暗含了三位京剧界前辈的名字：郝寿臣（好寿辰）、高盛麟（盛龄）、高百岁。我等之辈直到今天都没找到下联，不能不佩服他。

1984年县里准备开发空山洞，特邀我与文友们进洞为景点撰名，那时一起进去的就有陈安松。安松兢兢业业干着本职，参与过烈士公园建设的设计施工和空山洞开发等一系列大事，渐渐在局势好转时得到人们的承认，成为城环局当家的技术人员，后来晋升副局长。前两年退休回武汉，仍没得到“颐养”的机会，县里有一项建设少不了他，又把他“单钓”回去了。后来又被武汉一所大学请去搞管理，足见“有板眼”的人是闲不住的。

陈安松泰然面对一切，浑然对待朋友的态度，一直对我有着极大的影响。这位老弟比我小，却远不止是我的“一字师”。

其他还有张洪斌、邓国荣等朋友，各有各的特点，各有各的遭遇，在后面的章节可能会在某事件里和读者见面，这里就不再一一了。

把徒弟推向业余舞台

1974年夏天，一位朋友带来了一个小伙子，说他叫孙仲江，是江岸车辆厂子弟中学应届毕业生，在学期间是学校文艺骨干，在《白毛女》中跳大春，还喜欢说评书，只听了我一次口技表演，就学我的样子弄了一段口技，想给我当徒弟……

我一看小伙子，浓眉大眼的，个子虽不高，但往那儿一站还真招人喜欢。问答间说的是"京片子"，味儿还挺正。一问籍贯，北京丰台人，这口儿正就不奇怪了。让他把口技演给我看看，竟是我当年火暴一时的《越南人民痛打美国佬》，像不像也有三分样，而且没记住的地方都巧妙地作了补充，那份机灵也给我留下了好印象。

建国之前，曲艺艺术是只有穷人才去干的艺术，端上这碗的人依旧还是个穷。但凡长得有几分人样的，就改行去干别的了。所以我们舞台上少有英俊男人。我一直想找几个周正一点的学生，孙仲江的长相正符合我心里的条件。同时我希望说书人对语言变化要有感觉，多会几种方言。孙仲江说得一口比较纯正的京腔，这点也令人满意。我还觉得，他会跳舞就比我的起点高，将来不必像我那样从基本手位学起，在台上的身段一定比我强。

我觉得这个徒弟可以遂我心愿。

1975年初陆鸣他们那一批人进团时，我向团里推荐了孙仲江。团里派人到他下放的知青点看了看，觉得我所言不谬，于是费了不少周折把他也调了进来。

孙仲江进团后的排练很顺利，因为他跳过舞，一段《夜走长湖》

正中间就是当了一辈子县委宣传部长的邓文，右二：多才多艺的陈安松，演曲艺、习书法、搞篆刻、制谜语、写诗词样样在行，本职工作：县环保局副局长

中的几个手面身段没费什么力就下来了，就是语言有点小问题：重音处理不准确，多次纠正后都出现返生现象。当时想，一下改不过来以后慢慢来，没想到这个问题会成为他一辈子的痼疾。可见语言表达的功夫也要从小注意。但不论怎么说，那段《夜走长湖》是很有模样的。

问题是何时上演。当时团里演出不少，每次都是康立本、杨松林、胡必达、夏雨田、何祚欢一个不能少地推上，让孙仲江上场顶半小时的可能几乎为零。

我很焦心。因为我晓得，没有舞台实践经验，再天才的演员也会被歇成傻子。

怎么让孙仲江上台？我想到了自己，我是从业余演员走进专业团体的，从 1956 年第一次登台说相声到 1963 年这 8 年间，我演了上千场，这些机会就是在业余活动中获得的。如果我从没上过台，

1963 年的何祚欢在说唱团不就是个学员吗。我想，让孙仲江到业余故事队去“玩”是个很好的途径。

当时正是业余故事员大行其道的阶段，各文化馆、文化宫都有一支故事队，每个故事队都有自己的创作节目。这样的队伍，人数少，演出方便，不挑场地，又不收报酬，演完了简单一餐饭一顿夜宵就解决了，所以很受欢迎，演出场次极多。

这些队伍当中，硚口区的故事队应该算历史最长、人员最稳定、阵容最强大、演出机会最多的。它是作家曾立慧划为“右派”被贬到硚口文化宫当图书管理员后，从 1963 年开始一点点带出来的。六十年代曾拥有余望、查大春、胡思明、潘思耀、潘燚清、何鸿森等一群故事高手，还创作出了《活捉殷其周》、《怒杀方老九》等故事新作，在全市形成了很大影响。七十年代曾立慧从干校回武汉，被分配到了硚口文化馆，又把故事活动带到了文化馆。他们不仅演出多，而且从不间断地从故事员中发现人才，是一支富有活力的业余文艺队伍。

硚口的故事队和我的渊源很深。一则因为我从小在汉正街长大，在四中读初中，本身就是硚口区的人。二则因为曾立慧的丈夫丁明顺原在汉阳文化宫，为我的成名费了不少心血，是我如师如友的知己。因此曾立慧的故事培训班从一开始我就是随叫随到的讲师，还不时参与他们的节目排练。这些故事员有不少都比我年长，他们开始也叫我“何老师”，叫得我极不自在。来往的日子长了，我坚决要求他们改变称呼，要么直呼姓名，要么叫小何，终于达成协议。其中只有潘思耀不同，他后来正式从事说书，拜在著名书家颜荣卿名下，因为颜是我老师李少霆的师弟，他便依行内规矩称我师兄了。

余望、查大春、胡思明这几员大将，从六十年代起就是与我切磋技艺的朋友。他们有新作上演时，一定要请我去听听，一定要留下意见。我的新作上演前，多数也要请他们听听，也会逼他们说直感，好听不好听，有理论说理论，没理论直说。

有一次，胡思明带着我弟弟到民众乐园听我说《芒种喂马》。那是我首次选择没有惊险故事的题材入书的作品，因此很想听听各方面的意见，多吸收一些点子。胡思明是硚口的业余演员中惟一一个会说长篇书的，长得人高马大。他力大声洪的说法在硚口很有观众。那时他住在汉正街吴家巷，与我住的汉正街 711 号只隔一个瑞昌酱园，算是我的近邻。因此我要他们散场后和我一起回家。

在那个年月，从民众乐园走到利济路再走进汉正街是一件极寻常的事情。我家的哥俩和胡思明等人经常会这么走着说节目（余望住关帝街，查大春住汉正街居仁门，也是可以顺路的街坊）。那一天《芒种喂马》的剧场效果特别好，结尾处的一声马嘶更是博得了满堂彩。这使胡思明和老弟何鸿森十分兴奋，散场后谈来谈去就说这声马嘶。弟弟那时只有 16 岁，毕竟是个少年，言语间觉得《芒种喂马》的好效果就在那声马嘶上。我想这是个容易导致本末倒置的想法，便委婉地告诉他：在本市说书人当中，×××的马嘶比我做得更像。就因为更像，他一用便博得满堂彩。有了这个成功经验，他便在每天说书时嘶上一声两声，结果弄得观众不耐烦，每每看到他要提调长嘶便喊："把马牵起来啊，多讲点书！"

其实在讲这个故事时我也在检讨自己——湖北评书中使用真正意义上的口技是从我开始的，它确实有增强舞台效果的好处。我在使用它时目的很清楚，只用在必须加把劲的关口，让已经强烈的效果变为高潮。手法也不是孤立的，往往在口技出现前有一些铺垫，先把观众情绪引入我设定的环境中，这样，口技是否逼真也不成为主要问题了，因为它只是炸药安妥帖以后的引爆。但我在多次讲课中只强调了口技的效果，而忽略了口技运用中对于"度"的把握。因此针对弟弟的想法，我说了同行中滥用口技的故事，还告诉他：说书人主要以故事吸引人，技艺高下，全在对人物的把握。口技再好，好过上海杂技团的孙泰，也不能每天用口技说满两个小时。老弟的悟性还真不错，从那以后真的注意了“度”，不可用口技处决不滥用，除非是与胡思明两人做双档口技飞机大炮千人百众乱学一气过过足瘾，一般都在说上下工夫。

那一夜我们谈得十分兴奋，不知不觉间到了宝善堂。宝善堂一带的公共厕所历来是靠农村来的粪车清理粪便，那天就有两辆粪车停在厕所门口，拖车的马正打着响鼻。

兴奋的胡思明突然问我：“你学马叫能让马跟着一起叫吗？”我说只在荆门栗溪试过：那天山下小河沟旁边一匹马正在吃草，我远远地嘶了一声，那马就停下来四处张望了，还竖直起了耳朵。我接着连嘶了两声，它就跟着叫起来了。胡思明说：“那你现在叫一下看看。”我一下明白了，胡思明是要把我绕进去。忙说：“做不得做不得。现在快十一点了，万一两匹马叫疯了，人家要骂人的！”

胡思明正在兴头上，岂肯罢休。他对我弟弟说：“鸿森，你拐子（汉阳人平时叫哥哥为“拐子”）不肯叫你叫！”

老弟刚拜到李少霆先生门下，又正在顽皮的年龄，哪禁得起怂恿，我制止的话还没出口，他就提劲嘶了一声：“咴……”

那两匹马大概从没见过这阵仗，听得长嘶居然连竖起耳朵判断一下的过程都不要，就“嗒嗒嗒嗒”开步走将起来。这一来，正在打粪的人可慌了神，丢下粪担子就追。我吓得不知怎么办才好，胡思明和老弟却在一旁大笑。我吼道：“笑鬼！看你们惹的祸！”胡思明却说：“不要紧的，这种马跑不快！”

果然，那拖粪的马不愧为马中次品，跑了几步就不愿被粪车拖累着耗费体力，脚步就慢了下来，马上被主人连车一齐带回原地。车主人余怒未消，望着我们吼道：“吃多了，胀不过！”我一个劲赔小心，胡思明却笑嘻嘻跟人家犯痞：“是的是的，他们胀不过，所以到厕所里来捣乱！”说得打粪的农民全都笑起来，紧张气氛顿时缓和。

在往回走的路上，我禁不住夸奖我那老弟，那一声马嘶，还真是那么回事了，虽然“夜半惊马走粪车”这个回目有点不雅，但技艺有所精进却是事实。

老弟的说书，从根上说是余望、胡思明、查大春乃至曾立慧给开的蒙。他本来是个读书的料，到我工作以后，家里也不像我读初中的日子那样紧巴，我这个怀着不尽遗憾的大哥是愿意支持他再读下去的。然而，那时越来越强调的“阶级路线”使妹妹和他相继在中考就被“刷”下，妹妹为了自立已去钟祥当农工了，而心气很高的老弟却整天闷闷不乐。拿什么转移一下老弟的注意力，成了我发愁的事。后来想，他的记性好，让他和考记性的东西打交道可能有门儿。于是我不动声色地把他带到了硚口工人文化宫。

那一天正逢硚口故事队三员大将余望、查大春、胡思明同场演出，前面的故事员也还老到，所以整场故事会高潮迭起，十分火暴。散场后我把弟弟介绍给曾立慧，也让他认识那三位老大哥。我问他：“让你也在这台上试试，敢不敢？”他说：“你的《双枪老太婆》我会呢。”趁着兴头，我让他当众演示一下，他居然一点也不怯，而且口角如风，丝毫不漏。看来，他的记性确是上好的。在场所有的人都觉得他能行，力邀他参加故事队的活动。从此，他算正式入了“伙”。

从《双枪老太婆》始，我陆续教了他《飞车闯县城》、《巧劫狱》、《江姐上船》、《贺闯夺枪》等段子。他是个做什么就要做得像样的人，一个段子八千字上下，他个个用工楷抄得整整齐齐，三下两下就能背会，不久，他成了硚口文化宫故事场上的台柱子之一，和几位老大哥成了朋友。业余书场的成功使他觉得说书很有意思，便铁了心，拜到了李少霆先生门下。

1964年下半年，宜昌市组建说唱团，将招来的演员放到武汉市说唱团带。他们的演员学相声、大鼓、小曲、渔鼓、道情都有人，就是没有说书的。1965年他们的团长魏林君问我：“能不能让你老弟到宜昌去给我们助个场子？”我觉得老弟闲着也是闲着，到宜昌权当出去散散心也好，便应了下来。

回家和鸿森一商量，他也高兴，觉得这种离开家“闯码头”的机会难得，愿意到那儿去试试。

那一天晚上又是硚口文化宫内的故事活动时间，我演出完毕后赶到了那里。只见那里已经散场，余望、查大春、胡思明还有黄长安等几位都陪老弟坐着，谈得正带劲。见我到了，余望说：“我们正在帮他设计‘戏码’呢。”

余老师从前票京剧，工花脸，他知道一个班子到码头头三天“打泡戏”有多重要，所以这么说。

查大春说：“我认为鸿森第一天要上《许云峰赴宴》，拿吃功夫的活展现他的本事，以后再上火暴的。”

胡思明说：“宜昌听书的人不多，节目安排就不能慢慢上劲。再说初听书的观众也不晓得哪叫吃功夫，所以一去就要炸开，捅响，么活火暴上么活！（注：曲艺界内部也把段子称‘活’，犹如指称一个工艺品）依我的，第一天《飞车闯县城》，第二天《巧劫狱》，第三天《双枪老太婆》，宜昌观众就听你的了！”

胡思明在硚口一向以火暴闻名，口技中的火车鸣笛无人可比，平日有些人对他的火暴还有些微词，认为把茶馆的玩意儿带得太多，显得陈旧。但这次在鸿森远走宜昌的节目安排上，大家却觉得他说得有理，一致表示同意。

鸿森去宜昌后照计而行，果然十分火暴，当地文教局便让他留下，加盟宜昌说唱团。那年他才 17 岁，但想到回武汉也没什么可做，便答应留在了宜昌。

我自己从业余的“台板”上滚过来，深知这“一方土”是很肥的，“养”人的。在业余舞台上练功夫的弟弟到了宜昌就“落地红”，而且直到现在还能把宜昌的曲艺队伍带得有模有样，足见选择这里培养艺徒错不了。再者，硚口那几位老大哥，还有一位铁杆书迷的老弟黄长安，都是人品高尚的正派汉子，跟他们活动的年轻人，是沾不上我们这个行业最难避免的江湖气的。基于多少年积累的认识，我铁了心地让我的第一个弟子到余望老师那里报到。

应该说，1975年孙仲江跟着硚口故事队练台，碰上的是最好的时机：那里有不间断的演出，有不断冒出来的年轻好手，还有另外一个“硬手”加盟，那就是汉阳区四业中的林洪才。

林洪才是我在四业中时的老同事，姚心正老师不能与我搭档后，就是他和我合作说相声的。七十年代初老同事刘正大调到区文化馆工作，他为了支持正大，便试着说书。结果一个《水上交通站》一炮而红，电台播出之后他的演出便多了起来。林老师出于对曾立慧、余望的信赖，多数时间都在硚口活动。林洪才和余望性格相投，都比较注重学识修养，以他们为主的硚口故事队所以能出人才。

孙仲江到故事队后主要演《夜走长湖》。这个经过精排的节目，到底和一般的急就章不一样，加上他的舞蹈手面用得到位，那效果就不是一般年轻故事员可比的。开始那一段时间，他每次参演都带了成功的信息，真算得上“捷报频传”。后来，他去不去就不大跟我说了，我也没放在心上，觉得一个年轻演员跟着滚台板是极正常的程序，没有几百上千场的磨炼老师说破嘴也不行。

直到有一天我碰到余望，他反过来问“小孙现在怎么样了”才引起我的警觉，一问，果然他好长时间没去了。

我心急火燎：没有舞台实践，天才也不成其为天才啊，为什么放着现成的台板不去滚呢？

我问孙仲江，他无言。

后来我才知道，是团里一位高人对他说的话使他“知耻向后‘涌’”了。那高人说：“你是专业的，跟那些业余的起什么哄啊？何祚欢是不想教东西你。”

没想到，空论误国的事到这里变成了高论误人！

带着徒弟“闯江湖”

1975年下半年，事情说着就多了起来：筹备全国调演、参加调演、回来后参加全省示范巡演，接着是毛主席逝世、粉碎“四人帮”、清查与“四人帮”有牵连的人和事，一晃就到了1977年夏天。

当“生产”稍微上了一点正轨时，我在说唱团的位置就显得重要了，同时为徒弟缺少舞台实践机会的焦虑也显露出来。思考再三，我正式向领导提出，“现在正是团里歇夏的演出淡季，为了让孙仲江有演出的机会，能不能由我带着他到下边地县去作巡回演出？”

那时的书记柳华珍是从评剧团调来的，她是从剧团的“台板”上“滚”出来的内行，一听就表示赞成，接着问“为什么不在武汉？”

我说：武汉是我经营多年的地方，观众对我的过分“宠爱”我会珍视，但对于后学者就不是一件好事——太顺的演出环境，无法让年轻一代学会应付意外情况。到下边去不光对徒弟是锻炼，即使是我，也需要一点“闯江湖”的感受。因为我是从学校到学校再进表演团体的，也没什么应变的锻炼。

柳华珍觉得我说得有理，便找孙仲江谈话，确定了这次师徒一起“走江湖，闯码头”的行动计划。

我甚至没有选择自己人气较旺的荆州地区，而选择了恩施。一则那里路远山多，生活条件不大好，对从小长在城里的孩子，也算一次“矫枉过正”的锻炼。二则湖北省参加全国曲艺调演的代表团刚到恩施演过不久，证实那里的观众很“吃”评书，这样，我们的首站首场演出也能保证有个好效果。不然一瘟到底的场子对年轻人学艺爱艺也没好处。

实际上，我们首站首场在恩施的演出除了观众“吃”的优势之外，人头的优势也是能鼓起信心的。地区歌舞团里既有与我一起进京的王宏辉、李安柄这些朋友，还有老音乐工作者江潮、老曲艺家向彪等师友协力。我们落窝之后一拜访他们，王宏辉就主动要求替我们的演出报幕，向老师则几次请我们到他家小聚。到开演的那天，地区歌舞团几乎悉数到场，灯光、音响、化妆、服装等各部门的人员都在后台候着，待我们有什么需要时好帮助我们。当然，我们这个“班子”的简单最终使他们无用武之地：两个大男人，服装只需夏日常穿的港衫，化妆只消脸上两片红，灯光只须捅亮照满，音响只用听得清楚，剧照也是不值得挂而勉强挂一挂的事——两个大老爷们的脑壳，好看到天上也只能让人看两分钟！正因为这种两个人演两小时的简单使他们觉得惊奇，演出开始后他们就全部变成了观众。

首场演出是成功的，这从不断的笑声、紧张处的安静和散场后观众的笑脸可以断定。但歌舞团的朋友们说，每次出台都是一个人还是单调了些，哪怕当中穿插一小段相声也显得有些变化。

听了这个意见，我和孙仲江商量着现挑了一个相声小段，第二场演出的节目就变成了孙仲江的《夜走长湖》开场，我说一段《刀对鞘》(那时这节目特火)，然后我们合说一场相声，我再说一段《双枪老太婆》。演出下来，效果还是好，但“单调”的意见依然。

其实我心里很明白，即使是人们现在依然可见的相声、小品晚会，观众也会有单调之感，因为一个晚会安排一个类型的节目，审美疲劳是不以节目好坏为转移的。我自己曾有过的实践告诉我，曲艺节目只有在综合晚会中才会显出它人少的威力，甚至成为整场晚会最抢眼的亮色，曲艺演员也会随之成为最引人关注的人物。在汉阳区的业余文工团，在湖北省农村文化工作队，在武汉市五七干校宣传队，我都体会到了曲艺演员在众多色彩中突出的地位。而到了以笑为特色的专场中，前场后场全是笑，手法的重复，效果的重复，甚至性别的单一，都会使很好的节目减色。所以我估计“单调”的意见将会贯串在恩施之行的全过程当中。因此我告诉孙仲江，听意见听到这份儿上，也只能作这么点改进了，我们到底只有两个人！

从骨子里说，那时我们还受着体制的约束。当朋友们让我们“搞热闹点”时，我曾冒出一个想法：请地区歌舞团派几个歌舞节目和我们一道下去演。但想到牌子如何打、票价如何定、收入如何分成这些问题都没请示，也不一定好商量，便把到嘴边的话吞下了。这些在今天看来极平常的“搭班”的想法，当时若真提了，也许就会碰一鼻子灰。后边的演出只能由我们师徒自己去闯了。

令我想不到的是，孙仲江在后边的演出中表现出了惊人的潜质。

我们的演出日程，是由地区（改自治州是1983年的事）文化局安排的，依次是：恩施地区礼堂两场、县剧场一场；来凤县礼堂两场；咸丰县俱乐部三场；利川县礼堂三场。由地区直接安排的事，下边接待是不成什么问题的，但我担心没有前期宣传不大好上座，到时候一开演台下净是凳子看我们，那才令人丧气呢。起码我们人没到剧照该到，才像个正规团体的样子。但我们一无车二无专职前站人员，是不是该就地请个人帮我们跑一下？但请的人怎么给报酬，给了怎么报账，都是我弄不清的事，眼看地区这一块的演出要结束，我们就要动身下去了，我一时找不出辙，准备打长途向团里请示。但那时的长话可不是好打的，我在邮局登了记等了一个上午，居然线路没接通。

下午孙仲江就主动请缨了。他说：“师父莫着急，我打听过了，恩施到来凤，以后我们要到的县与县之间，都可以坐班车一天打个来回。我可以打完前站再演出。”我说：“这次出来是为了让你练台，你两头一跑哪有精力演出呢？”他说他年轻，身体好，有把握照顾几头。我不敢完全说死，只答应让他先到来凤打一次前站试试。万一不行，我们还是请一个当地人。

第二天清早我刚起床，孙仲江就赶车去了来凤。我想到晚上还有恩施县的最后一场演出，万一他误了车回不来还应该有应急措施，就去跟地区歌舞团的朋友打招呼，请他们晚上去几个人，我徒弟回不来时就帮忙顶一下，接着又去县剧场看了看，觉得舞台上的设备供我们演出不会有问题，这才返回招待所去准备节目。

到了这个份上，哪还能安心准备节目？孙仲江到人生地不熟的来凤能不能接上关系？来去的班车能不能像预想的那样将他准时带回来……一直等到吃晚饭时，我心里的石头才算落地——孙仲江准时返回了，说是一切安排就绪，来凤那边很支持，他是看着我们的剧照挂到了剧场外边才回来的。

来凤县与湖南龙山交界，县城不远处跨过“接龙桥”便是湖南。县里没到过真正意义上的曲艺团体，也不知评书是个啥东西，仅仅因为我们是从“省里”来的，又是什么“著名”演员，而且敢两个人演一晚上，凭着好奇心驱使，竟闹了两个满场。

我们住进县招待所后，孙仲江向我介绍了一位小伙子，叫高华，县防疫站的，瘦高个子，十分精神。我们在来凤的几天，他一下班就到招待所陪我们。他说他喜欢文艺，也喜欢评书，希望从我们这儿多了解一些文艺方面的知识。事实上却是他在那几天内为我们当义务导游、后台主任。他一有空就为我们讲来凤风光、“接龙桥”与贺龙的故事、来凤办烟厂的来龙去脉，一到后台就为我们做些服务性工作。

首场开演前高华告诉我们，这个县城里是“弹丸之地，非亲即故”，凡有演出，不买票靠打招呼进场的人特别多，有时弄得场内秩序特别乱。如果门口站一个谁也不认识的人，就没人敢混票了，有票看节目的人也安稳些。

高华讲完的时候，我突然发现孙仲江不见了。离开演的时间不远了，他到哪儿去了呢？这里不是恩施城，没有那一大群同行的朋友可以帮忙救场，于是着急地要找他。高华拦住我说：“您安心地等待上演吧，要找也是我去找。万不得已就只有您先上了。”高华去了一会回来说，孙仲江听了他的话，就利用上演前的时间到门口“督阵”去了。我心里石头又落下了地。

直到开演前五分钟，孙仲江才匆匆进后台，一切不要我招呼，抹汗、化妆、换服装，五分钟里弄得妥妥帖帖，一掀帘子他就上台开场“走长湖”去了。

打这儿往后，孙仲江一直都身兼前站、演员、验票员等数个职务，而且完成得还不错。每到一地，他都能预先和当地文艺团体挂上钩，让别人安排一个小姑娘报报幕，这也让我们的“两条光棍演出团”多少有了点性别的间隔。

现在回想起来，我这个带着徒弟出去“历练”一番的师父，实际上也极需要“历练”。

诚然，孙仲江上台机会少，如此四处巡演有利于增加他“滚台板”的机会。但在待人接物、应付不同的工作环境方面，我存在的空白几乎和他一样多：我的学艺是从业余开始的，那时种种组织工作都有文化馆、艺术馆、文化宫的工作人员安排，我们要完成的只是演出。到专业团体后，团内的明确分工使我一条心放在演出上，什么前站、安排食宿、拆账等一应事项，都是不会过问的。而且一进团就成为“角”的特殊情况，也使人们要求我们的“端着点儿”多少会起些作用，日子长了自然没有关注那些“杂事”的心情。而孙仲江当过知青和进团后没演出就帮着做些舞台工作的这一段经历，都发生在他个性形成的关键时刻，所以到了需要发挥的关键时刻他反倒比我的应变能力强一些。像他这一路每到一地就可以交上几个朋友，就是我所不及的，其中的高华、向方等人还一直和他保持着联系，他对朋友友善的一面就看得很清楚了。

到咸丰县演出时，我碰到了几个武汉长驻恩施地区的工厂采购员。他们从六十年代初就听我说书，对武汉市文艺界的情形也很熟，于是逢人就介绍说“我们武汉的大角色到咸丰来演出了”。这一说还真说动了一个什么大单位的头头，跟他们说想和我接触一下，听我说点儿什么，说得好就包一场。这事要放在今天，就是演艺团体求之不得的事。见一见，说一说，无非有点“先尝后买”的味道，让人家“尝”就是了。但当时不行，当时的观念是“我们是文艺，不是商品”，“先尝后买”便有有辱人格之嫌，所以被我拒绝了。

到了利川，一个到煤矿演出的包场却被孙仲江谈成了。我隐隐感觉出，文艺团体一旦走到自负盈亏这一步，我们这一批在“旱涝保收”的条件下培养出的演员，首先要丢掉的恐怕就是“角儿”的那个“份儿”了。

恩施之行经济上严格遵照“收支两条线”的制度，演出拆账直接由银行寄走，出差费不够由团里通过银行汇转。结果我们走到利川后钱就差不多了，只好让团里把出差费转到恩施地区的银行。从利川回恩施后，我一天到银行去问三次，都说没有“何祚欢”的汇款。第二天早上我又去银行，银行的同志说帮我过细查查。在这空隙中我只有到处瞎看。突然我眼睛亮了一下，因为我看见大厅里的取款通知上有一个名字叫“何祚劝”！

我盯着那个“何祚劝”看了半天，越看越觉得那是我，是写名字时发生笔误，才造成款来了无人取，取款人取不着的局面。于是我试着让银行的同志查一查，那个“何祚劝”的汇款是否来自武汉说唱团，是否通过中国人民银行武汉分行北京路办事处汇来。他们一查，果然分毫不差。加上我连续两次到恩施，银行也有人看过我演出，认得我，这事就这样解决了。

然而即令我们执行这样严格的财务制度，下边也有人以为我们是自落腰包的，闹一些可笑的纠纷。在某县，文化局把我们安排到一个叫柏杨的公社去演出，那里的教育工作会议很欢迎我们去，演出时的效果也炸得不得了。孙仲江结账时却遇到了麻烦。首先叫他不舒服的是伙食费。在地区招待所时，我们的伙食标准是五菜一汤，一天一斤粮票六毛钱。那时的伙食标准低，到哪个县差不多都这样。刚到恩施我考虑到两个人劳动量大，曾交涉开八角一天的伙食，招待所说没有那么多菜，开不出“那高级”的饭来。而在柏杨公社，我们吃的是两个菜加一个咸菜，主食是土豆饭和“金包银”（米与玉米一起做的饭），却要收八角一天。孙仲江告诉我时，我觉得出门在外，吃点亏就算了，便让他认了，交了了事。不料这一交倒吊起了他们会计的胃口，接下来结演出账时，要求额外地收取电费、清洁费、工作人员夜宵费等等，一共列了六项。这一下孙仲江受不了了，让我出面交涉。

我想，这事多半是会计个人眼红我们，大约想了一晚上才想出来的，如果谈不通就直接找他们书记。即令这是他们书记让他做的，我直接一找，他也会找个梯子下台的。一则这些项目是他们私自加上的，不在理；二则人际交往总有个当面难却情面的忌讳吧。

这样，我就和公社会计见面了。我没容他开口，就介绍了我们这个“国营的”演出团体，接着说了我们在全国巡演的常规，再说恩施地区招待所的伙食标准和他们收费的差别，表示我们已经作了让步，再让步可以认下清洁费和工作人员夜宵，别的名目是决不能承担的。若不同意，就“带我找你们书记”，“不知你们愿不愿意和我到地区去看看政府的规定”。

看来那些额外收费确是会计的个人行为，一听要去见公社书记，他就惊慌起来，最终连我愿意认的钱也不敢收就和我们结账了。

那是我们离“文化产业”还有十万八千里的距离时的艰难起步。随着商品经济的发展，人们对文艺演出团体的看法也在变，演员们自己也在逐步适应变化。我那时想到的只是让徒弟适应舞台，却没有想到自己须适应的东西比我们下一代人要多得多。有时在我为某一个目标作出极大努力时，社会风气会突然来个大转弯；原先极受欢迎的节目，会突然变得不受欢迎；一个在此地受欢迎的节目，走到仅仅几十公里以外的地方就特别不能被接受；历来巴望省市文艺团体去的县级甚至镇级演出公司或剧场，一夜间会突然暗示文艺团体应该向他们“进贡”……

1977年之夏之值得一记，是因为我们在一切发生之前打了一场“前哨战”。

被默许的解冻

粉碎“四人帮”以后，传统戏曲率先恢复了一些剧目。

第一个“闹得水响”的是《逼上梁山》，因为恢复它有惯见的标签可贴，毛主席在延安看了平剧（即京剧）《逼上梁山》后给平剧院的一封信，足以封住动不动就批判的那些人的嘴。于是全国各地都响起林冲那悲怆的歌唱。地方戏曲也紧紧跟进。

看了十年样板戏的人们，突然发现传统戏是那么绚丽多彩，封箱十年的戏装终于可以见阳光，见观众了。剧场门口，“看老戏”的长龙难得地再现于现实之中。

伴随着这火暴的，是对传统批判的停歇，于是相类似题材的《林冲夜奔》、《野猪林》等都恢复上演。再下来，就轮到《铡美案》、《秦香莲》这一批戏了。

曲艺界也兴奋起来，也谋划着恢复一点保留节目。有些团体早早就打出了恢复传统的旗号，把老相声、老鼓词搬上了台。武汉市说唱团里的老演员也开始往外“掏宝”。

然而曲艺和戏曲不大一样，它历来都是以贴近生活、贴近时尚来赢得人心的。取材于史传的节目，除了《三国》等少数长篇评书外，一般都不太受欢迎。说唱团里的太平歌词《姜子牙卖面》、京韵大鼓《鞭打芦花》、《关黄对刀》等一大堆出自正、野史的节目，早就成为“怎么上去怎么下来”的过场戏。其原因就是它们离今天的生活太远。1977 年末团里推出的传统相声《大保镖》，当年可是火得冲穿屋顶的，而此时再演却是个冷冷清清，其原因是观众对保镖毫

“闯江湖”练了胆，也搞了几个响段子。“先让三拳”，分明是《比武招亲》

无印象。与此相反，夏雨田为批判“四人帮”而创作的节目，却成为大火的节目。特别是他为胡必达“度身定做”的两个相声段子，让观众再次迷恋起了胡必达的节目。节目中的“白洛克”，更成了必达那一段时间的代号。

我拿什么来“应门市”？评书的传统节目不可谓不多，但让我像地方戏那样，扯个与林冲、鲁智深沾亲带故的故事去火暴几天，我又办不到。于是，我一边用1972年以后创作的一些节目顶上场，一边酝酿创作新节目。

其实我打心眼里怀念那些演得得心应手的节目，那是在台板上“滚”出来，禁得住摔打的东西，论内容，也多是歌颂党、歌颂毛主席、歌颂革命的。“文革”一来，它们突然就被“毙”了，再会拐着弯儿想的人也想不转这个道理呀。

但“文革”中不敢去接触这个话题，它就像个疤，怕只怕轻轻一挖会挖出个钻心的疼痛，倒不如不挖。

经常有朋友问《双枪老太婆》那些节目不能演了，节目当中的“硬包袱”就可以拆下来用啊，那是效果啊。我说：“我不能那样做。那些包袱是那些节目的组成部分，不是随意拆卸拼装的零件。若为了一时的火暴把它们卸下来用，那些和它们相关的节目就废了。”

那时，对一般人说这些话是很犯忌的，我的朋友听了，也有人开玩笑地说过：“你的意思，你那些节目还有重演的机会？伙计，你是‘梦想夺回失去的天堂’呢！”我往往是一笑带过：“一个说书的，再好的天堂也是说书。”

这个时期，我选择了最容易通过的题材连续写了两个短篇。一个是写周恩来总理在重庆掩护民主人士的《山城斗智》，一个是写周总理在武汉保护《新华日报》的《江畔雷霆》。

《山城斗智》一完成，我即寄了一份给辽宁本溪歌舞团的田连元。我们自1976年在北京调演中认识以后，就一直交流着演出节目。

他的《潜伏》我一直在用，在教学中还教给了不少学生。我的《五分钱》他也一直在用，据他说，后来还被另一位同行收进了自己的创作集。这次的《山城斗智》，连元一接到就上了，成为那段时间的“响活儿”，很快被推荐上了中央电台。那会儿上电台就不易，上中央台，了得！我听了也高兴，因为那毕竟是我的作品。

1977 年年尾将近，团里因为上半年搞运动、加工资（那时加工资也像运动，要几番讨论，统一思想，三榜定案，颇费时间的），眼看还缺近 30 场演出才能完成局里下下来的场次指标。几位领导柳华珍、吕讷、刘汉庆、陈彬急得不得了。柳华珍私下对我说：“哎，你的主意多，眼下团里分两个队演又不可能，又必须在短时间演满那么多场，该怎么办？”

我一听就明白了，这是书记在给我递话呢，她这么问我绝不是因为我主意多，而是希望我主动接任务。我们这一代人一直都认为主动负责是一种光荣，如果领导暗示了而你不接茬，还要由他们说白了，你即使接了活儿，也会为自己的迟钝而自耻。所以，我听完了这话忙不赢地就接了腔：“怎么不能分两个队？我不是带着徒弟走过单场吗？独奏音乐会算晚会，评书晚会就不算吗？”

柳华珍笑着说：“我就知道你有点子。你们师徒完成 10 场有没有把握？演出地点放在哪里？”

我说，这回是完成巡演任务，不是带徒弟练台，所以就要走基础好、人气旺的地方。我和孙仲江可以完成 12 场，只走京山、汉川两个县就可以了。

京山县确是我生命中的福地，它总能在关键时刻帮我于要帮之时，救我于必救之处。1977 年 12 月初，我带着徒弟去和文教局一联系，局长邓文就把这事交给了张长缨，张长缨立马联络各方，作开演前的准备。

由于县楚剧团的《秦香莲》正在热演中，县里惟一的大剧场县礼堂一时空不出来，我们的演出就被安排在了县工会的俱乐部。售票、收票等前台一应杂事都由文教局派人担当，工会只出人管灯光、音响，到时候管拆账。这里四场演罢，再在县礼堂安排一个周日专场。我有感于文教局的全力支持，就特意提出周日场的收入拆账改为 3：7，文教局方面比 2.5：7.5 的惯例要高 5 个百分点。文教局长邓文一听非常高兴，让张长缨与县招待所联络，请食堂为我们按一天一元钱的标准为我们开小灶。没想到食堂开不出菜谱，不敢接这个活儿，邓文的好意只有作罢，不过还是说好每餐另加两个菜，标准定为 8 角。就是这一加，也把我们师徒，还有全陪的张长缨“挺”住了。我历来是能吃会睡的，朋友中调侃时常说我是“酒囊饭袋瞌睡虫”，那几天却怎么也吃不完那些靠“堆垛”取胜的菜，张长缨只得每餐约个把两个人来帮忙“消灭”它们。

这样的聚会，免不了要谈天说地，那些看似不着边际的故事，看上去成不了故事的人物遭遇，便不时地撞击我的心灵，推动着我的创作灵感。

在京山演出的几天，我一方面要为一共五场演出的节目发愁，一方面在演出之后梳理着心里萌发的作品的线索。

先说节目的艰难安排。五场节目我起码要开出十二三个短篇，这在六十年代也许不难，但在 1977 年末那个两不搭界的时刻，的确不是一件容易事。“文革”前的创作节目是得心应手的，但没有领导点头或发话，以我的胆量是不敢贸然“复辟”的。那么就只有在 1972 年以后的节目和看上去可以开放的传统节目中找了。

像《西门豹治邺》，原本是破除迷信和陈规陋习的，可是“评法批儒”时西门豹被“定”为法家，他的治邺就得给贴上“反儒”的标签。1975 年前后演出时它的效果非常火暴，原因只是在一个个包袱的连环响上，基本上没批儒的什么事。它被列入节目单中，我估计犯不了政治错误。

再如《水浒》中的精彩片断《武松代嫁》、《十字坡》等等，都可以借《逼上梁山》的话头拿出来。我就把火暴的《武松代嫁》放到县礼堂的周日专场，而《十字坡》放到工人俱乐部的四场之中。

其他还有1973年改编的《飞车捉狼》，1976年改编的《刀对鞘》，1975年创作的《双花轿》等等。反正五场节目除了孙仲江的《夜走长湖》是一演到底，我自己可是没一场重样的。

再说创作上的感悟。

朋友们谈的事，有几件撞动了我的心灵，他们说到了一位副县长，“文革”前是文教局长，“文革”开始时被打成了“黑帮”，“文革”中期全家下放“五七干校”，原以为会平静地务几天农，不想这次倒是夫人在“后院”放火，把他在家里的牢骚话当反动言论捅了出去，使他到了脚踩牛粪之时也无法“放眼世界”，因为挨斗时他总得把头低着。后来他平了反，在家里却不敢和夫人谈话。无可诉说中，他只得与酒为伴，常常面带潮红，口喷酒气，步显醉态，身有醺意。到后来升了副县长，依然会在公务之余以酒盖面，在外面晃晃趋步，在家里讷讷向人——因为那人绝不是“帘卷西风”处的佳人。

我能体会这种亲人不是真亲人的痛苦，我在很长时间里都念叨着：“麻木县长，麻木县长……”武汉人把有餐必喝，每喝必醉的人叫“麻木”，可是古往今来多少人是无奈而爱酒，又有多少人是爱酒而无奈啊。直到1983年，我找到了一个积极的角度，写了一个五万多字的中篇《麻木县长》，把主人公为科技献身的理想和“文革”中的无奈放到一起写，才觉得表述了一回自己特有的心得。在一次准备汇演的审查中我演出了其中一段，听众的反应还真不坏。后来我觉得它的全篇有些犯忌，就没再继续说它。再后来觉得它在科技方面的“由头”多少有些外行，便自动放弃了。其实这个中篇在刻画人物上真比其他几个中篇强一些。当时若耐心一些，把那些显得外行的东西改改，它不会比《彩电风波》差。不过这对于1977年年末来说，已经是“后话”了。

“麻木县长”的经历，使我想起了“文革”中，种种被扭曲的事，许多被扭曲的人格，还有风雨如磐中那些不改本色的人们。这就是我后来写《挂牌成亲》的灵感之源。由于后边有专章表述，这里就不再说了。

总之，粉碎“四人帮”带来的思想解放，在那时已经开始萌动，我对自己保留节目的“启封”，便时时存有一种“三岁的伢玩爆竹——又爱又怕”的心理。骨子里爱的是一旦解冻我就能有几块“响活”。

这个机会，在不久后的慰问解放军中被我等到了。

那年月的慰问解放军，是地方干部和文艺团体都盼望的事。地方上的人们平日生活都是干巴巴地靠计划维持，部队里的生活虽不宽裕，但在节日接受地方政府的慰问时，为了表现“军民一家亲”的气氛，就竭尽全力拿最好的东西招待慰问团，这样，慰问团接受慰问就成为公开的秘密。不同的是“文革”中慰问团所到之处大家都要绷着脸说一些套话，粉碎“四人帮”后的1978年春节慰问就显得宽松多了，话也说得直率了。我们慰问团在荆门，领队的工宣队长在宴会开始前的讲话是这样简化：“同志们，我代表湖北省慰问团，向人民子弟兵官兵表示衷心的慰问。好了，大家吃呀吃呀，喝呀喝呀！”

说唱团也不像前几年慰问那样，没演出就学习政治，而是多了些自由活动。同事之间的玩笑、恶作剧也开始为宽松的气氛作注。

我是团里头号大脚。那一回我穿了双棉鞋，带了双皮鞋。那天把棉鞋放到阳台上去晒，晒到晚上，两个鞋帮上被各贴了一个标签，手写的，一个写着“江顺”，一个写着“江华”。这是长航走上海的两只大船的名字，看样子，我的鞋该下水载人了。我认出那字体，便叫着“×××，卖船票！”

台上台下气氛的松动，使我们的慰问演出变得空前的火暴。胡

带着徒弟闯“江湖”，也带着他游历，帮他长见识。右为大弟子孙仲江

必达、陈尚忠的相声火，夏雨田、杨松林的相声火，顾耀宗的拉戏火，我的评书好像更火。

下来一打听，这支部队是一支通讯部队，他们的军营原本在汉口中山大道兰陵路和黄兴路之间，近年才迁来荆门的。从前对我的节目就熟得要命，这回可是要过足瘾了。

这一“过足瘾”不要紧，一晚上两次、三次“翻头”可真考量人的肚子。而且在我们连演了三晚上之后，又应要求加了一个夜场。到了这一步，我剩下的节目就不算火暴节目了。我想，这情况，是否就到了我该拿“存货”的时候呢？

先不管有没人批准，我在私下里可就铆上劲了，《双枪老太婆》十年封箱，也算得“大雅久不作”吧，若此时能变解冻时，毫无准备也许就会让“双枪”当中的一把枪哑火。于是，我在那个加场的白天把孙仲江喊到一边，让徒弟给我当观众，为他一个人演了个专场。

孙仲江听完这一段，眼睛都放出光来了，他说："师父，这块活儿口口都是肉，我要学！"我一边点头一边骂道："用得着你说吗？我教那么多业余朋友都教了，自己的徒弟我还会保守吗！现在还得找人点头呢。"

我心中惴惴，首先找到副书记陈彬，试探着说："老陈，这几天连演带翻把我的节目都逼干了，今天加演怎么办哪？"

陈彬不相信："你有那多节目，三四场逼得干？"

我说："有倒是有，《双枪老太婆》，行不行吵？"

他说："照说它是讲革命传统的，问题不太大吧。"又带了尾巴说："你先准备着，我不叫你换节目，你就上它。"

一直到上演前，我都希望陈彬不要出现在我面前。但到了上场之前，我又觉得没底了——到底演不演哪？一句准话没有，我真的往上冲？

不多时报幕员上台了，"双枪老太婆"五个字一报完，就招来了热烈的掌声。到了这一步我还等什么人哪，等不来就只有硬着脖子上了。一走出台口我才明白，陈彬就在台下坐着呢，他是不是也和观众、和我一样，盼望着这个曾招人喜爱的作品呢？

《挂牌成亲》和它众多的生活原型

“麻木县长”撞动我的心灵，表现是多方面的。其中重要的一个方面是，让我调动了记忆中的储存，想起了“文革”中被扭曲和扭而难曲的人们。在这里，这县长的经历就像酿酒时的曲，将记忆发酵，一步步变为作品的酒。

1970 年 6 月 1 日我全家下放，一到崇阳县石城区桂口公社石下大队就参加了农业劳动。那时候种田，靠的是领导决策，层层指挥，口号鼓劲。我们一下去，满耳朵就灌足了“早稻不插五一秧，晚稻不插八一秧”。全县上下都号召改变一年一稻的陋习，拼力战双季，推广密植，亩产拼死夺千斤。

那种领导亲临一线督战的阵势，那种没日没夜的苦熬，那种熬得贼死还要接着开会的穷追猛打，我只在 1958 年大办钢铁中经历过。事实证明它错了，可是人们除了指责造成错误的某些人（那些人也多是被指认出来认账的），依然乐此不疲，乐于层层开会层层讲。

农民们可不一定就肯听那些，他们私下议论说，从前，一年种一季中稻，栽秧的行路、间距又大，劳力不重，玩玩耍耍弄个亩产 600 斤，余下的时间还可以搞副业，双季稻加密植，把人累得要死，两季加起来才七八百斤，副业也搞不成，真是劳民伤财。

七月中旬，公社柯书记来石下大队督战“双抢”（抢割早稻，抢播晚稻），在大队小学召集了大队干部再次作布置。在那之前，我作为下放干部的领队曾多次和大队干部一起到公社开会，见到的情景往往是上头夸夸地讲，下面呼呼地睡，讲的人抓一个睡的问“我刚才讲的么事？”睡的人就能不遗不漏地说个一二三。我想，这次柯书记到大队，无非是换个地方讲，大队干部换个地方睡。

事情到了基层就不一样了。柯书记把双季、密植的道理刚一讲完，大队民兵连长就抢着发了言。他把农民在私下算的账给柯书记算了一遍，毫不客气地说：“我们累死累活种了几年双季稻，哪一年真的亩产过了千斤？八百斤都难！如果这样，还不如快快活活种中稻！”

民兵连长的“走火”太让我震惊了。以我当时的经历，总以为上级的话下级执行是天经地义的，农民可以说“双季不如一季”，大队干部是不敢也不该这么说的。难道这个连长在作一次“冒死直谏”？

正在疑惑间，突然见柯书记怒冲冲站了起来，一步上前对准民兵连长就是一个大嘴巴，打得连长差点从凳子上掉到地上。没等他醒过这茬来，柯书记就大叫着：“捆起来！”这一下把民兵连长搞毛了，他也大叫：“你打人犯法！”柯书记吼道：“你对抗党中央！”这时大队张书记，一个寡言少语的老汉站出来一把将民兵连长抱着，边往外推边骂道：“你好不懂事！柯书记是为我们好……”张书记让两个人脱离了接触，柯书记也找到了下台的台阶，会议继续下去，“双抢”自然也在会后继续下去了。

然而石下大队的干部们对柯书记的不满却在蔓延。第二天插秧时，我和张书记刚好在一块田里。张书记说：“小何啊，民兵连长说的是真话，土地和人一样，做了工夫总要歇下子。两季稻加一季麦子，年年这样，土地也没得劲了。”

过了几天，我的房东、四队队长张岸堤对我说：“柯书记屋里在沙坪，也是种田的，伊不晓得一季稻好？伊是跟上级‘哇一样个事’（说一样的话）！伊怕犯错误吃不了商品粮！”

后来我慢慢看明白了：别看农民们不哼不哈，叫“双抢”就去“抢”，一旦让他们就如何种田发表意见，他们要么不开口，要开口也绝少“顺”着说谎话的。

第二年“双抢”，大队副书记帅××听说他的堂妹在家没出工，就拉着我去做说服工作。这时候我已不像刚下来时那么不谙世事了，知道上下都喊着“双抢时刻，家中无闲人，路上无行人”，实际上对个别妇女偶尔躲在家里做家务都是眼睁眼闭，喊而不管。所以我认为帅是为了走走过场，在他堂妹门口喊一喊，让旁人眼见他贯彻上级指示的坚决也就罢了。我决没想到他一进门，看见堂妹边奶孩子边洗衣的场面非但不同情，反而怒火三丈地吼道：“你哪这样不要脸，人家劳动你不出工？”他堂妹笑着顶他道：“我手脚没停，哪样不劳动？”帅××说：“要你参加队里劳动！”他堂妹道：“要是只种一季，哪会这样吃亏？”帅××听罢挥手就是一个大嘴巴，气势全不在上年柯书记打民兵连长之下，打得他堂妹一下就倒在了地上，哭叫着：“你是我老兄啊……”帅却吼道：“你破坏革命，我就不认你……”我听了心里怪不落忍，生怕他再动手，就死拉活拽将他拉走了。

说老实话，这个帅书记是我所认识的石下大队的所有人当中，惟一一个不存好印象的人。我是上一年被他接去为他妻子治病认识他的，因为我有这么点惠及他的地方，他对我倒是很客气。就在他打他堂妹的前几天，他曾经把一个叫张荣华的知青的口粮全部扣下，在张与之理论时，他又让民兵将张吊在了屋梁上，理由是张不该请假回武汉。几个知青哭哭啼啼找到我，我一气之下拍案而起，一口气跑五里山路到了公社，打算告他“侵犯人权”。在公社门口碰到了“五七干校”崇阳大队一连连长刘超，他见我神色不对，便问我来公社干什么。我把帅的行为和我来向公社告他等情形一说，刘超当即把我拉到了住在桂口街上的“五七战士”朱军家里。他小声对我说：“小何你好莽撞啊，你晓得姓帅的和公社领导有什么亲亲绊绊的关系？你晓得农村里打人吊人算什么事？”

这一问把我问懵了。刘超说："你向公社反映情况，公社还是要找姓帅的，弄得好他把知青放了，口粮发还，弄不好他不放人也不发粮，公社也不一定会处分他。日后你和他的关系就僵了。最好是这样处理：你在帅面前把那个知青批评一顿，然后顺着帅的劲，让他发口粮，这样一来，知青和干部当中有什么事你还可以找他呀。"说到这里刘超意味深长地告诫我说："小何啊，没想到你还这样血气方刚。要晓得世上有很多事是要靠打'太极拳'才能解决的，猛打猛冲效果不好，事倍功半啊。"

我自小生活环境优裕，等到家道中落，又一直住学校，在待人处世上，并没有什么重要的经历。只有四业中的好友杨亲德、说唱团副团长彭邦桃对我有几次直言相告式的教诲。刘超可以说是第三个直接教我如何处世的老师。经他一说，我在往回走的时候火气全消，回去后依他的法子，跟姓帅的"打太极拳"，帅见我顾及了他的面子又批评了知青，便把张荣华的口粮如数发还了。

这次我把他从堂妹家里拖出来便没再管了。但在往回走的路上，我慢慢地品出了他那一嘴巴的意思：在他眼里，我们是吃皇粮的人，是"国家干部"。打他堂妹的嘴巴，实是一种表态。一个农村的基层干部，没人教他什么他也会选择政治题材来作一套表演，也真难为他了。

这类的表演，在"双抢"里时有继续。过了不久，公社又有一位书记到大队来督战"双抢"，在三队说到"双抢"的必要性时，居然又跳出了贫协主任邱汉兴，算了一通双季稻和中稻的产量账，用几年的数字证实了双季稻的劳民伤财。这一来又恼了那位书记。不过他不像去年的柯书记那么暴烈，他没有动手打嘴巴，而是动着心眼儿让邱汉兴别扭。他命令邱汉兴："自己做一顶帽子，从明天起，你要戴着那顶高帽子，打着锣，在全公社范围内游街示众！一天走一个大队，一个都不许漏掉！你要说你是反对双季稻的坏典型，要向广大社员请罪！”

第二天，邱汉兴没要人催促，带上高帽子和一面锣，走上了自我游街，自觉示众的路。

那一天，我们一群“下放干部”都有些心神不宁，因为我们知道公社书记是有意羞辱邱汉兴，他这一去会碰到什么事，受不受得起打击，都是令人担心的。我们让家住三队的陈千文老师晚上去邱汉兴家看一看，问一问。

第二天上午，我们都到大队小学里集中，询问老陈头天晚上听到的情况。(下放石下大队的人，除了我和陈尚忠刚满三十，比较年轻，其他都是年过半百，根本适应不了“双抢”。我便和陈尚忠顶着劳动，而让贺征、陈千文、李荣来、常木生等几位年岁大的人一天集中办《双抢战报》，一天到田头地角作宣传。这种“曲线保人”的做法，因为适应了上级宣传的需要，竟是通行无阻。所以我们的集合是师出有名的。陈千文老师告诉我们：昨晚看到了邱汉兴，他一点都没被打霉，而是乐呵呵的。因为他第一站到河那边的黄茅大队，站着还没说两句游街请罪的话，就被大队干部接到屋里吃饭去了。晚饭是一个社员请的，还有酒。他说这一游倒改善生活了。

接下去，邱汉兴所到之处，处处有人请客，公社书记做梦都没想到，他把邱汉兴“打造”成了一个英雄。

这些事情，零零碎碎存在我心底，听到了“麻木县长”的故事后，它们便一件件连了起来，使我情不自禁地想到他们的遭遇中透露出的一个特殊年代的色彩。在京山完成场次的时候，我开始设计一个新作中的人物，想得最多的是邱汉兴，有时又想到那位当着旁人打堂妹嘴巴的帅××，想着想着，觉得这两个原形就能成为书中人物，但他们应该有点特殊关系才行。两兄弟？一个“对象”，一个“动力”？

于是为两兄弟设计了一个“年表”。

哥哥张大毛，1958年担任某公社主任，后改任书记，1960年全国各战线压缩，在“调整、巩固、充实、提高”中主动要求回乡务农，不再担任公职。1961年担任大队书记。1973年为大队组建了农机农具维修站，一度成为远近闻名的社队企业。1976年“批邓”中拒绝公社撤销“农修站”的命令，被游乡示众“请罪”数日。

在设计“年表”时，我忽然想到了一些别具韧性的女性。“文革”之初，某人被打成“三家村”，关在单位不让回家。其女友与他确定关系已三年，一直不愿结婚，偏在此时提出结婚要求，周围的人们为她捏一把汗，也暗自佩服她的胆量。

说唱团副团长王树田的夫人，也有一种临难不惊的气度。“文革”中，军宣队派人调查了王树田的历史，认为王解放前在济南晨光茶社搭班演出时结识了军统特务某人，并被吸收加入军统，是确凿有据的一段历史，因此王树田被定性为军统特务。这在“清理阶级队伍”中可是伟大的收获——在一堆嘻嘻哈哈的相声艺人中“深挖”出了这么个特务分子，容易么？于是全团大会，于是宣布调查结果，于是声讨王树田“一贯反党”的罪行。在阵阵口号的声浪中，王树田确实是懵了。当专案人员让他在结论上签字的时候，他已经颤抖着拿起了笔……

这时，突然有个女人大喊了一声：“慢着！”众人一看，刚才扶王树田到批斗会场的老伴从墙角站起身来，一反进会场时的沉郁，无惧地站到了王树田的身边。她问军宣队袁指导员：“请问，王树田参加军统，有什么证据？”

袁指导员说：“几个人都写了材料，这就是证据。”

王的老伴说：“这么大一件事，王树田有签字吗？没王树田的签字，他们说的就是一面之词。他一个说相声的，军统要他去当的哪门子特务啊？你的证据，我不服！”

想到了这些奇女子，我觉得应该给哥哥张大毛“配”一个对象了。于是，前半截重点写大毛、二毛哥俩的斗争。第一节，是“当面打人”：写在公社召开的大队干部会上，张大毛因拒绝撤销“农机站”，而被二毛命令挂牌游乡请罪。这里对女劳模刘大脚作了一次“小出场”的安排，为的是铺垫她后来的“大登殿”。第二节，是“茅厕里赔礼”：写张大毛游遍全乡后的晚上，张二毛登门解释他的“苦心”，希望兄长不记他的仇。

真正的高潮出现在下半截。当二毛登门并不能缓和兄弟矛盾时，他对他哥哥说了一句最挖心挖肝的话：“随么事情，该拐弯的都不晓得拐一下，难怪你混到现在连个老婆都混不到手！”

这句台词是关联高潮的“锁扣”，在评书的传统手法里算是“起肥”，即把矛盾推向峰巅处，好与下段衔接。

下边的情节是二毛话刚落音，只见一个女人推门进来，紧接他的话头说道：“哪个说他讨不到老婆？我就是他老婆！”张二毛谁都不怕，就怕这个天不怕地不怕的女人。但此时他只能拿出公社书记的威严，吼道：“你嫁给他？我不同意！”刘大脚冷笑道：“你公社书记管天管地，管不了结婚登记！”。

从后来的舞台效果看，刘大脚的出场的确是这段书的精华和高潮所在。

这段书写完后，我觉得完成了一次历史回顾，品尝了一次人生的滋味，好不好且不说，心里是舒坦的。只是标题不好定，思来想去，胡乱写了一个令我今天回忆不起来的名字。那时，中国曲艺家协会恢复，《曲艺》也复了刊。因为这节目令我舒坦，我就把它寄给了《曲艺》。

令我想不到的是，我那篇纯属“自由来稿”的东西，在今天看来没人说项是无法发表的，但那次一寄到居然就被录用了，而且放在了首篇的地位。特别使我高兴的是标题改得好，叫《挂牌成亲》。

那时候，作品上《曲艺》杂志在曲艺界可不是一件小事。说唱团的同事从《人民日报》发表的《曲艺》当期目录上看到了我的名字便纷纷表示祝贺。领导当中，刘汉庆是最不苟言笑的，那天也说："小何，《曲艺》发表了你的作品了，你要请客啊。"我说："请就请，请吃糖吧。"老刘说："啥也别请了，多写些，多发表些吧。"

《挂牌成亲》在我的记忆里是我的"开窍"之作。从这一篇开始，我好像时时有一股激情在心里涌动，时时有创作的点子冒出来。从 1977 年到 1980 年，前后冒出了《天外姻缘》、《刘春赶考》、《乔书记乱点鸳鸯谱》、《风雨送春归》等一系列短篇节目。而且各有各的火暴，各出各的"风头"。《乔书记》一篇在全省业余作者创作班几百人的会上表演，一句"有文化的当会计，没文化的当书记"就博得了满堂彩。《天外姻缘》在文艺界交流演出时，说到文艺界的"牛鬼蛇神"在"牛棚"天天跑步还要喊"坦、坦、坦，坦白从宽"，而主人公于丽娟喊着喊着喊成了"坦、坦、坦，坦白从宽；抗、抗、抗，抗拒从严；严、严、严，什么都要严，要是没盐怎么那么咸"时，台下居然掌起如风，笑声如雷……

1979 年，省曲协告诉我说中央电台将和中国曲协组织一次全国性评奖，对"四人帮"倒台后的新作进行一次检阅，希望我能拿作品去参评。我权衡了自己当时写的那一堆作品，认为还是《挂牌成亲》成熟些，于是报了这一篇。

1980 年，号称为"全国优秀短篇曲艺作品评奖"的获奖目录终于定下来了。在几百篇参评作品中，共评出了 8 篇一等奖。这 8 篇中，武汉市说唱团就占去了两篇。一是夏雨田的湖北小曲《难忘的一课》，一是我的评书《挂牌成亲》。这一来，全国曲艺界就关注起了这两个人来了。

我家的生活节节高

我最不喜欢外地人动不动拿夏天的乘凉来嘲笑武汉人，如果他们也住在武汉，又没有电扇空调这些东西，在入夜天不凉的时候，一样会光着脊梁上大街的。他们的嘲笑实在有点站着说话腰不疼的味道。我小的时候，家里有自家的晒台，且比一般人家的晒台大一倍，所以全家都在那上面乘凉。因为在屋顶上，凉起来快，乘凉的人没有谁是打赤膊睡的。只有巷子里的走卒贩夫，铺子里的学徒，因为没晒台可睡，才在街上光脊梁睡。

武汉人的街头竹床阵，是热和穷闹的。那年月，竹床阵往往是邻居们最易于交流的场所，街街巷巷的戏迷、歌手、曲艺家，常常是在这座阵前展示自己。二十世纪六十年代，新出现的半导体收音机也加入竹床阵，成了阵前新星。当时我在电台录的节目很多，却因为没有收音机，就只能在人家的机旁当“旁听生”。如果走路时碰到哪一处竹床阵前有半导体在播我的书，我就站着听一会。没成家时没感到这是个问题，到成家有孩子，觉得该买一个了，又碰到了下放。1970 年 10 月我花 70 多元钱买了半导体时，电台又不播我的节目了！你看这倒霉的错位！

1972 年 6 月我从“五七干校”回武汉，住房分在交通路 22 号一楼，在那一栋楼里是乘凉最方便的一户。在 1977 年以前，交通路还是个闹中取静的地方，街头露宿还不至于像小巷那样拥挤。但我并不想整夜躺在街头，一般到了后半夜就进屋去了。我睡在街头时常常想：什么时候有钱了，我首先买一台电扇，我就不出来乘凉了。

在电扇下还可以搞写作，夏天的夜晚就可以不浪费了。

一天，从说唱团调到市机电局的老同事陶荣光给我送来了一张票，一张电扇票。他告诉我，机电系统的技术人员利用一批库存电机组装了一批落地电扇，价钱很便宜，只要 70 多元，因为数量不多，就只在系统内部出售。我一听大喜，心想，没电扇时想电扇，来个电扇还是落地的，我家这一下可到天堂啰！

按说以我当时 53 元的工资是买不起落地扇的，是 1977 年底开始恢复的稿费制度，使我一直哆哆嗦嗦的荷包开始回暖，朋友送来的电扇票正碰到报刊寄来的汇款单，让我背回了一把落地扇。

不背不知道，一背吓一跳，原以为落地不落地的电扇差别只在高矮，此时一背才晓得，落地扇为了稳定，在长杆下必须有一个死铁疙瘩底座。这一来就叫我的肩膀吃亏了。从江汉路的机电局背到交通路，一路上我歇了好几次。但受累以后是清凉，那一夜我们全家睡在屋里，本该马上入睡的，却反倒睡不着了。

想不到啊。过去这可是只有单位才有的东西啊。一家三口激动得说了半晚上的话。

可不能睡得太死，一扇扇一晚上！对这个神秘的奢侈品，从前有种种说法，我求学时武汉一师总务处有个有点跛的女职工，有人曾指着她说，她的腿就是通宵开电扇给废的。从前我父亲的铺子里的德国吊扇，也是不许家人在它下边睡觉，也不许学徒开通宵的。所以这一夜我起来开开关关，生怕那电造出来的风伤了我们的掌上明珠——独生女何隽。

别看那电扇是组装的，很多地方都不规范，它的质量却是真正一流。从那以后，我曾经买过不下十部形形色色的电扇，个个都不到退休年龄就退休了。而它这位扇中之老，曾经多次被碰倒过，被搬家工砸倒过，它却能做到“生命不息，打转不止”。直到 1998 年我搬到文化局宿舍，它老人家才被留在了市二中的老师宿舍里，模样虽是“唇颓齿落”，也许插上电还能转呢。

那一阶段，我发现整个社会都在变，我所在的说唱团里，也开始在谈论买电扇的事了。过了不久团里纷纷有人“报告”，买了什么牌什么牌电扇入户。我们居住的地方，乘凉的人一年比一年少了。但还没有人敢想着买电视机，因为那时就是有电视机的单位都不是很多。说唱团之所以有电视机，是因为1973年前后有几次特殊任务，到设备草草的省电视台去为住在东湖的毛主席直播节目。那时的电视没有录播这一说，说唱团的领导要看节目就只能在直播时间看。就那么个一播满是雪花的电视机，“门面”也仅12寸，在隔壁左右的单位里它还是个稀罕物呢。

我自己更是如此。我是说唱团里接触电视最早的一个。1964年上广州电视台，在一间仅20平米的房内播过评书《芒种喂马》。1965年湖北电视台还在武汉展览馆内的时候，邀我为抗战胜利二十年演播了一段抗日题材的《飞车闯县城》。

1976年在北京参加调演后，优秀节目汇报演出也上了中央电视台。那时大概除了摄像、导演之外，连电视台的工作人员都无法看到我在屏幕上的尊容，我自己更不敢奢望看到自己美丽的形象。

1979年我们那栋楼里有一户人家有了一台9寸电视机，全楼的大人小孩隔三差五地到他家去看节目，他家成了“接待中心”，邻居们慢慢就不忍心了：人家天天端茶递板凳外加耗电，日子长了怎生消受？好几户人家都私下嘀咕着，要买电视机了。

1979年末邻居就有人买了12寸黑白电视机了。我的妻子被这潮涌般的变化震动了，觉得老让女儿在别人家看电视对孩子的心灵是个影响，几次都要借钱买一台。

我在困顿中过了二十余年，最怕的就是背债。在电视机还是奢侈品的时候，我岂敢冒险借钱买它。为了让爱人心里好受一些，我便做出一副雄心万丈的样子说：“慌什么！我要么不买，要买就买好的。我这眼睛看 12 寸的多吃亏呀。”

1980 年我发表的作品渐渐多起来，电台录音也有了些稿费，恰恰有个朋友不知从何处弄来一张内部电视机票，说可以买到相当国产价格的 17 寸菲利浦。我便拿着钱和票跑步前进，从保华街把电视机扛回了家。1981 年我家从交通路搬到六渡桥的二圣巷，搬家时我让李道南抱着那台电视坐驾驶室，李道南坐上去时喊着“我发财啰！”可见那时它还算好东西。

1983 年我又从二圣巷搬到解放公园 3 号门旁的永清路 22 号，住上了三房一小厅的单元房。在一班朋友眼里，我家的生活简直发生了翻天覆地的变化，三间住房，两间安着吊扇，还有一台落地扇备用。一台荷花牌单缸洗衣机也随之进门，结束了搓衣板加脚盆的日子。厕所虽小却就在屋里，再也不必像住二圣巷时那样，每天要端着个痰盂跑半条巷子到公共厕所去倒，回家来洗。

我觉得自己是翻身了：夏天里喝汽水再不是一瓶两瓶地零买，而是一箱箱放着慢慢喝，客人来了一撬直冒泡儿，来劲。由于住得偏了些，来了客人现准备来不及，附近又没什么餐馆，便买一些罐头食品存着，果然在来客时能抵挡一阵。朋友们都说：“何大哥日子过好了，也会往好里过。”说得我心里美滋滋的，整天唱着出唱着进，浑身像安了弹簧。

但这种进步里还是有遗憾。罐头菜吃久了，不管什么山中走兽云中雁，陆地牛羊海底鲜，倒出来一蒸一个味。夏天里为防止客来无冷饮，就买了大口的保温瓶来装冰，有时冰买得多了就砸得小小的往开水瓶里放，一不小心就会弄炸一个瓶胆，1983 年一个夏天就前后被干掉了三个。心里便暗暗地念着：有个冰箱多好！有个冰箱多好！

念这经的时候，口袋里的钱并不多。1981 年中国曲艺出版社为我出短篇评书自选集《天外姻缘》，11 万字按当时的标准扣税后寄来了 850 元。到动念头买冰箱时，剩下的 700 元就开始在口袋为我“擦痒”了。似乎暗暗在告诉我：“买吧买吧，有我们呢。”

我开始注意冰箱的价钱，也在朋友中打听，有没有内部价的东西。

一天朋友刘松海告诉我，沙市的沙松冰箱，从前刚做时用日本压缩机组装，牌子不叫沙松而叫企鹅，现在还有点存货，价格是 670 元。

我想，我存的钱好像就是冲着它来的。二话没说就把 700 元全数取出，让刘松海去把票开出来了。

我为家里添东西，一般都不太主动，因为那一阵经济上虽有转机却并不宽余，所以这次买冰箱的主动使妻子十分珍惜。几天后我外出演出去了，刘松海突然叫一位小老弟通知我去取货。妻子一听，什么也没说推起自行车就走，硬是在那小老弟的帮助下横着把冰箱推回家，抬上了三楼。

这个价格 670 元的企鹅单门冰箱也是个“长寿老人”。从买进门起就没出过故障，直到 1997 年我们在花桥二村住了 8 年后它才突然不动了。我想从 1984 年到 1997 年，它够对得住我的了。我找到车棚看自行车的民工小张，让他帮我把“老先生”搬下了楼。小张问明我的确不要它了，就将它请回了家，不知在哪里捅了两下，它竟又制起冷来。“老先生”在我家超期服役，又到邻家发挥余热，不但可喜可贺，它老人家健硕的体魄和惊人的韧性也令我肃然起敬。

紧接着我和妻子一起去挑了一台西泠 170 升双门冰箱回来上岗。它 1997 年进门，到 2003 年就提前“光荣退休”，服役时间仅只 6 年，那身子骨比企鹅可差太多了。

这些年生活的变化，是和工资有关的。1984 年以后，我经历了两次 3%提级，工资已由“文革”结束时的 46 元升到了 90 余元。到 1986 年更是翻了番。这一年相关部门对演艺界工资过低的现象给了一个特殊政策，允许给一部分中青年尖子演员破例加薪，根据贡献大小，定为 210、190、170、150 等四个等级。武汉市将吴雁泽定为 210 元，我定为 190 元，这在当时是很令人羡慕的了。

那几年的稿费一方面使我荷包里暖和了，一方面赚起来也不那么容易。

1984 年长篇评书《杨柳寨》录音，是在大热天来来回回跑了一个多月才全部完工的。到年底，武汉台编辑陈佩玲经过几方面联络才将我的稿费落实。一个北风凛冽的上午，我如约到银行去取钱，当我听说数字是一千余元时，我的手都哆嗦了：这可是在农村造起一栋三间头房子的钱哪！我真有这么多钱了么？

我把这笔钱拿回家交给妻子的时候，妻子不接钱，先自顾抽抽泣泣地哭了起来。我不知是什么伤了她的心，惶恐地追问着。她突然抬起头对我说："伙计，这是你一天天烤着烤出来的拼命钱哪！"

到了这样的水平线上，离"小康"尚远又多少有点"细康"的时候，我才体味出"贫贱夫妻百事哀"的含意。我们曾经贫贱，贫贱中有盼望才使我们有力气从"百事哀"中求得解脱。我们慢慢在翻身，翻身中时有困难才使我们珍惜。我们每买一件东西都能觉出甜蜜，就绝不是一切如大水漂来的一族人能拥有的感动。

用今天的眼光来看，判断生活水平提高与否最显眼的标志应该是住房。而我们这一代人几乎没有一个人不是经历"九蒸九晒"才住到今天的房子中。

我们结婚时实际上是借用的说唱团的办公房，私下里谁都急着去找房子准备搬家。我为自己解嘲时，就把《沙家浜》里郭建光的唱段《朝霞》中的唱词"要防止，焦躁的情绪蔓延滋长"，改成"找房子，急躁的情绪……"

真正地拥有自己的住房承租权，还要得力于下放"五七干校"时的"一锅端"。我们全家下放后，妻子是先回武汉的。她调入市十九中时，刚好江汉区花楼派出所搬家后空出了交通路 22 号，他们从前的办公楼，区教育局乘机要来安置下放回城人员，我们才在这栋楼一楼从前的门房里安了家。虽只 13 平米，但四面都是砖墙的“正规”已使我们十分满意了。

八十年代初，交通路渐次变成农贸市场，我家大门常被卖鸡卖鱼的堵住出路，深更半夜又常有赶集之人聚于窗下高谈阔论。妻子不堪其扰，几近崩溃。万般无奈之下，我只得考虑房屋置换。1981 年搬到二圣巷是这么来的。

二圣巷那处房子在民权路上，是一栋里份式的老二层里一楼的后房，外接一个自己搭盖的偏厦，加起来有 30 多平米。这也是个闹中取静的地方，可惜年代太久了，老鼠特别的“茂盛”。旁边民权路中学的老师们吃饭时，就常见老鼠们出来“清理环境”，抢老师们和他们家人不慎落到地上的饭菜吃。

离“雷区”如此亲近的我家，自少不得时有贵客临门。有时鼠大哥就敢在活人睡着的床架上如履平地。愤怒的何祚欢觉得它们实在过于放肆，便自动当起“护花使者”，好让我家大小两枝花不受鼠大哥的惊吓。

在那里居住的三年里，我几乎隔一两个月就布一回网，鼠药、鼠夹、鼠笼十八般兵器一起上，没有一回空手罢战的。只有一只硕大如鼠王的家伙，总能在现身之后伺机逃脱，使我功德不能完满，至今引为遗憾。

“灭鼠英雄”还有一事要坦白交代：一天晚上一只老鼠不幸闯入鼠笼，我只有按惯例送它上路，浇上煤油，将其火化。不知为什么，那天我错将汽油倒上去了，点火之时又习惯地把头低得下了一点，那火苗一上来就烧掉了一绺头发，还捎带着把一只眉毛也烫了一下。当时我浑然不觉，只闻到一股毛发的焦味。第二天上班，一路看到人们都向我行注目礼，我还稀奇着呢。到了团里才有同事们问我，头发怎么了，眉毛怎么只有一只“守寡”？此时揽镜自照，才呼天抢地地说：早知如此，今天就请假了！

二圣巷以后，是 1983—1989 年的永清路 22 号，再是 1989—1998 年的花桥二村 14 栋。1998 年市文化局自建的“高知楼”定名文化楼，我申请了一套四居室的房子，用民间故事的说法就是“住进去，至今过着幸福的生活”。

这前前后后的细节，将会在在后边的章节里分开表述，不再作专章了。

得奖和得奖不一样

从 1980 年《挂牌成亲》获全国一等奖以后，湖北曲艺界就有人把我叫“得奖专业户”。这是事实却并不是我个人的本事。因为改革开放给文艺界松了绑，思想战线的活跃带来了创作的丰收和不断突破，曲艺界活动一个接一个。为提携后进，发现作品创造了良好的条件。而我此时已跨过了创作的摸索期，进入成熟期，作品不断往外冒，恰恰撞在这个“点”上，算是“瞌睡遇到枕头”吧。

1981 年，从干校归来的湖北曲坛“掌作”人物蒋教生请出了原省文化局副局长任清主持曲协，又与徐国华、徐进、阮竹青等老曲艺工作者联系，湖北省曲艺界的活动开始趋向正常，日渐活跃。11 月，筹备了一段时间的“湖北省首届百花书会”在硚口区文化馆小剧场开幕了。

之所以定名“百花书会”，一开始是奔“书”去的。当时中国曲艺家协会组建了中国曲艺出版社，首先排上出书计划的便是长篇评书、评话，好像已经将北京评书家陈荫荣的《隋唐》编成一系列十余万字一册的 64 开本陆续出版。各地曲协也都在这时抓住了中长篇作品的创作。

省曲协的大型讲唱类杂志《今古传奇》就是在这种气候下出版发行的。这是需要大批的书目做后盾的。当时主持编辑部的徐国华、蒋教生诸公，已经抓到了除欧阳学忠的长篇《武当山传奇》、黄大荣的长篇《国宝》，还有扬州评话王筱堂，苏州评话张鸿声等诸老的秘本，这些高质量的稿源是支撑刊物内质的，但数量上还须有更多的

1983年11月，北京圆明园，中国曲协和文化部共同主办的中长篇评书创作研讨班

东西。举办“百花书会”，首要的要求就是展示中长篇评书、鼓词或故事。简言之，“百花书会”的起始，是给《今古传奇》组稿的。

这是一次全省的曲坛盛会，武汉市说唱团是不能不参加的。但到底能不能参加，开始还是一个谜。那正是传统艺术“开禁”之初，武汉市说唱团的演出重见火暴的关口，下乡巡演被周边乡镇“接团的”安排得满满的。“百花书会”期间，我们的演出恰好在汉阳的侏儒和仙桃一带进行。团里认为公演少不得我，希望我能推掉“百花书会”的邀请。而在书会筹备阶段，所有筹备者恳切地希望我能带新创作的《杨柳寨》参加，而且早早地排下了日程，通知了团里。团里之所以不想让我参演，乃是曲艺界历来的“省市不和”使然。而我历来都以为，所谓“省市不和”，仅仅只是几个当权者之间油少盐淡之类的“扯腿”，我们当演员的是不必掺和的。基于这一点，我便给团领导做工作，最后能达成协议还是因为我勾勒了一个两不误的方案：头天晚上仙桃演毕后返回武汉，“百花书会”把我的专场放到第二天下午，下午演完后我立马赶回仙桃。话说到这一步，团领导只好同意照办了。

我的《杨柳寨》专场演了一个半小时，说的是前两个回目，《杨家湾比武结仇怨》、《蔡黑子误入黑松林》。

这个专场，我没有理由不成功，那时我整四十岁，本来是从中长篇书入门而进入书坛的，《红岩》讲遍武汉就是按两个半小时一场的量设计的，后来又经过了到茶馆给同行代场子、个人单闯码头的锻炼，所以这场书说来便有成熟演员的自信。书情书理，人物的音容笑貌，身段手面，口角眼神，配合得体，正是人尚年轻，书已老辣的年龄段的风韵，整场书说得很成功。在我的记忆里，它之成功是在它给了我潜心创作的巨大满足。它是一场具有创意精神的演出，这种演出和这种满足在我一生中并不多见。全场观众是省内来参加书会和外省来观摩的同行，属不大好侍候的一群人，但这场书他们却能随故事发展而作出应有的反应，安静处几无声息，爆笑时畅快淋漓。尤其是杨三隔着水塘偷看杨华芸晒衣的那一段，听得是如痴如醉。

专场演完，我在赶回仙桃演出场地的路上还十分兴奋，我觉得它应该受到评委们的公正对待。

大会临近结束时，评奖结果公布了，《杨柳寨》荣获创作、表演双一等奖，但是位列这个等次的最后一名。排在我前面的演员，有的从来没说过书，整场就是在背书，场上的气氛也形同集市。这样的表演得一等奖都不应该，何况还放在了最前边的位置。

有同行私下对我说，这对我很不公平，鼓励我有所行动。我一看这位，是这次得奖位次不高的主儿，便警惕起来，“来说是非者，必是是非人”。为得奖、排名闹意气也不是我的风格，我婉言劝走了他。我心里很清楚这结果是我自己种下的：我曾在私下对一位前辈提过很尖锐的意见，起因还是为一件与我全不相干的事，这种打抱不平强出头的行为使那前辈对我有了成见，能有个双一等奖就算是他的大量了。于是我一言不发，该领奖时领奖，该发言时发言，完全不让眼角眉梢流露哪怕一丁点不满。在我内心却给那位前辈打了分：恼着我，却不全盘否定我，是一位器量不宏却有着学识良知的老书生！

这个“打分”，使我在也恼着他的时候始终保持着对他惯有的尊敬。

公允地说，在一群前辈的操持下，“百花书会”不但办得成功，而且在全国造成了影响，其后扬州的“广陵书会”、鞍山的“千山书会”，就是步其后尘的产物。由于它积累了《南包公》、《杨柳寨》这些书目，才使得湖北曲艺界能从容不迫地参加1982年三月文化部在苏州举办的“全国优秀曲艺（南方片）观摩演出”。

那是一次规模很大的会演，声势浩大的湖北省代表队带去的4个节目：夏雨田、杨松林的相声《农老九翻身记》、我的《杨柳寨》、何忠华的小曲《南包公选妃》和张明智的湖北大鼓，在会上都很轰动。“南包公”以它曲折的情节优美的唱震惊了同行，许多人由此认为湖北小曲是足以与苏州评弹媲美的曲种，后来文化部组织南北曲艺全国巡演，还“独点”何忠华的“选妃”参加。《农老九》受到与会记者追捧，也在情理之中。而我的《杨柳寨·杨家湾比武》则使同行们互相询问：“这个何祚欢，也是从哪个大学出来的吧？”后来这三个节目都获得了创作表演双一等奖。在颁奖仪式上，我和上海倪迎春还被推举为得奖演员代表上台发言。我紧张得要命，事前曾向夏雨田求援，他甚至都拿起笔来为我写发言提纲了，结果被别人拉走，“害”得我只有磕磕巴巴上去瞎讲了几句。

这次大会对于苏州来说是接待得费力了些，地区招待所一下挤了个塘满堰满，就只有运用加床战术。连年近六旬的《南包公》作者蒋敬生老师也要挤在六个人一间的房里，和湖北省曲艺团乐队演奏员们“同呼吸，共挨挤”。要命的是他们房里有一位二胡主奏的张长安，此公一倒下便有“歌”声起，其声震屋瓦的气势，常令众人思之生畏，极少有愿与同室者。在一片抱怨声中我生了恻隐之心，极想把张长安兄“收留”到我房里，但害怕我的同室不答应，只得作罢。

我之所以作此想，是因为他待我有恩，他曾“收留”过我。1976年湖北省赴京参加曲艺调演的队伍回省巡回示范，在恩施时住的也是六人间。管生活的同志将五位“鼾公”杨松林、夏雨田、张长安等放在一间房里，还有一空床便无人敢去。那人见我随和，便动员我，于是他们五个人就“收留”了我。自此我从他们处受了传染，鼾病潜伏到43岁以后，就夜夜有“双簧管独奏”了。

由于有这么一份“旧情”在，我便关切地问候张长安兄。长安告诉我，由于室友们的反映，大会总务处已通知他搬到主楼凉台上的一间单房去，那里将会有福建的两位“鼾公”与之同室对垒。他忧心忡忡地说：“唉，怕只怕强中更有强中手，我一个人打不赢他们两个！”

既然张兄有此不祥之言，我无论如何是要关注他的。次日清早，我在食堂一见他就问：“昨夜比赛结果怎样？”他笑嘻嘻说：“我赢了。就他们那水平还代表福建省呢，今天早晨他们搬家！”

大会的生活条件跟不上，却破天荒地为得奖者发奖金。双一等奖者200元，二等奖者100元。我拿到奖金后立即把省代表团的工作人员请出去撮了一顿，又给没撮成的人送了当时认为珍贵的酒心巧克力。那时钱可真值钱，就这么闹了一气，我还落下了一百元呢。

连续几次得奖使我对创作有些入迷。

1983年3月，我从报上看到一则消息，说有个电器商店丢了一台收录机，几天后的夜晚商店打烊后，那偷它的人又将它放到了商店门口，还给商店留了一封信。这封信充满忏悔，说要不是近几天报纸上重提雷锋精神，自己可能就会把收录机留下了。希望原谅他的过失等等。

这则消息触动了我，我觉得应该呼唤某种被"文革"抛弃了的精神。于是我动笔了。

说老实话，这次动笔之前我只是感动，但并非为那故事所感动，我甚至怀疑故事是不是编出来的。我是被经历着"大破大立"却依然坚守做人的信念的人们所感动，便从编一个"新风尚"的节目起始而下了笔。我把收录机扩大成了那时还是稀罕物的彩电，故事开始就是争夺彩电。

没想到的是，故事往下一发展，我就开始自己设问：在改革开放的今天有些人是否物欲膨胀了？如果是，是否就证明以经济建设为中心搞错了？这时我所看到的形形色色的人物的经历跑出来告诉我，早在大讲精神变物质的年代，或者更早的年代，今天领导潮流的人们，有许多不正是当年"斗争"的急先锋吗？

一时间，我姨父家乡那些将他老娘当地主吊在屋梁上的他同族同宗的堂兄弟、民族资本家邓延桢家将他白发老伴捆着游街的老家亲戚、喊着革命口号做脏事的工宣队长、冒着"立场不稳"帽子压人而去救人的管巷子的清洁工、死不揭发"黑帮"的门房老头、充满小资情调的女教师……这些人物都来了，他们变成了樊倩、樊进山、彭和庭等书中人物，说着1983年对现实生活和历史的思考。中篇《彩电风波》就这样在那年的8月完稿了。

11月拿它参加第二届"百花书会"，当我用两小时说完它时，观众中有一半人都急匆匆拥向了厕所，原来他们是不忍听掉当中的情节，忍着尿听我说完这场书的。

由于首届书会的成功，第二届书会的来宾就非常多。中国曲协派来了脱士明这位元史研究家，湖南和云南省曲协也有代表来观摩。河南省更是来了一位重量级人物，河南坠子表演艺术家赵铮。他们听了《彩电风波》后，除了在大会期间发表一些赞扬的意见，还分别代表各自所在的协会向我作出了邀请。中国曲协邀请我参加了文化部在圆明园主办的全国中长篇评书研讨班，集中一个月修改作品。河南省曲协于1984年4月、湖南省曲协在同年6月、云南省在同年8月先后邀请我去讲课，这就使我获得更大范围内交流的机会。

特别有意思的是，在这届书会最后的优秀节目汇报演出中，我截取《彩电风波》中的一段说了30分钟，那天的电视录像播出后，在许多场合演出时都有观众在我演完“翻头”时喊：“加一段彩电风波哦！”我认为这是另一种意义上的得奖，相比之下，观众认可的“奖”是更难得的奖。

正因为如此，有几个看上去并不“正规”，对演员评职加级没什么帮助的奖项反倒令我至今珍视它。

一次是1984年《长江日报》主办、由读者投票的评选“武汉地区十佳演员”的活动。那次活动的初衷是通过海选确立本地文艺舞台上的“十佳”。投票之前，《长江日报》在省直、市直和武汉部队胜利文工团等17个文艺团体中列了一张约200人的候选人名单，用两个多版面刊登出来。后来公布当选者，我记得前几名的排列为李丽萍、吴雁泽、朱世慧、何祚欢、胡和颜等。在庆祝大会的前夕我报社朋友告诉我说：“你的得票居第二位，是平衡到第四位的。”我说我一看名单就知道这次海选并不“海”。因为武汉部队的演员很少有机会让地方上知道，凭选是选不上的；这次名单还有一位也是平衡的，这都很必要。另外像李丽萍在国际上得“金小丑奖”，只有领导才知道它的分量，把她的名字摆在首位，也是必要的平衡，但对于得票多于她的吴雁泽就不公平了，我认为比较理想的是吴第一、李第二。

果然，吴雁泽就没有出席在庆祝演出前的颁奖，只在最后“攒底”时唱完就走了，那只“知音金像”就由他的秘书带回去了。

因为名单没有如今日“超女”那样完全反映民意，原本想让火一把的十个“佳”就没有齐头并进地火起来，还是恢复从前的“自生自灭”，让受人喜欢的继续得宠。

但我还是高兴的，我觉得人家长官意志搞平衡也没把我给搞“平”，那我的提级加薪就不是凭资格凭依附，而是凭力气挣来的，它预示着，即使将来搞市场化，我也是个有饭吃的人。

另一次我重视的评奖，是1987年由武汉市公关协会发起的海选“武汉十位最受欢迎的演员”活动，投票结果我名列第二，这也是我能接受的结果，它给我最大的安慰是：观众依然喜欢我。

其实出于好心的平衡远不止这两次“民间”色彩的评奖，从前的曲艺会演和直到现在的“百花书会”，我们都在自觉不自觉地搞平衡。

从地市县来的参赛队，有许多是为了参加会演让歌舞演员改行演曲艺的，曲艺节目也是为参赛而写的。从理念到排练的格调，往往更像歌舞加说或加快板，它们的命运是完成会演任务之后回去封箱，这些都不是什么秘密。这样的节目给不给奖，是历届会演和书会最容易引起争论的话题。但争到后来结论往往是要给奖。因为：第一，这次不给奖，下次没有专业曲艺的地区就不会来人了，而湖北有专业曲艺的地方只有武汉，总不能让武汉市说唱团一家打内战吧。第二，地区许多演员评职称都巴望着有些奖项，“百花书会”的奖状就是出得上力的一个品种……

这种好心的平衡，却不一定能带来平衡，甚至连平静都难以保持。因为参赛者的背景不同，对会演和比赛的认识就不同。市说唱团天天和观众见面，靠的就是曲艺节目，考虑的就是舞台效果。演出实践告诉他们，没有舞台效果等于拒绝票房。所以说唱团历来参加会演的节目不论得不得奖都是见得了观众的。地市县来的有些歌舞演员是不了解曲艺的一群人，他们以为曲艺就是歌舞加说，表演唱加快板一类的东西，没有观众呼应反倒是正常的。

于是出现了历次会演时对说唱团节目火暴的质疑。1983 年第二届“百花书会”，还有些代表对夏雨田创作，茅贵娴、周艳琴表演的湖北小曲《小巴钉和大铁墩》提出批判，说是“市民气太浓”，有“自由化倾向”。这个节目在舞台上是一块“响活”，观众反应强烈，是那一阶段说唱团难得一见的可以“翻头”的湖北小曲。对它歌颂部队里平凡的英雄之主旨，观众也是赞赏的。不料拿到书会上非但得不成奖，还遭到了批判。敏感的周艳琴以为是何忠华为了自己得奖而组织的这一场批判，就在碰到何时冷语相讥。大会的组织者担心作者夏雨田不好想，在夏雨田从北京回汉参加闭幕式时又一个劲赔不是，这更增加了事情的复杂性。

现在看来，还是市场检验一切的规矩来得简单。然而在那次以后我们还要继续在市场和平衡之间煎熬许多时候呢。

九宫山风吹白臀

我有个一辈子改不了的习惯，写大东西必须躲出去。于是我出差多，离家多，妻子称我是“野人”，朋友们戏称我“好野太郎”。

其实写短篇时我从来没离开过家，而且产量也不低。《风雨送春归》这个短篇评书，是 1981 年 3 月一个夜晚淌 12000 字一口气拉起来的，尽管天亮时边写脑袋边有节奏地撞桌子，那结尾还不像是有毛病时写的。主笔《武汉晚报》的《艺海泛舟》栏目时，就有过半个夜晚“刷”五篇短文的纪录。写《江城民谣》连载每篇 2000 字的篇幅，我就有过乘感冒发烧之机而整天待家里，一天赶出六篇的纪录。

写长篇不同，它要求构思的连续性，如果写写停停，断断续续，写出来的东西就很难贯通。但我平时社交多，喜欢与二三好友喝酒聊天。往往在夜晚十点一过客人走后才能读书写字，靠这种方式去完成长篇作品，是不可想像的。

前文说过，我“躲”出去搞创作，因为受经费限制，和一般的出差就很不一样。哪怕是六十年代那么艰苦的时候，我们只要跟着某个代表团出去演出，那就是吃香喝辣的待遇了。我一人出去写作是特例，作为文艺团体又找不出个特殊报销的条例来，那就只能“有多少面摊多大个粑粑”。边远的小县城，便宜的招待所，能够管饱的食堂，便是我“躲”的地方。有时还会利用一些社会关系，出尽量少的钱，住相对好的店。

回想起来，我搞创作的地方，有风景美丽的，有接待级别高的，也有豪华的。

到九宫山的尖尖上去写东西，那风景好不好？

那是1984年春节过后，说唱团还没打算演出的日子，我跟领导提出来，是否让我利用这空隙出去一阵。得到同意以后，我就打起背包去了通山。因为，我在全省曲艺调演中认识的一位学生万立煌原在通山县文工团，那时在县文化馆工作，他曾几次来信说九宫山风景优美，乃避暑胜地，平日十分安静，也是个写东西的好地方。我想，九宫山既是避暑胜地，凭我的出差费是不能在暑天去赶热闹的，如果在这严冬刚过，乍暖还寒时节去，不就可以多写些日子吗。

万立煌热情接待了我。他说九宫山有两处地方可供我选择，它的山顶是幕阜山第二高峰，那里住着一个雷达连，空房子多的是，水电都有，冷一点潮一点，但绝没人打搅。半山腰九宫山镇有个招待所，也是个可以写作的地方。我说我的出差费有限，这两处哪里更适合我呢？他说那就雷达连吧，那里可以不出住宿费，只交伙食就行了。

万立煌借了一部车送我上九宫山，一路上我不断地感慨着，这么个山清水秀的通山是够格成为避暑胜地的。中午在半山腰的九宫山镇吃了一顿镇长安排的招待饭，山顶上的雷达连指导员带着一条狗，来跟我见过面，没陪我吃饭就上山准备去了。

住进雷达连的第二天下午我就遇了一次险。

雷达连把我安排在营房区旁边的客房里。客房也具有营房的特色，四张床两两相对，顶头处特意为我安了一张写字桌。万立煌在山上住了一晚，第二天午饭时他多喝了两口酒，我们要他干脆睡罢午觉再走。

一会儿我先醒来，不忍叫醒万立煌，便信步出屋，蹓腿时看到一只非常可爱的小狗，我便打着口哨逗起它来，那小狗也摇头摆尾，和我撒欢。正在这时我昨日在镇上见过的，指导员带去的那条狗突然出现了，它低吼一声，后足人立，向我扑来，其势也汹汹，其情也愤愤。我立刻意识到自己闯祸了，赶紧后退，躲进了房里。那狗见我后退，并不追来，不声不响就走了。

这个动静弄醒了万立煌，忙问我怎么回事，我把经过说了说，他轻松一笑说："可能那小狗是大狗生的，你逗孩子，当爹娘的误认为你要伤害它的后代，当然要拼命了。"

我疑惑地说："这可能吗？"

万立煌说："你一退后它就不追了，就证明它只是保护孩子来的，见你没有伤害的意思，它就退走了。你不能指望它握着你的手说'误会，误会'吧。"万立煌接着告诉我，"像这种看上去很凶猛的狗是不轻易袭击人的，偶有袭击行动，是觉得你对它有威胁，这时你跟他对抗是危险的，你站着不动，它觉得你对它没威胁，就不会侵犯你了。"

一会儿工夫万立煌下山了，送他上车时我看到了那条狗，不由心里怵怵的，心想还有好长日子住呢，和这位低头不见抬头见，可千万不要"误会"了！

次日清晨六点半，我按时起了床。这里的厕所离得远，因为四周都是山，小便是可以随机解决的。我找了个稍微避嫌些的地方，开始排泄一夜积攒的废水。"工程"进行了一半，后边还有源头活水来，却突然发现那条大狗正静静地卧伏在三步开外！我顿时浑身一紧，这后一半还进不进行下去啊？进行下去吧，万一它突然扑过来，咬的时候又拣古怪处下了口，那岂不是将我"连根拔"了？但万立煌的临别教诲使我马上镇静下来，"它是不会轻易袭击人的"，我进行的"水利工程"和它的防盗不相干，没有小偷临走还朝地上施肥的道理吧。果然，那狗只是静静卧着，对我视而不见，我平生首次遇到"一次解手两重轻快"的事情！

山顶上的空气真好，但也真冷，指导员指着墙上长长短短纵横交错的水泥裂缝告诉我，这都是冬天冻出来的。山上最高的树没有超过一人高和胳膊粗的，那可全是生长了二三十年的“老同志”，高山巅顶处特殊的冷冻，使它们长不起来。我想，还是苏学士有学问，几百年前就写出了“高处不胜寒”的警句。我要不到山顶上来，哪能看到这些奇景，感受最高处的“琼楼玉宇”高也不宜呢。

这支雷达连几年后就撤下山来了，那时可是在山上负担着重要的警戒任务。但他们的生活条件并不好。一开始去，指导员和连长各陪我吃了一顿饭，一餐是红菜薹炒肉加咸萝卜，一餐是咸萝卜炒肉加菜薹。往后都是我一个人坐在饭厅一角，餐餐吃着这样配搭的菜。我是特别喜欢吃菜薹的人，咸萝卜对我来说也不是坏东西。我只是奇怪，这么简单的伙食，连领导怎么会只陪一餐就和我“划清界限”了呢？一观察才知道，山上存的就是这两样菜，指战员们一餐吃菜薹一餐吃咸萝卜，而且根本就没搁肉！难怪连队领导陪都不多陪！

我心里很不是滋味，马上对指导员提出请求，“我要和大家吃一样的伙食！”指导员说“山上这样的条件委屈你了，你写作的劳动量太大，不沾点肉顶不住的。”我说：“你们担负着更重要的任务，我还要从你们的伙食里榨油水，我吃得安心吗？”任由我磨破嘴皮，指导员却“顽固”地不为所动。

往下的一个星期，我在写作中一门心思写，吃饭时却打不起精神吃。连队的活动都在我眼皮子底下，指战员们除了执行日常任务，还要修房屋，修猪栏，整理道路，甚至还要在很难长青菜的山顶种菜。那猪栏里的猪因为没什么好吃食，也是只见毛长不见肉生。我的确越来越不安起来。第七天我对指导员说：“我是搞文艺的，上山这么多时候了，和指战员们开个联欢会吧，我演一小时，大家一小时行不行？”我想，出这么点小力慰问指战员，也可以让自己的心灵平静一些。

连队却把这当了大事，第二天派人下山买了一些菜加了一次餐，空气一下就显得喜庆、隆重起来。晚上在会议室的联欢，我也使出了浑身解数。这个连队的指战员来自四面八方，又久驻这山顶上，武汉话就成不了他们交流工具，只有五花八门南腔北调的普通话，才是特殊的连队语。于是我的节目全部用普通话表达。快板说普通话是“幼功”，毫无问题，评书要把湖北话结构的东西一口气翻成普通话，那可打不得“野”，全神贯注地说下来，居然还翻了一个小段。联欢会在军民共唱“团结就是力量”的歌声中结束。

两天后万立煌上山来看我，我讲了上面的情形和我的不安，他觉得再住下去的确会给连队添麻烦，就把我带到半山腰的九宫山镇去了。我开始了写作生涯中最不方便但最出活的一个月写作。

九宫山镇刚刚开始规划中的度假区的建设，省内外许多基建队伍都云集在山上。但当时能接待客人的，只有一家老招待所。所里原有几栋小楼，用来写作非常好，但我老担心费用不够，巴不得用有限的钱多写些时候。所领导一商量，决定在在建的新楼中清一间房给我用，我看了看就决定了。

所谓“在建”，就是还没全建好。房里除了一床一桌一灯就什么也没有了，厕所在楼外四百米开外，是一座土砖土茅房，只能是小路相通，白天去是“四处冷风吹白臀”，晚上去是“自带光明照茅坑”。三餐在食堂吃，开水只有清早才有。相应地，早晨有热水洗脸，晚上却没热水洗脚。好在我带了个大电杯，下午的茶、睡前的水，有了它就可以自行解决了。要命的是大楼里12点就停电，12点以后的半个夜晚我得在一片黑暗中度过了。

那正是春寒料峭的季节，又一日复一日的下着小雨，九宫山镇几幢歪歪垮垮的平房离得尚远，一座新修的影院也与招待所有着不近的距离，在建的大楼一停电，我站在那里连远处的灯火都望不着一星半点。

每天我写到11点半洗脚，上床后默默等着熄灯。开始那几天，在眼前乍然黑尽时我曾埋怨过自己，又没有人要你这样节约，何必把自己搞得这苦啊？但往往一句话就让自己平静下来了：天下有享不尽的福，没有受不了的罪。何况此处吃得饱睡得暖有个安静的写作间，足矣。日子一长，我还真习惯这种生活，习惯这暗夜了，不下雨的日子，甚至还敢到外面去散散步，即令是无灯无月也不怕坎坷不怕坑，在心里还能对自己抒发一点对大自然的感悟呢。

细雨绵绵中，住在山上的人，出门都穿上了高腰套鞋。我只得到商店凑合了一双40码的军鞋。我以43码的“巨脚”穿着“小鞋”在泥泞中散步，居然借九宫山半腰的景，结合我见过的诸山诸寨诸村庄加以“化合”，把《杨柳寨》中杨家湾、杨柳寨、杨柳镇等地的市镇、村庄等等都给设想出来了。景有所据，事有所本，故事写起来自然快，这一段时间是《杨柳寨》进度较快且全部存活的时候。

招待所的陈所长是一位爱交朋友的年轻人，他见我一个人出差又住得那么差，就拼命改善伙食，中晚餐一上就是四至五个菜，小碟盛着，干干净净的。主食也常变花样。怕我寂寞，又怕进房看我误了我的写作，就隔三差五为我加餐。加餐的由头是多种多样的，山上的单位请客，请我做主陪；招待所员工加餐，把我算一份子等等。虽然我坐在一群生人中有些不自在，但其心之诚是能够摸得着的。

还有一位叫孔艺的年轻人，现在已是湖北省内外有名的摄影大家，当时他就在九宫山上。他仅仅是受了万立煌的一言之托，“照顾下子何老师啊”，就不断地到招待所来陪我。一茶之敬的交谈，散步中的陪伴，都在那个阴雨绵绵的春天里为我注入了温暖。

我们当演员的，生活真个是前辈人说的，“神仙老虎狗”。即人家高看你时你可以是神仙。有本事的，上了台就是老虎。碰到条件不好或不如意的时候，这时你就得放得下来当一回“狗”。我搞创作的出差有九宫山式极受考验的时候，也有高级饭店扎营，必须经受考验的时候。

住在豪华宾馆写作

用阿 Q 的话说，“我也阔过”。我搞写作一旦有了机会也能“吃香喝辣”住进高级得叫人不敢想的地方。

比如上个世纪八十年代初，我也曾在一个部队高级干部疗养院里的军以上干部用的一幢小楼里住过两个月，一般人敢想吗?

那地方当年叫武汉部队 156 医院。因为说唱团的书记柳华珍的女儿邝云辉在那里当护士，1982 年她们医院要排文艺节目，通过她

瞧，董宏猷一站，没胡子的就不敢靠近

找到柳华珍，柳人已调走人情还在，跟我一说我就去了。那时正是写作入魔的年月，到了安静的地方就会打听有无可住人写作的场所、

房费贵不贵。那 156 医院坐落在应城县（现改市）的汤池，汤池素以温泉驰名，156 就是利用温泉而建的疗养院，号称乙级房的小别墅是给军以上干部准备的，甲级房级别反倒低些。院内绿树成阴，在当年真可称洞天福地。

我去排练节目，事前又有柳书记的铺垫渲染，院方的招待规格就定得高，副院长在陪吃饭时指着大院说："何老师以后搞创作可以到我们这儿来，这儿一年有一半时间都是空着的。"

若是别的事，我可能不会接下句，可一说到写作，我就生怕那下句掉到地下去了，于是马上接口说："这么好的位置，哪个搞写作的人看到了都不会放过！"

副院长笑着说："好啊，只要您看得上就来吧。"

我说："我要来也会夏天来，和你们的旺季错开。在你们食堂排队买饭吃，就是不交房钱！"

没想到在我看来大得不得了的一件事，就这样在玩笑中说定了。当年 7 月份我去的时候，被安排在最高级的乙级房中。

乙级房是一组同样结构的平房。一进门是一个大得空荡荡的大厅，左右各有前后两间房，后房的旁边，各有一间建在厅后边的浴室兼卫生间。可能因为是淡季，四间房里都空，只有让我住的一间放着一张单人床，一张写字台，一只电扇。这对我就足够了。宽房敞室洗澡池，澡池活像游泳池，这样的写作条件简直是天堂。

天堂里也有可怕的事。

第二天晚上我入睡不久，就觉得草席子下边有什么东西自我肩头一点点往下挪移着。我拉亮灯，翻开草席，果然看见一个大蟑螂还在努力朝前拱动，我刚想将它抓住，那蟑螂突然发现自己暴露在了灯光下，刹那间如箭一般起动，飞快地跑下床去了。这时我才看清楚，那位身手矫健的夜半来客哪是蟑螂，而是老鼠。

次日问这儿的"地主"邝云辉，她说这里地下气温稳定，正是

1992 年夏，刚组建的武汉市艺术创作中心开张就到神农架找灵感

老鼠的天堂。这么说，156 医院的人是不介意老鼠的么？那我“自我奋斗”吧。为了晚上不出“意外”，不再接待地下来客，我到门外的街上买了些耗子药，买了点瓜，切碎拌好后就在乙级房内摆好了“八卦阵”。那时的老鼠可能还没有经历足够的死亡，所以比今天软硬不吃难得上当的新生代警惕性差多了。我的“八卦阵”让乙级房的夜晚平静了。

我住到 156 医院，柳华珍书记觉得这是她促成的事，她对我有责任，便在她女儿邝云辉星期天回武汉时为我带些私房菜。柳的丈夫邝志斌是个美食家，做得一手好菜，每次邝云辉带来的都是无上美味。但我不忍心一个人独吞，总是要约几个朋友一起享用它们。这几个朋友，是我住到 156 去以后经邝云辉介绍认得的。这中间有俱乐部主任，有文学、摄影等方面的爱好者。他们平日忙各自的工作，星期天做了稍好些的菜就想起了我。乙级房里于是也有了过周日的聚会。我自免不了买点儿杂七杂八“报复”他们一下，邝云辉带来的高手之作，便成了我邀友人一聚的诸般小菜中的“压卷之作”。而邝云辉受她妈妈的影响，也在尽力当好“地主”，有时会走到医院家属区种了黄瓜豆角的人家门口，高声“骂战”道：“哎，你家的黄瓜我偷走三根，记在武汉市说唱团何祚欢账上！”

他们中有个叫张为的年轻人，两口子都喜欢文学创作，据有些人说，张为的妻子郝军的诗比张为写得更好，但其主要精力却花在了摄影上。一天张为把他写的一篇小说拿来请我提意见。我说，“最大的意见就是不该把它放在抽屉里。有许多好东西就是这样由自闭而自毙的。投稿吧，会通过的。”张为犹豫再三，每次问我我都说他能行。因为他的那篇成名作，当时在我看来是高于那几年的一般发表作品的，如果这水平的作品连投三家刊物都被打回，那就说明中国的编辑集体出了毛病！张为没有让这“如果”变成现实，他把稿子投向了并不“文学”的杂志《中国青年》，立马就得以发表。过了不久，张为成为武汉军区专业作家。

156医院的条件是前所未有的，所以我特别珍惜它，在那儿的两个月，我的作息时间精准得正符合部队生活的规律。6点半起床，7点吃早餐，饭后散步；8点写作，中间休息半小时。12点午餐，饭后散步；午觉后继续写作。6点晚餐，散步后一直写到12点准时睡觉。夜间饿就随便吃一点事先准备的点心。汤池镇很小，能买到的点心也就是发饼、雪枣之类的土玩艺。一般工薪阶层都不买它们，我能吃进去就是奇迹了。

邝云辉发现这问题后很替我着急。但她急也没用，她在那儿是单身，帮不上忙。有一天我写到夜晚十点了，她突然打来电话（医院内部电话交流很方便），说她夜班手术已做完，可以把手术夜餐带来给我吃，让我等她一会儿。我们演出的夜餐一般是面条或稀饭馒头，我想这小邝一碗面条给我分半碗，虽说两人都吃不饱，这一份

山给我激情

“想得到”就当得不足的半份夜宵了。大约半小时后她颠颠地来了，手上果然抱着互相扣住的两只大搪瓷碗，“快快快何老师，吃点睡个好觉。”我暗暗佩服她，端着“液态”食物健步如飞竟不漏不洒。邝云辉揭开扣住的碗，同时揭开了这次夜宵的谜底。她们做一场手术的夜宵，竟是四根干巴巴的糖麻花！直到现在我调侃邝云辉时偶尔还会拿出这件事来“打击”她一把，那会儿的部队护士小姑娘，是多么单纯。

邝云辉从这次夜宵突生感悟，干脆把她平日开小灶的煤油炉小铁锅搬到了乙级房，买了一些干面条，让我晚上饿极时自己解决一下。不料这好心也引来一场小祸。

一天半夜正熟睡间，忽听后房有了动静，那放在地上的铁锅好像被人撞了一下，贴地摩擦的“咔咔”声将我惊醒，我立即跳下床来，闪身贴近后房门，侧身拉开了后房的日光灯。我想在这个呼吸声相闻的群楼之间，再有本事的梁上君子也逃不走，拉灯前我就准备了亮灯、喊人、抓贼的“三部曲”。

灯一亮，发现果然来了梁上君子，一只一扎多长的硕鼠，只惯贴墙行走的它可能是被未散发净尽的面条香味吸引来的，只因不惯横穿而撞了铁锅，此时便暴露在了六十瓦的日光灯下。我看见了硕鼠的惊慌失措。忙乱中它爬上了暖气片，然后拼命地朝高处跳。大约刚才它就是从高处来的，此刻也想从高处走。但急切中的跳高尽管跃过了三格窗框，却因不能准确地达到刚才的进入处，便一次高跳一次落，连落了三次。我不敢赤手抓它，便从床下拖了一只鞋，想的是趁它再落下时将它捂住、捂死。就在这低头之间，它竟来了“高不成便低就”，跳下暖气片不知钻到了何处。我拿着那只鞋把几个小角落捅遍，也没见它“畏罪出逃”。

我只有再找鼠药。这次我买了药房里卖的那一种，饵也换了油条，但投下去两天没见成效。第三天，我房里有一种怪味弥漫着，越细闻越觉得是臭。请邝云辉来感觉一下。她到底是正品鼻子，一闻就说是“有耗子牺牲了”。于是我们再三再四地循味儿寻踪，最终确定其味之源在书桌前的暖气片下方。我一看，那下边不知何时塞进了一卷报纸，顺手一拖，便咕噜噜从纸卷处滚出了一只大大的死耗子。看来耗子混世的年头多了，临死还知道掩尸呢。

这段时间进度特别地快，最快达一天12000字，日均也有6000字的“收入”。可惜这是“三捉放”写入岔道当中的那一“捉”，后来被全部砍光。但留下几个至今还交往着的朋友，156医院之夏也没白过。

随着整个社会的变化，我的写作条件也在逐步改善着。进入二十世纪九十年代后，市文化局对集中时间写作采取了灵活的政策，我可以在开笔会的队伍完全撤走之后一个人留下再写一段日子，即使一个人“挂单”，住的地方也正规得多了。因为节约惯了，我往往坚持不找太贵、太有豪华感觉的地方。我的一些做生意有了“余柴

为寻荆山之王，何惧形象不雅——保康之行

剩米”的朋友们这时也先先后后援手，有时我也免不了豪华一把。

1995 年武汉市文联集中抓长篇小说，我的“儿子系列”小说中的《舍命的儿子》正在规划中，所以报了名。那年 9 月我便和董宏猷等一行 12 人住进了蔡甸张家渡的武汉纺织疗养院。从那时开始便和“纺疗”结下不解之缘。《舍命的儿子》35 万字完成于斯，电视剧本《大汉口商人》完成于斯，以后许许多多需要静下来集中写的东西都在那里“躲”着干。不论隶属关系怎么变化，它的名字中“纺疗”变为“轻纺化疗养院”又变成“武汉职工度假村”，我都是它的名誉职工，出来进去就像自家人一样。我平生多有漂泊之时，像这样走一处交一处朋友，应该算一个优点吧。

有许多朋友晓得我的坏毛病，也在力所能及时帮帮我。

1992 年我受命组建武汉市艺术创作中心，把市直文艺团体“写戏的”和被认定有发展前途的年轻“写戏的”集中起来。开始组建这个“中心”，局领导在全系统把它的条件说得极好：一百万元创作基金，进这门的作者每月工资另加 100 元。要知道当时一个拿国务院特殊津贴的专家，每月也只另发 100 元，所以我去挑头之际，许多系统内的作者都跑来找我，要求进“中心”。到创作中心正式挂牌好长时间以后，我和我的部下才从它的无声无息无钱无房中闹明白，我们大家都认真地听了一场“子虚先生道乌有”的故事。创作中心挤在武汉剧院一间不到 40 平米的房子里过了五年，想动笔写东西除了局里提供条件，就全靠自己想办法了。

有些朋友知道我有个躲出门搞写作的坏毛病，这时帮助我的条件就比较成熟了。

有个朋友在郊区做了一幢很大的房子，执意要把我接到他家去写一段时间。我便有了住在郊区民房之中写作的经历。

有的朋友为了支持我所在的创作中心的业务学习，把支票开到我们读书班所在的宾馆，那可是出自民营公司私人口袋里的支援。

我修改大型京剧《留住庞士元》时，一位朋友的事业正处上升时期，便让他的部下拿着支票为我在湖滨花园酒店订了一个套间。后来因为我再三说那样豪华写得不自在，就把我换到了一个不须花钱处。那是他的一位开发商朋友，在其开发的别墅群有一幢留着自用、日用品俱全的别墅，那段日子就交给我住了。吃饭在那小区的会所记账。吃了两餐，觉得张嘴一吃一签单就留下近百元的消费账，其中的大半没吃完，于朋友是厚待友人之礼，于我却有暴殄天物之罪。一打听，那会所有职工食堂，买了饭票一试，感觉好极了。同样的鲫鱼，前面卖 68 元，这里卖 3 元，吃不了还可以少买。吃饱不浪费，多好的事情。

这十天住进了顶级“宾馆”，对我的处世态度又是一次考验。身处在有条件豪华一把的环境，最好不要把能享到的福全享尽了。我相信老辈人“享福过度折寿”这话，这不是迷信，这是哲理，关键在各人去品味。

人无千日好

八十年代初传统戏曲的火暴并没延续好久便衰象连连，曲艺演出市场的萎缩也在不知不觉地发生着。

当我们的演出出现此时满彼时松，此处满彼处松的景况时，我们在好长一段时间都觉得不理解，甚至发牢骚，埋怨方方面面给演出市场带来的影响。

凭良心说，当粉碎“四人帮”后的解冻带来演出市场活跃的局面出现时，我们做得都很努力。夏雨田用一台台新节目紧紧跟着时代的步伐，我不仅努力出新作，而且主动去了解说书市场，调查和试验应变手段。在一定的时间内，我们的努力还是有成效的。

前文说过我带着徒弟“闯江湖”的事情，那些日子我演出的个人专场，因为是几个短篇组成的晚会，客观上就形成了我自己的作品之间、表演水平之间的“打擂”，打擂的结果，不论每个节目单个演出时多么火暴，集中到了一起，每场就只能让观众记住一个最火暴的。难怪说书人单独占一场时要说长篇书，起码是一晚上一个完整故事的中篇或长篇片断。

出于这个思考，才有前面说过的1980年在京山搞写作间隙里说《三侠八俊十二雄》的试验。1072座的县礼堂的满满当当，也曾使我和为我张罗演出的朋友们喜悦。但第八天的掉座又立即为我敲了一记警钟。县招待所所长前七场都是全家出动来听书，第八场就只来了他一个人。他解释其中原委的话，促使我重新考虑观众的习惯了。他说“原以为一本书只七天可以说完，现在说要几个月，我们经济

心情好景色才好，若不是我们的笑容，这景就看不得了

上负担不起啊。”

想一想，现场听得起书的全是拿工资的人，他们有限的收入强于农民，却与历史上听书的观众很不一样。

从前的听书人，多是闲人，有闲钱，有闲工夫，才在书场里坐得下来。城镇上的手工业者，做熟食炸油条开面馆的小老板，还有彼地常驻此地为老板当采买的人们，都是自由掌握时间的人。还有一种叫“靸半头鞋”的阶层。这类人一生下来就吃的祖上的遗产，或房屋一栋数栋，门面一间半间，张大嘴撑不死，月月有租银，活命可以“保底”，便从不要也不愿做什么事，甚至日上三竿下得床来，将脚套进圆口布鞋后用手扯扯鞋后跟都嫌麻烦，把鞋后跟踩倒在鞋里，就那么拖着靸着就上了街，这类“靸半头鞋”的人，有“餐餐爱喝两口酒”的，有“不论大小天天赌”的，有“有钱无钱要听戏”的，有“睡在茶馆不想走”的。后一种就是茶馆听书的常客（准确地说是“长客”）。

解放后，手工业者入了合作社，熟食老板进了合作食堂，他们由“天天数钱”变为“一月数一回钱”，听书的次数必然受限制。“靸半头鞋”的也在社会的批判箭头下找了饭碗去过一月数一回钱的日子。武汉市的茶馆“文革”前就日渐萎缩，其原因就在于这种变化。这是任何艺术家的力量都无法扭转的事实，一部书说几个月越来越难了。因此，我觉得巩固已有观众的办法，应该是设计一些五到七天能说完的书。从前“五天定场，七天定人”的金科玉律，是适应一部书说两个月至半年那个时代的，在八十年代就不适用了。

我暗暗使劲儿（不敢大嚷大叫，怕评书界前辈笑话），攒了一本说五至七天的书，单等抓一个机会出去放几回单飞，验证一下自己的设想。

1980 年 6 月，机会来了。监利县文化宫想活跃当地文化生活，让工人们听点老书，特意邀我前往，这不又是“瞌睡遇到枕头”了吗？

我把那本新攒弄的东西定名为《双凤姻缘记》，演出地点在监利县工人文化宫能容 400 人的俱乐部，门票三角，25%，75%分成。武汉市说唱团拿大头。

这票价在当时有些大胆，在监利更属妄为。武汉市的说书茶馆，连茶带书才一毛八分一位，监利的书馆更是一毛钱带茶听书。而我定价三毛，是平衡了武汉市属文艺团体公演的平均票价和茶馆听书价后确定的，我预计只说 5 至 7 天的书比更长的书卖得贵些是观众可以接受的。

但监利观众不接受，他们在演出第一天给了我一个“下马威”，四百多人的剧场只来了 50 多个人！岂止人少，他们还要让我听听他们的警告。演出前他们看见我坐到台侧候场，便故意提高嗓门来对话。

“怎么只来这几个人哪？”

“一张票三角钱，有几个人来呢？”

“我们一角钱带茶就可以听书，这个姓何的有几傲啊？”

“看呢。说得好，值三角，我们明天邀一群来。说得不行，我们也不得来了！”

坦白地说，开演前我听说只卖了50多张票，差一点就让文化宫退票停演了，现在听了这一番有意识的对话，倒激起了我的好胜心，决心为明天的涨座搏一搏。

第一场留了个迷死人的扣子，散场时就听到开演前说话的那位说：“怎么办呢，明日还是要来呀！”

第二天一下来二百多人，场子里就显得有点人气了。收书准备散场时，观众用掌声要求加演一小段。武汉茶馆把一夜书收书留扣子后的加演称作“打呵堂”，演员是另有报酬的：一旦掌声留住演员，观众中就有一位公认的“书头子”出来收钱。别看“打呵堂”只加演半小时，说不定这一“呵”比一夜随茶的钱还要多。监利观众看来也是懂这规矩的，掌声一停就有人出来说“收钱收钱！”那时候我哪敢要这个钱？（放到现在我一定要）我听出主动收钱的那位就是第一天“教训”我的那位，不由一阵感动，忙说：“不行不行，我是国家的演员，为大家多说一点是应该的，不能多收大家的钱！”

出现“打呵堂”的现象，是因为收书时留下的“扣子”太凶，让观众觉得不听清白睡不着。别以为观众吵着让演员再添一点全是好事，演员接下去的半小时是有风险因此需要更高技巧的。既要把留给观众的疑问解开，又要制造新的悬念，让观众明天还来。做不到这一点，一个“呵堂”就把观众打散了，第二天掉了座，那就叫乐极生悲了。监利这次“打呵堂”是我事先没想到的，但我有过半小时的节目后边接着解“连环扣”的经验，短短五分钟之内解完一个悬念，接着再制造一个悬念，常常闹得“翻头”两次还没完。“打呵堂”是在半小时加演中变戏法，我自然是游刃有余，一个扣子解开，第二个扣子又结好，到头还是“且听下回分解”。

这一来，后头三天就是天天增座至满场，纷纷要求加演了。五天一部书，加演一天说《武松》，整个过程证实这样的说法有市场。

接着接受沙市文化局、文化馆的邀请，赴沙市讲课并作公演。我在沙市白天讲课，晚上说书，一开始也碰到和监利相似的情况，能容近千人的露天剧场只坐了200多人，也够惨的。因为有监利的经验，我咬牙坚持下去，甚至把监利说五天的故事说了七天。结果是满座加座，说完后加演了两场。

对于曲艺人，摸索市场、检验市场，看见了适应观众变化的办法，这是一件好事。

问题在于曲艺界以外的变化正在我们周围发生，并从事实上“围”了过来。

而我和我的同事当时都沉浸在春天来临，传统艺术复苏的喜悦里。我自己更是利用上演传统书的机会，翻演、编撰着不同路子的长书，又抓住各地连续出版长篇评书的机会，搜集传统书的精品，尤其是扬州、苏州、上海三地出版的《三国》。在剧场演出中，我试演了一些不同类型的传统书选段，连惯于说“交兵”的评书前辈从不涉足的“脂粉”类（古代谈恋爱一类书，俗话说的“公子逃难，小姐招亲”）也被我搬上舞台，至于公案、武侠、灵怪之类，就更上得大胆了。

另外，面对图书市场的大“开禁”，我在“狂购”的同时又来了一番“恶补”。过去想读而没读过的，过去读过又忘了的，过去从没读过的，过去想抄来不及抄的等等，不惜利用一切空余玩了命地读。读得多了，读的速度就快了。好几次在后台看书时都被年轻人喊“停”，问我是在读书还是在“织”书。觉得我是拿着一本书在眼前来回穿梭，这不是像织布一样地“织”书吗。我听了很高兴，很有

赏景、吟诗、抿酒、品茶，若没有这一群哥们，生活一定寡味

成就感。统计一下，有好一阵我都能在写作、排演之外一天“吃”下二三十万字。

代价是巨大的，我的近视眼也以高速度得以“与时俱进”。1983年，我戴了许多年的眼镜突然变得模糊了，到精益眼镜店一验光，已经有800度了。1989年换成1000度，镜片上的圈就有点“清新可人”的韵致了。1993年女儿给了我一张汉明·喜来登眼镜公司200元的代价券，我想这回可以配一副像样一点的眼镜了。到汉明我一进门便说：“给我配一副好点儿的吧。”服务员把我带到高档商品柜，我一看就傻了眼了。那一柜子镜架，一般齐地标价四位数，还有一款鳄鱼牌竟标价10000元！我戴了半辈子眼镜，从几块钱艰难起步，到此时兜里装了200元代价券就觉得是大跨步了，怎么到这儿来就禁不住一看呢？我调笑地指着鳄鱼图案说：“怎么眼镜和裤带搅到一起了？它往下滑一点儿不是会勒死人吗！”说说笑笑中，我有了下台阶的机会，但不敢“开溜”，咬着牙选了一款标价1200元的鳄鱼。店方很友好地给我配了一副免费的镜片，度数可是又升级到1200度了。后来那镜架压得我鼻梁破皮，店方又送给我一副纤维镜，那牌子怪怪的，叫皇家警察——整天给皇家警察一个鼻子，他可就上了脸啰！

眼睛的“进步”在舞台上能适应，因为那儿的灯光把台上台下的不同层次分得清清楚楚，我取了眼镜也掉不到台下。电视录像就不好办了，我录像时就戴上了眼镜。这一戴又闹出了笑话：

那年春节后我们到一个县演出，我是按习惯不戴眼镜儿上台的。由于上座火暴，当地宣传部就为我们开了个座谈会。对我的节目，赞扬不少，但结尾处多了个尾巴：“何祚欢同志有些瞧不起我们乡里人，要不然，为什么在电视上演出要戴眼镜，到我们这里来不戴眼镜呢？”

这就是我戴眼镜演出的开始，时间在1984年。

话再说回正题。那时我沉迷于“恶补”使我夯实了传统文化的基础，这于我一生确有好处。但我到底是个搞通俗文艺的演员，我对演出市场的关注，恰恰是在这一大段时间里只看一条线，忘了周围一大片。而竞争从来是各种因素参与的事。正是这个原因，使我在上座火暴的时候没有注意从各种细节上发出的预警。

1980年春我在京山说长书“大火”时，钟祥县礼堂也向我发出邀请。我依然报了传统书目让他们宣传，他们却提出：现在都八十年代了，是不是说《双枪老太婆》这类节目？因为年轻人爱听这类节目。我大不以为然，坚持不改书目。结果离京山仅百来公里的钟祥，出现了“叫好不叫座”的现象。八成上座在今天看来并不少，但在当时却是证明了观众选择取向已经有差异，京山人选择何祚欢这个人事属正常，钟祥人选择书目同样该关注。可惜当时我除了不快就没有关注，当然更谈不上思考。

国门大开之后，各种艺术样式涌入国中，观众什么都想尝试一下，曲艺的市场份额，一天天被人挤占着。

从1984年开始，我们下乡巡回演出的次数越来越多，因为武汉市内的剧场越来越少，剧场对演出的接受，除了用一次场子要多少钱的“扳坨子”，就是免除演前宣传、台后服务的清静。只有农村剧场还维持着25/75或3/7分成的比例，还有一点演出前的宣传和后台服务。

我们每到一地，就有人到后台问：今天有没有歌舞？很多次我们都回答：我们是说唱团，靠我们的说和唱吸引人，没有歌舞。后来张明智承包的演出队里吸收了一点歌舞，上座效果好多了，这个细节也没引起足够的注意。

直到1985年，我才在舞台上感受到了渐变之后的突变——一向喜欢我评书的仙桃观众，在听我的段子时突然坐不住了。那是个30分钟的常规节目，起承转合严谨，包袱安排也很足，怎么就坐不住呢？我百思不得其解，只好在第二场演出时换了个七分钟的“翻头”节目。把“翻头”当正段子，这是正规舞台上没有过的事，大有偷工减料之嫌。我心里直嘀咕，千万别引来观众的抗议。谁知七分钟下来，倒是热烘烘闹了个“欢迎再来”的翻头！

这时我才吃惊地发现，世道真的变了，市场真的变了！既然七分钟的节目当得“正菜”，那我就要从“正菜”上下工夫了。在这之前我的力气都花在30分钟左右的段子上，发现观众喜欢稍短一些的以后，曾弄了《特殊征婚》、《小泡奇遇》等能演20分钟的节目。我缺的恰恰是5分钟左右的小段。

搞小段并不比弄“正段”容易，皮薄馅儿大的饺子谁不爱，但节目里的大馅儿不是那好做的，我只有一点点重新积累了。

先弄了《学英语》、《听广播》、《学车》、《戒烟借火》等节目，效果平平，就边演边改，希望找到弄好它们的办法。过了年把，弄出了一个《三写春联》，才算火了一把。

1987 年李先念主席到武汉，省委为他举办一场晚会，我的《三写春联》位列其中。在这个节目里，我让那个斗争于老师的革委会主任说的红安话，由于那是个反面人物，开演前我们市文化局艺术处的同志都很担心，担心李主席听了会不会恼火。他们几乎是齐齐地站在侧幕旁边看动静。

现场效果非常好，局里几个人见李主席笑得前仰后合，都放心地退到后台去了。

演罢后我正在卸妆，服装也脱下了。这时市文化局局长夏菊花急匆匆闯进了后台，说："何祚欢，快不要卸妆了，穿上服装上观众席！"我不知道什么紧急情况，边穿服装边问缘由，夏菊花说："李主席要我把那个说干爹的找来，要接见你呢！"

我匆匆收拾一下，就随菊花到了观众席。这时演员们都围在先念同志身边，争着和他照相呢。菊花带我挤进去时，李主席就笑着向我伸出手来了，握罢手后点着我的鼻子说："你真是挖苦死人哪！"

说老实话，事前我不像艺术处的同志们那么紧张，一点也不担心李主席会因为反面人物用红安话而恼火，但这样亲切的夸奖我也没准备啊，我激动得不知所措，一个劲只知道说着谦虚话，"没说好，没说好……"明摆着借机站着照张相的机会也没把握住。好在说唱团的洪建国正接受管艺术档案的任务，抢下了我与李先念同志对面站着说话的镜头，我这辈子的露脸之事才留下了一个实证。

《三写春联》之后又弄了个《家信》，节目是普及型的，所以学起来容易，许多业余演员拿去都是一碰一个响，徒弟孙仲江 1991 年拿它去参加在济南举办的"全国三书（快板书、快书、评书）小段比赛"，也拿了个二等奖第一名。

接着是《湖北方言研究》、《陪客》、《买菜难》、《武汉老话》、

《湖北方言研究<2>》……小段的生产虽然加强了，但在我心里，依然认为它不是说书人的本职。有人说我是“笑星”，还以为是在抬举我，我却极不乐意接受这头衔。因为我还没忘记，我是一个说书人。

有人以为我说自己是“说书人”属于自谦。其实只有说书人自己才知道，敢于说自己是个“说书人”的，应该是很自负的人，不管他平日是低调还是高调。尤其是在市场的浮浮沉沉中还守着这点儿本分，没有十二分自负也是守不下去的。

迟到的“快枪手”

知道我六十岁以后还能在集中写作时有每天6000字的速度，不少朋友都夸我是“快枪手”。

其实在我心目中，曲艺界真正的快枪手是夏雨田，他能够一夜间写出一万多字的曲艺联唱《全线绿灯》，写出三百行的快板书《算不清》、数来宝《比兄弟》等等，更家常便饭的是一礼拜写一台各曲种组合的晚会。他创作上的“井喷”现象，从二十三四岁就开始了，而且源源不断，毕其一生。

我从没有过“井喷”现象。稍微写得快一些是三十二三岁以后的事。

在那之前，我的创作多是为自己演出提供脚本，只是因为团长彭邦桃“抓住不放”，隔三差五就要我写点儿评书以外的东西，让我慢慢地上了瘾。

我最怕也最盼彭邦桃在全团大会上说这句话：“从明天起，给夏雨田和何祚欢放一星期假。”

每当这时候，我就有点集中时间写节目，这是我所盼的。这“放假”就是创作假。

我怕的是彭邦桃布置任务从来都“蛮不讲理”，只给时间不给地方，这算什么放假？放羊差不多——就是放羊也得让羊有个地儿吃草啊。夏雨田家在华农，那一套有两室一厅的教授楼可是当年好得不得了的条件，他“放假”可以回家。我家自1955年起就搬出了汉正街664号那栋前店后厂的房子，挤住在711号楼上一间25平米的

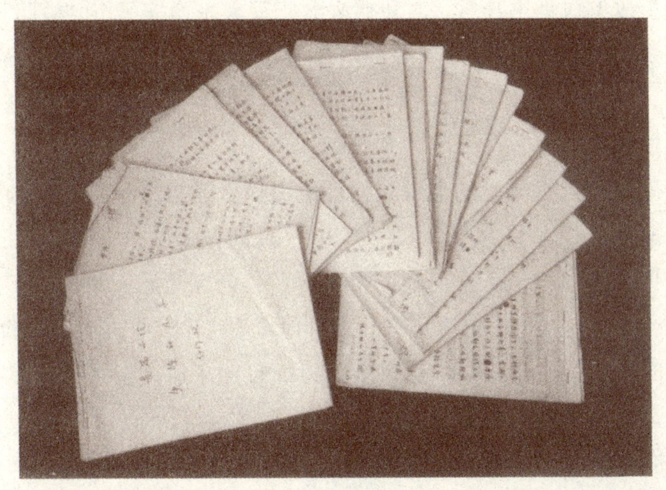

《舍命的儿子》手稿

房里。我多年都在单位住，若回家去写作，家里只有更挤的，还怎么写得了一个字啊。

好在汉阳文化宫房子多，后边一整栋文化休息厅多年都是空着的（直到八十年代才改成“劳模休养中心”）。我是汉阳培养的演员，文化宫从主任刘大业到门房、花工、会计都认识我，辅导干部李明僚还是我的好朋友，我那个时期的许多作品，就是在汉阳文化宫完成的。

还有些作品是在硚口文化宫写出来的。他们办公室楼上有两间客房，在那里写作简直像今天住在宾馆一样，惟一差别是厕所远了点。

写出的演出节目除了“发表”在台上，有时也有些报刊拿去发表。其中根据《红岩》改编的《双枪老太婆》还被上海文化出版社出版单行本，第一次印刷 5 万册上市即告罄，在近一年时间里我两次买它送人，从版权页上发现它已经加印到 15 万册了。

1964 年夏天，《武汉晚报》编辑孙昌前指定我将大型戏剧《南海长城》改编成评书连载，对我后来敢于写大东西安了个“贼胆”。因为在那之前我写的节目一般每篇在七八千字，小曲、大鼓、渔鼓、道情、快板之类，一般也就一百多行，小段的篇幅就更小了。我还没想过要由自己写几万字的东西呢。

孙昌前是有经验的老编辑，他晓得作者是被鞭子赶出来的。在我之前他已经把不少人赶“下海”去了，何在乎我一个信心不足的，人家见得多了！他乐呵呵地邀我去看了一场《南海长城》，告诉我，要我改的就这出戏，先让我写两篇给他看看。其实他根本不给我“看看”的机会，稿子一拿去就发表了，而且加了编者按。这不就把我赶上架了吗，我有进无退，只能往下写了。

恰在此时，说唱团曲艺队要到洪湖县城演出，我除了上评书，还要给李祝英的相声捧活，不一定是一棵大菜却少我不得，《武汉晚报》的连载到底不是团里的任务，只有自己克服困难来完成了。

我一气赶写四篇让孙昌前拿去先顶着，然后在洪湖写一篇寄一篇往下续，让大名鼎鼎的江柳（孙昌前笔名）等稿子等得提心吊胆！等我从洪湖回武汉，连载也结束了。夏雨田一见面就说：“何祚欢发财了，你要请客！”我正在兴头上，那还有不应的。但我的请客却没让他吃上，因为几天之后他们相声队就南下广州演出去了。曲艺队一个月之后紧接着南下，满以为两队可以会师广州，谁知等我们到达，他们已启程返汉。不过很够哥们，临走为我们安排了房子，又在房里留了香蕉。虽然那香蕉上已有行将烂至彻底的黑斑，但人家的留言写得好：“为你们留下香蕉，愿你们像它们一样，一天天……”瞧瞧，让我们也这么烂下去！从笔迹到语气，全出于夏雨田的手笔。

夏雨田回去了，可还有几位要请客的呢，几个人打打闹闹上了一回珠江边的大同酒家，花 5 元钱还吃到了蛇。除了不知蛇是什么味，别的东西都很明白很好吃。就这么几个阴错阳差，我一直还欠

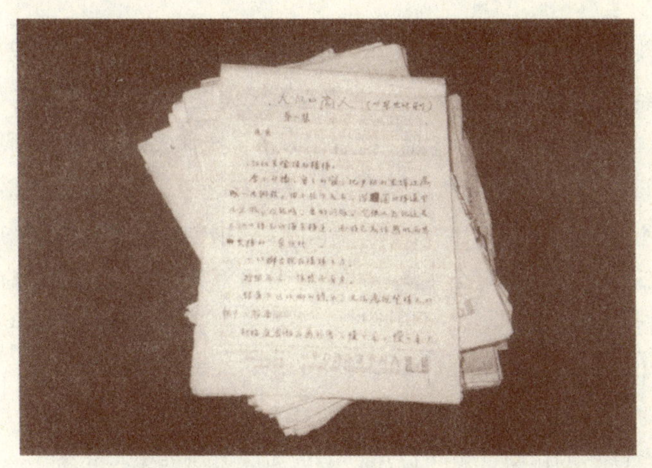

《大汉口商人》手稿

雨田一顿饭。

我一直为自己的创作没大起色而着急，我努力学习着、积累着，但不论买多少书，看多少作品，都只是一种准备，真正学会直接感受生活，还要感谢下放“五七干校”让我到生活中去感受。

从干校回到说唱团，我突然有了一种前所未有的感觉，便是遇到很多事都有一种想把这写出来的冲动。如果说《村头展览》的写作与奉命有关，那么紧接着它的《女铜匠》、《夜访沿河街》、《姜大嫂》、《家常菜》等等就不是奉命之作，而是有感而发了。

上述作品尽管都带着那个时代的烙印，但那些写作对于今天也是一个过程。就像我每出一本书总要生产比那本书多许多的废纸一样，没有失败的过程就没有后来的感悟。

这其间也有许多改编的节目，由于好友熊少鑫在改编节目过程中的点拨，我才意识到自己独立的创作早已开始，便越来越多地关注直接从生活中撷取素材。注意日久，由量变到质变的事情自然就会发生了。

获得更大的自由是在粉碎“四人帮”，正式宣布结束“文革”以后，经过了《山城斗智》、《江畔雷霆》、《火烧贾家楼》、《贺闯夺枪》这些“保险”的节目的过渡，接着出现了《挂牌成亲》、《天外姻缘》、《秋雨春风》、《乔书记乱点鸳鸯谱》、《刘春赶考》等一系列从感受出发而不是从“路子”出发的评书作品。评书创作受舞台的制约，历来的新作，都是先定个主题，再设个故事框架，让观众在早知道你的主旨的前提下，一门心思去听一个似曾相识的故事。而从生活的感受出发，就只能听生活本身规律的摆布，老框架借得少了，说起来就难了。因此历来“作”评书的都不能或不敢这么做。我仗着自己说自己写的优势，就可以用评书的演法去演框架“异类”一点的东西。像《彩电风波》这样的中篇作品，它的构架就是介于小说和说书之间的，它在我嘴里出来，就绝不会是小说朗诵，而是评书，因为我的说法能强调它像评书的一面，抑制它像小说的一面，所以才有满堂听客憋着尿听完全场的事情发生。

现在想来，这样的作品过于“挑人”，必须选择能驾驭它的人来说它，文化基础厚实些的人来说它，这就影响了它们的流传，也难以适应说书界目前的文化状况。

但在当时我还在一门心思“掘进”，随时随地地寻题材、找感觉，那种“走火入魔”的劲头，一直影响到现在。

1986 年春，武汉市汉正街小商品市场的经验随着《人民日报》社论的宣扬，已经在全国传播一年多了。它使我这个在汉正街长大的人也动心了，便推着自行车进了汉正街。

第一眼的印象是“此汉正街非彼汉正街”。

老汉正街是商贾云集之地，一千多家铺面是它的主体，小摊贩小担子星星点点地散落在一些铺面的大门旁边，与之相得益彰。

八十年代的汉正街却是店前有店，店前的铁棚子已经联成了一

《大汉口商界》剪报

条密不透风的街前街！整个是一个小集镇，甚至还有点“抱布贸丝”的原始商品交换的味道。

好久我才缓过劲来：不是说“初级阶段”吗？这是公私合营后重新承认商品经济的起始，它不从头来还不行！

但对另一种风情我却十分敏感。

几乎每个铁棚子里都聚集着一群方言相同、相貌相近的人，让人一看就知道这是老板和他们的亲戚。

推车往回走的时候，我又观察了好几个棚子，情况大同小异。

我的心动了，记忆活了，童年生活中，父亲金号里的人来人往；对门以仅容一人通过的小巷为家的“颜发顺药酒老店”里老亲老戚的借宿求食……都在我眼前活跃起来了。

许多不安分的年轻人，跑到汉口闯出了一片天地，他们却成为亲人们争相攀援的“树”。

从前和今天，多么惊人的相似。打从前说起，也许可以警醒今天。

连续几天我都坐立不安，我心底低低地嘀咕着一句：古老的文明啊，击不破的宗法网啊。“厚处往薄处擀”的规矩还会打击创业者到什么时候？

我想动笔了。但我觉得它更容易通过小说来完成。

在此之前我曾问自己：中国的评书促进了古代白话小说的诞生。西风东渐以后出现的现代小说，自“五四”以来已产生了四五代作家。评书沿着师徒传承的老路走到今天，为什么就不能吸收一点小说或别的现代艺术的东西呢？

现在有合适的题材，我何不一试？也许小说写起之后我还可以“说”成评书呢？

一个星期，我写了一部3万字的中篇小说《养命的儿子》。这标题隐去三个字：不落好。我把稿子拿给《芳草》杂志编辑易元符看，他马上签发并得以通过，它就刊载在1987年第二期《芳草》上。这时我觉得它只是开了一个头，汉正街上创业的年轻人的命运，还有许多可写的。我又设想了一部写亲眷援引的《失踪的儿子》，一部写长子现象的《舍命的儿子》，一部写幺儿子现象的《幺儿子》或叫《要命的儿子》，这就是那段时间常说的“儿子系列小说”。

1987年7月说唱团进京演出时，一位北大的学生到后台找到了我，说刚刚看到新出的《新华文摘》上刊登有我的小说，还说“我读过你不少曲艺作品，哪知你的小说也写得这么好！”这位同学曾到武汉找过我，我知道他是北大的曲艺发烧友，他说的话我估计不是“谎信”，所以第二天清晨我就出去找报摊儿了。没想到北京这个城市摊烧饼一样铺得那么开，这烧饼上的芝麻也被擀得稀拉拉的了。那一上午，我是看到了报摊儿看不到杂志，看到了杂志看不到《新华文摘》，且跑吧。从北方交大跑到西苑，终于在一个摊儿上看到了《新华文摘》第6期，封面目录上就赫然印着小说《养命的儿子》。一问，竟然有两本。

我心里暗暗得意。谁都知道《新华文摘》是全国最权威的综合

曾发表作品的部分刊物和出版的部分作品

性文摘刊物，其选家眼光之“毒”，是每个门类的写作者都叹服的。尽管那时它颇有点儿“店大欺客”的矜持，选谁的文章都不打招呼、不寄样刊、不发稿费，但文学界仍然以上它的版面为荣。我的小说刚一发表就被它选中，说我不高兴是假话。

这篇小说引起本市文艺界的兴趣了，好几个剧作家、演员都提出，要把它改编成戏。最先提出动议的是话剧院和儿童艺术剧院，后来却被楚剧抢了先。同名楚剧《养命的儿子》改编上演后，先后得了文华奖和“五个一”工程奖。到北京领奖后，市里奖给楚剧团一辆大交通车，后来又奖一台面包车。楚剧团团长邱长元见了我经常说：“何老师啊，我们的车有你一份啊。”我说：“我下一个磙子（轮子）回去算了！”

我关注的是它能不能当书说。

琢磨了一些时候，在 1989 年建国四十年大庆，市里举行新节目展演时，我报了评书《养命的儿子》专场。我并没有改动它的故事结构，还是靠着“说”说出评书的韵味，用两小时演完全篇。关键部分我听到几位观众的抽泣。事后的展演简报上，对这场书多有好评，它使我品味出评书的关键全在“说”上，只要作品有可说的因素，演员又能驾驭，它的结构方式、语言选择都不应该是模式化的、一成不变的。我觉得计划中的“儿子系列”应该都“说”得了，“立”得起来。后来，《失踪的儿子》和《舍命的儿子》先后于 1994 年和 1998 年在中央台《电视评书》播出，证明我的想法没有错。

我这里讲“儿子系列”可以“说”，并不代表所有小说都能说，中国四大古典名著中，有章回无“关目”的《红楼梦》就没有哪个说书人敢拿它去换饭吃。“儿子系列”是我自己写的小说，将它说成评书也不是背背词就能完成的。1994 年十一月下旬，我专门把自己“关”在京山县准备了一个星期，这才定下长篇评书《失踪的儿子》的分回、落回，设计了一些“包袱”、“扣子”，这才有了一点信心进京，全神贯注地录制我的第一部普通话的长篇电视评书。

在我进中央电视台录制长篇评书《失踪的儿子》之前，《电视评书》还没有邀请过长江流域这一片的演员。《曲苑杂坛》和《电视评书》的创建者王晓是武汉大学的毕业生，1990 年筹办《曲苑杂坛》时邀请过我，对我有一定的印象。所以当他在 1994 年听说我有一本新书《失踪的儿子》时，便邀我将这书录好供《电视评书》播出。

王晓要求我说普通话，我没犹豫，答应了。

许多年来，我因为吃方言的亏，在出省演出时往往是“怎么上去怎么下来”。1976 年北京调演的火暴算是个意料之外，1982 年四川巡演的成功是情理之中。我以为我的说书的路数比较“个别”，有必要借普通话这个工具往更广的路上走几步，这对说书艺术的交流只会是一件好事。为此 1989 年我特地把《杨柳寨》浓缩成 30 回用普通话在中央电台播出。所以王晓的邀请就被我看成一次机会。

这机会里有不少挑战。由小说到评书，哪怕是自己的小说，改编的工序是少不得的。由湖北方言到普通话，也不是简单改口可以成功的，有许多意味深长的方言词汇、句子、成语、歇后语、缩脚语等等，都要尽可能寻找最佳转换对象，甚至有些习惯的组句方式都要摒除等等。

除了这两个“改”的困难，还有对速度的要求。我历来比较审慎，年轻时录音每天最多仅录一段。而中央电视台的经济核算制度却需要王晓他们把每天租用演播厅的时间用足。他们约了山东评书家刘延广同时进京录《燕子李三》，要求我们各用半天录像，至少录两三段。这可能是最宽松的要求，在我们以后的书家，有的人一天录10节也干下去了。

即使是两三段，对我也不轻省，“两改”之难是明摆着的。所以我一住进紫薇宾馆就什么都不干，一头扎进了书里。13天后全书录完，王晓和主持人汪文华（他们都在武汉待过多年）问我：“何老师，现在您想做的第一件事是什么？”我说：“说湖北话”他们反正是听得懂湖北话的，我马上用湖北话说：“这些天把老子憋死了！”三个人一齐会心地大笑起来。这时王晓突然记起一件事：“哎呀何老师，您和刘老师（指山东刘延广）来之前我就为你们一人备了一箱苹果，一直忘了给你们吃！”

何止王晓忘事，我和刘延广到北京还没来得及拜会“地主”呢。袁阔成老师自八十年代说《三国》以后就调进北京，“落叶归根”了（他原是北京人，父辈兄弟三人全说书，系民国初年鼎鼎大名的“袁氏三杰”）。我们录完了书再不去就该讨打了。于是往袁老师家打电话，说这段时间忙着录书，没来得及去看他，现在书录完了，轻松了，想到家看看。袁老师说：“还好意思说，等录完了像才打电话，这不是找表扬吗？不过来了电话说明还有悔改之意，明儿早上来，罚你们的酒！”

偏偏天公不作美，当天晚上下起了大雪，到次日清晨，北京城就笼罩在了银妆素裹之中。

我和刘延广刚刚起床准备走，汪文华就从家里赶到宾馆来了。我们以为她另有新任务，她却说她是为我们而来。昨天一下雪，她就担心我们出门不安全，所以早早起来，让我们别去袁老师家了。说着拨通了外线，和袁老师通上了话。一会工夫，她一脸苦笑地放下电话，无可奈何地说："看样子你们还是去吧。老爷子火了！他说好不容易约好了会面，凭什么我说不去就不去。我说怕何老师眼神儿不好，不安全。他说你们的安全他不担心，他担心我不懂事！你看，这不就骂上了吗。唉！谁叫我是他徒弟呢！"

风雪中，我和刘延广到了陶然亭附近袁老师的家。老爷子那天可真是认真在家准备了一番，一肚子话，一桌子菜，一瓶茅台外加一堆地道的棒子面窝窝头，端出的是说书人之间的那一份真实的亲近啊。席间袁老师说起他早晨"骂"汪文华的事："我不骂她呀，她决不会让你们来，她担心出事啊。你们呢，又抹不开面子说一定要来，那好了，我备下的茅台酒让谁喝去！"

有了 1994 年的经验，1997 年再录《舍命的儿子》时，我就以一天 4 段的速度前进了。有人问过我能不能再快些，我说不行，快也有度，快出个没质量有什么用。

这两部书播出时，不断有武汉观众给我来电话，批评我不该用普通话。我在报上著文对他们表示了谢意，因为他们的批评证明他们在乎我，我会为武汉观众多写些作品出来的。在外省的反应却与武汉不同，北方观众到底头一次看到我这种路子，这种味道，比较一致的评价是新颖、文气，汪文华他们特意来电话，表示了一番祝贺。

从 1995 年起，《电视评书》里不断出现南方评书评话演员的身影。扬州、苏州、四川等地的名家有的用普通话，有的用方言加字幕，让这个栏目变了一番容颜。

当然，我自己的小说由我自己当评书说有它的方便，但即令是我自己的小说，也不是篇篇都能说的。比如发表在《中国作家》1990年第6期的中篇《栖云寺晨钟》，就不存在成为评书的因素，所以我根本不打它的主意。

问题不在于我写的什么小说能说，而在于我从写小说中感受了现实生活，感受了直接从生活中撷取素材的“反传统”的评书创作的路子，尽管它才是开始。

按原来的计划，《舍命的儿子》完成后还要写一部《要命的儿子》来反映幺儿子现象，但想到在写《舍命的儿子》时，已经把“幺儿子现象”作为“长子现象”的对立面写进去了，再用一部长篇来写就有点重复。于是我放弃了。恰恰这是我事前准备最充足的一部书，放弃之初常常暗觉可惜，但想到艺术忌重复，也就坦然了。

为武汉人说武汉

用小段供应“门市”让我找到了适应演出市场的办法，但它也留下了遗憾。

那些小段多数是从剧场效果出发而编成的，更多地像单口相声，说得多了，观众就无法区别相声、评书，有的媒体甚至干脆称我为“笑星”，我一再声明“我是说故事的”也不行。

评书的本质得让评书本身告诉观众听众。我渴望武汉有个能播出评书的电视栏目。但除了中央电视台和辽宁电视台有长篇评书栏目，一般地方台开辟这样的栏目好像都很难。

这时候一件事情插进来，缓解了我的焦虑。

1995 年，武汉电视台社教部季炳钦找到我，说市委宣传部有意在电视台开办一个栏目，叫《话说武汉》，集中介绍武汉的地域文化，每集 10 分钟，计划做 100 集。在选择主持人时，大家想到了我。他问我有没有兴趣。

我十分感兴趣。

前文说过，我在“文革”中偷偷找书读，和市图书馆的同志建立了很好的关系。在为《杨柳寨》搜集资料时，我曾与武汉地方史志专家徐明庭有过交谈，从他嘴里我才知道从前研究武汉的人远不止一个黎少岑（在那之前我曾读过黎先生写的一本关于武汉的小册子），于是不断搜寻，读了一些东西。从所读的资料中，我对我生长的这座城市有了浓厚的兴趣，甚至是很深的好感和依恋。现在提供一个平台让我来说武汉，那可是个让我长能耐的好机会——这类知识性的节目，主持人就像是教师，“教学相长”的规律会让我不断学习提高，这样的好事，谁推掉谁是个苕。

我应下了这个差，按电视台给我的定位“撰稿兼主持”投入工作。

撰稿的时候觉得很有兴味，一开拍就发现有不少“搁不稳当”的事情。

规定的主持人是一男一女，女主持人该说普通话，那我说什么话？适应她也说普通话吧，原来预想的“汉味”就要少了许多成色。坚持“汉腔”吧，又和女主持人不搭调。后来确定，除一头一尾两个主持人一起出面、都说“京腔”以外，片子中间尽量少碰头，保持“各说各调”的色彩。这件事是宣传部新闻处特别关注的，几位“处头儿”从一开始就参与了策划，在一般人想来应该是通行无阻的。不知为什么，这片子越拍到后来越困难：明摆着要在武汉三镇到处踩马路、钻巷子的工作，偏偏调不动工作车，器材和人都得“打的”到目的地；不能不在馆子里吃的工作餐，都找不出现钱付账，只有“胳肢窝长包——叉（差）着”，腆着脸到处签单。

据说，造成这一切的是上头的“台官”们在较劲儿。就我们眼光所及，我们身边就有一位犯着“妇科（副科）病”的领导。那老兄据说提副科级好几年了，一直扶不成正，心里活甩甩的很不是滋味，就隔三差五摔碟子打碗把脸色给部下看，有时候还殃及我这个“池鱼”。

虽然我们身边常有戾气扑来，工作的乐趣却能让我们化解它。

一次拍老汉口的里份，我们在江汉村、咸安坊一带穿进穿出，有的居民就问：“是不是马上要拆房子了？”问得我直想笑，我像个拆房的吗？正在和居民们交谈时，恰好有个磨剪子镪菜刀的匠人扛着板凳路过，喊着：“磨剪铲刀啊”。我一看，这才是好镜头，自自然然的市井生活景象，哪找去！于是不管谁听谁的，对摄像员喊道：“快，伙计，跟上去，拍长一点。”摄像是干这专业的，立马兴奋起来，一路跟了上去，后来看镜头，那匠人倒像演员似的，该怎么走怎么走，一点都不因身前身后一直跟随着一尊“大炮”而显出异常。

到拍一个卖糖葫芦的时候，就没这么幸运了。那人路过咸安坊时，导演李炳钦就叫摄像跟上去。那人一看立刻显出了惊惶，加快了脚步，到里份口便放开脚飞跑起来。无论怎么喊都不肯停。比起那位磨剪子老汉的沉着，他实在胆小得太无道理。他是个小伙子，撒开了一跑，那架势怕是刘翔也得追好一会的。

1996年元旦时，社教部搞了一个职工新年联欢会，主任彭世耕特意让李炳钦把我和我家的“领导”都请去，说是参加“家里的聚会”。这种工作中的感情交流，把我投入这工作后的许多不快都洗净了，可见“人情味儿”真是个好东西。

但这事终于没能继续下去，“台官”们的心思在他们之间的扯皮拉筋上，又没见过预备会上感人的情景，更没见过工作人员经历的艰难，说声“黄”，把好事给搅黄了。

我记得预备会上请来了不少研究武汉的老专家，其中包括武汉戏剧界元老龚啸岚。那会儿龚老已经80岁了，开完会后他兴奋地用拐杖敲着地说：“早就该做这件事了。现在做这件事，我们还能说一些东西。再晚几年我们这些人一闭眼睛，有些事就说不清白了。”

令龚老想不到的是，这件事开始了不足两个月，就无声无息地停了下来。等到武汉另一电视台——有线电视台找我办《江城民谣》时，龚老已经去世几年了。

1999年有线电视台请我做《江城民谣》时，我已搜集到了更多的武汉文史资料，对武汉的研究已开始进入条理化的阶段。到了这时，为武汉人说武汉对于我已不是一种业余爱好，而是一个生在武汉长在武汉的人的责任。

有线台负责这个节目的两位年轻人王颖、余洪伟极善解人意，进入状态极快，行动非常合拍。

《江城民谣》每集 30 分钟，还是以实景拍摄为主，适当辅以画外音和侃谈。这就注定了这个节目必须把一个“跑”字贯串始终。有些历史遗迹还“健在”，一去一个准，那算是碰到省心事了。有的已被拆得踪影全无，就要寻找相似的地方，为观众提供想像的参照物，这就是费脑、费腿的事。

一次要讲解小巷子当中仅容一人通过的“一人巷”，我印象里六渡桥民意三路一带就有现成的搁着。车到六渡桥一看我们傻眼了：那一带早被大拆迁之后的新建筑所取代，我们的实景没有了！于是我带着几个人在长堤街至中山大道之间找我熟知的巷中巷，可这时候那些巷却不知“搬”到了何处。亏得两个年轻人不完全凭恃我的“旧资料”，主动在新华电影院附近打听。等我们走软了腿到达会合地时，她们已经请好一位带路的向导。我们随着向导穿行了一段“牛肠子套猪肠子”的巷子，终于看到套在更深部的“鸡肠子”，几个走软了腿的人顿时腿都不软了。

老武汉风情，一人巷不仅要有，还必须强调。几个人一嘀咕，决定用一个长镜头：王颖背对镜头，打着花阳伞走向“一人巷”，一个小伙子面向镜头从“一人巷”中走出；两人碰面、侧身，艰难完成“会车”。这以后才是我站在“一人巷”中讲它的趣事。

拍老汉口里份时，从湖北电影制片厂来的摄像李忠突破导演的要求，把里份里从地面到房顶都踏了个遍，变换出了各种角度，片子一下子生动起来。

拍了几集以后，我们觉出了“汉袭秦制”式的沿用《话说武汉》的男女主持人合作方式，显得太正，容易抵消其中的趣味。于是让一批搞曲艺的演员：孙仲江、胡途、蔡小铭、傅少轩、傅三元等来为我“搭架子”，节目就渐渐找出了熔趣味性、知识性于一炉的路子，开始有了寓庄于谐的味道。

节目播出后，引出一片叫好声。但它毕竟是个知识性节目，在短时间内还不能像纯娱乐节目那样拉赞助。这就为有线台后来从经济上对它“抽跳”埋下了伏笔。

《江城民谣》做到第30期左右，武汉电视台、有线台的合并的事已经水落石出，有线台的领导关心节目已经打不起精神了，《江城民谣》陷入经济危机。

但节目依然制作着，我们都觉得，能支撑到两台正式“合龙”之日再让《江城民谣》寿终正寝，也算尽了一个武汉人的责任。

制作节目的钱越来越少了，两个年轻人不知变了些什么“把戏”，居然又撑了几期。我心里怪不忍的，便拿出6000元交给他们，说要撑一起撑吧，如果还差，我们再一起想办法。

我们用我们的“悲壮”把《江城民谣》办到了第38期，也在全国电视行业中创造了外请嘉宾主持从“娘家”带钱来做节目的纪录。

我们离寓教于乐越来越近了，为武汉人说武汉这么一件有意义的事就此终止，我实在心有不甘。

2000年7月份我找到武汉台文艺部主任贾海泉，希望他在两台合并后考虑节目时安排一个介绍武汉地方历史文化的节目，他未置可否。

8月末的一天，贾海泉约我到吉庆街吃饭时告诉我，他设想搞一个以我和田克兢为主的武汉历史文化栏目，和夏雨田商量，夏也表示支持。

我一听十分兴奋，当即说这栏目的名称应该叫《市民茶座》。他又找几个人一商量，最后定为《都市茶座》看看吧，四个字叫我说对了三个，够满足的了。

最后的定板是在夏雨田家里，确定的几件事是：主题歌夏雨田已写好，因为基本句式是湖北渔鼓的，必需个会几句渔鼓又“陷”得不深的人来作曲，大家一致认定李连璧可当此任。整体台本包括田克兢的那一块由夏操刀，我的一块由我“自给自足”。夏雨田和他夫人对我的节目有个全不同于我的设想，他们觉得我讲武汉也该是说书，不应该像个主持人。茅贵娴说，计划中《都市茶座》的开播正是江汉路步行街开街的第二天，“你就《话说开街》，会么事亮么事，用一个效果强烈些的东西打开局面。”

夏雨田夫妇的点子开始一听有点别扭：我两番说武汉，从来都怕别人误以为它是评书，也不敢想像用评书来讲武汉是什么味道。仔细琢磨一下倒蛮有道理。说武汉也不失为一个题材呀，它算长篇评书，却是标准的“系列评书”啊。《江城民谣》时为了增加趣味性，不是也安了些包袱，用了些贯口什么的吗，早存在于说武汉活动中的说书因素，为什么不能干脆拿出来一用？

于是，我列出了题材计划：第一篇《话说开街》；第二篇《人有三急》；第三篇《桥城武汉》；第四篇《武汉街头数磙子》……

待我以说书的角度来看武汉时，我发现这并不是一件容易事。《江城民谣》是通俗讲史，面孔稍稍严肃一点问题不大，而评书里的武汉就不能不强调趣味。它需要的是史以外的活东西。

除了读史，我还不时把自己变成一个闲汉，有事没事在三镇的大街小巷穿出穿进，寻找着“故老传闻”、“街头闲话”一类的材料。在平日生活中，我尽量寻找一切机会，用各种办法梳理我所掌握的资料。2000年我经不住友人的批评，在一条小游船上请了80名好友开“派对”，算是庆祝我的60大寿。少数几个演员朋友自发地演起了节目，我自然也得有所表现。

在游船自粤汉码头起锚沿江上行时，我干脆表演了一段即兴的作品《导游》，从长江下游向上游讲过去，描述了19世纪中叶汉口开埠以后英、俄、法、德、日五国租界的出现，它们的势力范围、沿江有代表性的外国银行、洋行、领事馆等等，既愉悦了宾客，又练了“兵”。后来在《都市茶座》中出现的《导游》，就是在这次即兴而作的基础上修改、发展而成的。

从开始说武汉那天起，它就不是我一个人的行为，一大批研究武汉地方历史文化的专家陆陆续续都成了我的导师和后盾。

我住花桥二村时，刚好和武汉城市史研究专家皮明庥在一栋楼的一个单元，他对我的关注就成了最近距离、最直接的关注。1996年，皮先生把他从前写的有关武汉历史的书各送我一册，以后每有新作总少不了为我留一本，直到现在各自搬进新居好几年了仍未间断。我想，凡知道这个细节的朋友都能感到皮先生对我的支持力度。

武汉市图书馆徐明庭先生是在20多年前“诱导”我迷上武汉史志研究的，到了1995年以后，徐先生成为《话说武汉》里常上镜头的明星和《江城民谣》摄制组不挂名的顾问。

在《江城民谣》播出期间，观众们都注意到一个人，一个在许多集片子里和我一起讲述武汉往事的老人，有人甚至记住了他的名字：万生鼎。

《江城民谣》确定由几位曲艺演员帮我“搭架子”，试了几期确有效果，但也发现老用我向学生们讲述的方式，形式上过于单一。如果经常插进我与一些老人谈论武汉故事的场面，不但让各集之间有了差别，还可以提高侃谈的质量。

这时我想到了万先生。我在很多期《文史资料》上读到过他写的有关武汉的文章，早知道他对地方史志研究有相当深的功底。这时之所以想到他，是因为他的特殊性：他早在二十世纪五十年代就是江汉区文化馆副馆长，在“反右”运动中他不幸被定为“右派”，在“摘帽”后被派到隶属于文化馆的新艺评书队当辅导员，人称“万辅导”。他被派去抓“队伍建设”和督导艺人说新书。搞业务出身的“万辅导”和从前的“辅导”不一样，他没有命令谁做什么，而是抓住创作能力最强的沈帮寿，和沈一起搞作品改编，和青年演员们一起试验新书，他甚至亲自“下海”当起了演员。说了一些时，竟成了新艺评书队里被邀得最多的名角之一。

我想，万先生当过演员，习惯见观众，适应镜头可能会快一些。邀万先生一试，竟和我配合得严丝合缝，播出后反应也非常好。于是在《江城民谣》中就出现了万老师和我一起讲述的好几集片子，我觉得它比我一个人给学生们上课更有味道些。

好几位史学家如冯天瑜、涂文学等，都是我的坚强后盾，他们为我提供的资料，多是他们多年心血的结晶，天瑜兄赠与我的书中，竟有他手上仅存的孤本。凡是读书人都明白这意味着什么。另外像民间收藏家沈汉生、业余曲艺爱好者陈国盛等诸位先生，都直接参与了我们的摄制工作，沈汉生先生在关键时拿出多年秘不示人的历史图片供我们在镜头中使用，使我至今想起都充满感佩之情。

对一个说书人来说，我从《话说武汉》说到《都市茶座》，其意义不在于展现我的学识或文化底蕴，而在于它使我继续对评书艺术的坚守，在行将老去时找到了一种最适合我年龄特征、综合修养水平的创作题材。

出境和出国

改革开放以来的出国热，曾经羡煞不少心往高处想的人。也有人问我，你出国去演出过吗？我只是笑笑，实话实说：没有。

地方戏曲、地域文化，注定了就是“地方粮票”，湖北评书走出湖北尚且战战兢兢，走出国门岂不是“找死”。我也曾著文说过，我从事的这一行不能在极大的范围“挖湖”，那我就一心在武汉“打井”，将我的事业推向深部发展。所以我不作他想。最了不得的“雄图大志”就是等某一日有钱了，开放程度高了，自己花钱出去玩玩。我这种“挨着坡子打鼓泗”的个性，让我少生许多妄念，也少了很多常见病多发病似的烦恼。

然而好事有时也难料，我“不作此想”偏有“此想”来敲门，令我平平静静地过了几次出境、出国的瘾。

1997 年底，省台办接台北市湖北同乡会电话，要求派三位湖北演员在 1998 年春节期间参加他们的联欢演出。省台办和省话演员王福梅比较熟，就让她出面组织。王和我联络，确定的三个人是我和她外加楚剧团一位女演员。后来台湾方面出于经费的考虑，只要去一男一女，就变成我和王福梅的组合了。

正月初二启程，当天到香港就碰到尴尬。在入境通道填表格时，发现香港的表格特别节约，纸小字也小，我必须把眼睛贴到纸上才看得清字，无奈之中请王福梅代劳，她却说她是个远视眼，得把纸推得开开地才能写字。这一下好了，两人勉强地“各顾各”吧。

初三到达台北时，台北的表格更节约，字更小，我们有了经验，

我不傻，游楚城就拉你当导游（与楚文化专家陈涛平）

继续准备“各顾各”时，事情却发生了转机。这时有一个浑厚的男中音喊着“王福梅！王福梅！”王循声望去，见一气宇不俗的中年人正向她望着，这时她的远视眼就起大作用了，远远地就断定这是来接我们的人。双方就这么接上了头。令我想不到的是，湖北同乡会理事长李重辉竟亲自来了，也不知他有什么本事直入入境通道。亏了李先生眼尖，发现我们填表的艰难，便接过去一项项问来一项项填，我一边搭话一边笑：让一个近视眼和远视眼共同出行，偏偏这个喜剧又落在了写喜剧的人身上，这可真是巧到了好处，妙到了颠毫！

在台北的演出，只有初五那场“乡音贺岁”大联欢比较正规。联欢假座金瓯女子中学，学校三楼的礼堂虽然有台有话筒，但那条件简直和我们平日的演出无法相比。凭着同乡音、中国心，我们没有理睬那些难以达标的条件，一心一意把演出搞好，演毕后便收到了省以下各县同乡会的邀请。

县一级同乡会的联欢就只能在酒楼、饭店里搞了，音响极差，别说伴奏碟了，就是伴奏带也没个播放的东西，王福梅只有“清唱”。好在大家要的是那点乡音乡情，气氛就总是十分热烈。这中间当然有我们自己的努力。去黄陂同乡会时，会长张我风要求能唱点楚戏，而且独点沈云陔。他是一位80多岁的老黄陂，爱这一口的心情我太能理解了。好在我会几句沈先生的唱腔，便现编一个节目又说又唱，“酒”虽一小口，却令他独醺然！有了这次经验，我就在沔阳同乡会唱渔鼓，在监利同乡会唱道情，有听了还嫌不过瘾的，居然要求翻场。

那期间正好大画家汤文选画展在台北展出，汤先生和他儿子、画家汤立也住在湖北同乡会。“男生”房里住着我们三个人，第一个晚上就出现了问题。我从四十三岁以后睡下就有鼾声起，为此我还写了一篇《鼾民自述》向天下人坦白交代。到了1998年我年已五十七，鼾声自少不得更进步更老到。一夜打下来，却发现房中少了一人，走出房一看，原来那汤立敌不住我的狂轰滥炸，早就“夜半出走”，睡到了大大的堂屋之中。我再三要求和他“换位”，以补我骚扰之过，都被他婉谢了。汤文选先生也一再说他不怕鼾声，让我不要多想也不要挪动了，于是这“一屋人睡觉，一个人看门”的格局一直保持到演出终了。好在汤立“不记仇”，十几天的“轰炸”倒让我“炸”出了个朋友。回来后我带着经视文艺部的人去采访汤先生时，还蒙汤先生不弃特为我画了一张梅。汤先生的花鸟已是当代中国的卓然大家，其梅花之妙妙在穿插，以梅赠我，当是一番真心实意。

近年汤立到北京发展，事业上很有一番作为。一次回汉在一会议上与我巧遇，他甚至提出到我工作室看看，为我现画一张画。我懂得，这应该是画家待友人的最高礼遇了。

赴台的这一趟出境，我们同时感受了香港、台湾两地同胞待人接物的态度。香港到底回归不久，便较多地残留着对大陆人的傲气，一听见普通话便显出不屑的大有人在，连“女人街”上卖着水货的小老板们都装出“不二价”、“一言堂”的大商家看农民的模样，见你不买他的东西就言三语四的。

在台北的交流就方便得多。一次我问路:“请问龙江路怎么走?”那个中年人一听就关切地说:“从大陆来的吧?”我说是,他便很细致地讲述搭车路线,讲到后来干脆说:“算了,我送你到车站吧。”

一天我在湖北同乡会所在的龙江路上理发,因为人多,一位女店员放下手里剥着的果子招呼我坐,接着将才剥好的果子拿给我吃,并且陪坐在我身边继续她的工作。她催促我:“吃吧,没关系的,吃一会说一会就等到了嘛。”她从我的口音听出我来自大陆,便问:“哎,在大陆好不好找学中医的地方?”我问她为什么想到学中医,她说:“中医好吃香哎。但是中医的根还在大陆,到时候我有了本事两边都可以干,大陆台湾,两边总是要合到一起的嘛。”

连同这次路过,1998年我是三次到香港。

第二次去是夏天,湖北省政协代表团应邀参加“鄂港联谊会”,我有幸忝列末座,又住到九龙,酒店虽换了一家,却仍在弥敦道上。后来一打听,弥敦道这一带就是旅游者集中的地方,第三次去住的马可波罗酒店虽不在弥敦道,但也是这一片供旅游者住的四星级酒店。

代表团里的黄梅戏女演员杨俊是我们一行十几人当中最小的,职务却是黄冈市政协副主席、省政协常委。在罗湖桥过边检,她的年轻美貌却给她惹了麻烦:边检人员不相信有这么小的政协副主席,一定要她出示证明这身份的有效证件,否则她就走不了!这时候我们代表团一群人都挤过去,纷纷解释这事的缘由。大家急呀,都走到香港的大门口了,再被弄下去一个,那多难受啊。何况代表团里的专业演员只有我和她两个人,少了个女的过去演什么。上帝保佑,一群人的有效证件证实了杨俊证件的有效,我们过关了。

鄂港联谊会的活动是标准的自娱自乐,因为请了不少在港的客人,我说书是说不成了,就换了口技。原定由我们代表团团长金启方和杨俊一起唱的《夫妻双双把家还》,由于金团长一去就被拉到了

毛爷爷二十多岁就写这好的字！嗯，在它面前来一张也许能沾点功夫

主席台上，弟兄们硬是赶鸭子上架，让我顶了一回董永。我嗓子偏低，杨俊嗓子偏高，比一般女演员高一个调，两下一合，那“调”就真的成了“吊”，直把我的肠子都拉直了。当然，我毕竟练过两天唱，“偷”着闪着唱下来还没丢多大的脸，就是横膈膜这儿吃亏。我下来想想就笑：董永要这么吃力地招架，七仙女怕是爱不上他的。

但演完以后有人爱“七仙女”了：一位早年奔香港干出了很大场面的大老板从那天开始就不断约杨俊吃饭。面请被婉拒，就电话相邀；电话请不动，就亲自到饭店来；饭店见不着，就往门下塞纸条。如此往复，不厌其烦。杨俊却一直泰然处之，客气有余，距离不减，终于没吃大老板的饭。在这里的两个主人公，男的敢爱自己所爱的，女的则敢不爱自己所不爱的，他们都令我佩服。

第三次赴港是1998年国庆。湖北国际旅行社组织了一个老年人旅行团赴香港、泰国，邀请湖北电视台派一个摄制组参加，电视台和旅行社一起敲定，请我当这次节目的主持人。

1998年国庆是香港回归后第二个国庆，人人都知道晚上将有盛大的焰火晚会。

我一到香港就感冒，浑身烧得软软的，但香港的焰火很有吸引力，我对担心我会影响工作的摄制组的年轻人说，我不但可以出镜，而且要扎进去即兴地拍群众场面，让摄像员小范跟我跟紧些。

香港万人空巷看焰火的场面很感人，我一看便来了劲儿，于是背对看焰火的人群，面对镜头边说边退，让我的解说和身后的"火树银花不夜天"互相映照，还有从四面八方涌向会展中心的人流，也都被收入镜头之中。焰火结束后，我特别注意了一下人群聚集之地的地面，那里没有食品袋、冰棒纸，没有随地乱丢的垃圾，和我们惯常看到的集会后一片狼藉完全不一样。我赶紧喊小范，希望留下这镜头，让我们湖北人都看一看。可惜他追拍一个另外的镜头，不在身边，我跌脚叹道：要是还有一台摄像机就好了。

最近的一次，是2005年10月14至11月2日的美国之行。

这事儿早在2004年9月份就开始准备了。那时五月花集团的梅乾飞先生找到我，说美国湖北总商会将在2005年春天召开第二届理事会，希望通过梅的关系，让我带几个演员过去，和在美国的艺术家一起为大会助兴。梅年轻时是省歌舞团的演员，对武汉文艺界的人很熟。他的倾向是请我和田克兢、陆鸣去，湖北文艺界赴美的人士中，搞歌舞、戏剧的都有，就缺曲艺，我们这几个人过去就算配齐了。这中间经历了美国湖北总商会会议改期等诸多变化，我们出行的时间也由4月改为7月、8月，最终定为10月14日。

武汉所处的经纬度与纽约十分接近，仅只有东、西经之别，因此与纽约的时差几乎是分毫不爽的12小时。这样，我们14日下午从北京起飞，13个小时之后到达纽约时，那里还是14日下午。由于梅先生事前一直在说，武汉文艺界有不少人在那里，我们估计来接我们的总该是个熟人，然而在纽约机场我们没看到期望的熟面孔。正在失望之际，一个胖乎乎的小伙子走到我们面前，用一口纯正的武汉腔问道："您家们是从武汉来的吧？"这一刻，我们感到又亲切又激动，忙不迭地答道：“是的，是的。你是地道的武汉人吧？”小伙子自报家门，说他叫“皮特李”，武汉人，到美国已经15年了。我问他：“你怎么晓得直接问我们呢？”他说：“我是听你的评书长大的呢。”

在美国发展的中国人中，何止一个皮特李听过我的评书，他们对我们一行中的田克兢、陆鸣都十分了解，当我们在15日夜出现在纽约皇后大学音乐厅里举行的庆祝晚会上时，台下观众的呼应竟比国内、省内有过之而无不及。

田克兢在晚会第四场一出现，台下便有人用武汉话说：“田克兢，你是那个事伙计。”

迎接陆鸣第七场上台的语言是：“陆鸣你不错啊！”

我倒数第二场出现时，有人说：“还没老啊。”我赶紧说：“哪里，老了老了。”一群人便喊：“没老没老！”

从住进纽约的中国城法拉盛开始，我们就觉得在这里简直和没出国一样，街道铺面的格局太像广东、香港，人和人交流只须普通话。而音乐厅里的台下呼应反让我们感觉出了这是在国外，只有出国后巴望着用乡亲恣意交流的人们，才会在三个老乡面前有这样直接的对话。

几天后在商会副会长刘钢和皮特李家里，我们又一次体验到了这种心情。连续两个晚上的家庭聚会，到场的都是那几个人。他们说，若不是我们来，他们聚会的机会也不是很多，约一场麻将，车来车去首先要花去半个晚上，所以他们特别珍惜。皮特李为了这次聚会，特地让他妻子请假一天，在家里准备了排骨汤、牛肉汤、毛豆等一大桌子湖北菜。会长章仲林不但带来他做的饺子，还特地介绍，他刚来那会就靠做饺子维持生计。大家一到就是一哄而上，全没有什么主人客人生人熟人那一套礼仪，仅因为章仲林和我岁数最大，才把我们让到西餐桌正中，让我们享受就近取菜的优惠。舞蹈

费城，1779—1790 年的美国首都，两百年前的自由钟已经裂口，要参观它还得过安检

演员出身的李青不但夫妻双双出席，而且把她的父母也接过来参加。她去接人的时候，大家就已经开始吃了，两个老人来了后也不在意这里已是残席，往上一坐便又吃又谈，自在得很。席一撤大家都挤到地下室，你一言我一语地讲笑话，渐渐“挤”出我们的笑话，皮特李全家这天像是开了笑闸，一边前仰后合一边擦眼泪。我们晓得大家是真顺意了。不笑到极致是不会笑出泪的。

完成演出任务后，我们先后浏览了费城、华盛顿、洛杉矶、三藩、夏威夷、拉斯维加斯等地，还领略了美加（拿大）交界处的尼亚加拉大瀑布和西部大峡谷的自然风光。20 天，演得不累游得累，回想一下还有点味。

在洛杉矶，我的一个晚辈带我浏览迪斯尼音乐厅时我十分兴奋，到了逛商店时我却感到极平淡，在那些品牌服装面前，我甚至无法看中一款或一件服装。我对那晚辈说，如果是 20 年前来美国，我可能会处处留感叹，家家竞掏钱。现在就不一样了，中国的服装市场也好，超市也好，其丰富的程度甚至不在美国之下。中国的城市建设，也使我们身在美国也不以为新奇。

那晚辈问我，难道没有差距吗？我说，有，在精神上，在文明程度上，我们和发达国家的差距才是最大的差距。

对社会公德的遵守、对法律的畏惧，在中国起码有半个世纪的路要走。

比如抽烟，美国只有一个内华达州允许在公共场所抽烟，而其他州都用法律制止室内抽烟。我们所行一路，除了大街看得见抽烟的人，所有公共场所包括厕所，就真的没人抽烟。在洛杉矶一家饭店，我们凌晨去登记房间时有人“扛”不住点着了一枝烟，柜台里立即冲出一人，神色紧张地说：“先生，抽不得啊，罚款三百美元的啊。”说话间打开了抽风机，看着香烟被掐灭，才放心坐归原位。而在我们国内，像电梯那么小的公共空间，赫然贴着禁止抽烟的告示牌，却总有人挤在人堆里猛吸。他们并不是人们常指责的“不文明”的农民工一类人，反而十有八九是衣着华丽器宇轩昂之辈。只有某些很重要的领导出席的会议厅里抽烟才得以禁止。可见抽烟不是不能限制住，而是我们的执法一直因人而成因人而败。

推及更大，我们的差距更大。尽管我们的摩天大楼已经不少了。

美国是个年轻的国家，但他们对历史文化的保护意识却很值得我们效法。费城曾是独立战争以后的十年国都，在那里保存着的独立钟就是美国立国的见证。两百年光阴，那钟的钟体已经裂了，再也不能发出像当年一样振奋人心的声音了，费城人却修了一座楼来存放它，并供人瞻仰。参观之前，每个参观者必须通过安检才得入内。这和我们一搞开发就拆就炸，不是个鲜明的对比吗？费城的自由宫既不高大又陈旧，但它还被完好地保存着，近两百年来他们就没有开发商吗？

平生未少皱眉时

在前辈说书人中流传着一句艺谚，叫“噱是书中宝”。所谓“噱”，不是人们贬称时专指的耍活宝那种“噱头”，而是说书艺术中的一种艺术手法，在江浙沪一带称“噱头”，在北方则称为“包袱”。无论是哪里的说书，在夜夜说来的过程中，过一会来一点笑料，让听客放松一会，是非常必要的。湖北评书艺人中的江云卿、沈帮寿是制

1998 年 7 月，随湖北省政协代表团访问香港

造笑料的高手，所以他们的书场就是“座上客常满”，他们的饭桌上则“樽中酒不空”。江云卿喝了酒上场便妙语如珠，人们称他为“江麻木”，听他的书就被调侃成“听江麻木鬼款”。可见，会做笑料的

艺人连人缘都好些。

1998年春节，在台北“国父纪念馆”与画家汤立合影

我在长期说书活动中也积累了一些制造笑的经验，让别人笑的过程，也给自己带来了欢乐，哪怕有时是“黄连树下弹琴——苦中作乐”，我这辈子的主要倾向是乐观的。所以有朋友就如此解析我的名字：

何祚欢=合作欢=活着欢。

然而一个人的性格是多面的，生活也是多面的，我不可能例外。在乐观豁达之外，我也有发恼、发牢骚、拍案而起、发火骂人的时候。

起因是多种多样的，有时很无聊，有时却很“有聊”。但不管“有聊”无聊，火一发起，我性格的弱点就暴露得很充分——笑面佛一样的人，也有暴烈的一面！

小时候我受到的教育是“忍”。父亲对我寄予的期望极高，除了反复强调读书、严格督导我读书外，还时时注意我的生活习惯。他不许我和别人轻易发生争吵，更不许我和人打架。

那时父亲开的金号是汉正街利济路与武圣路之间最大的，家里除了店员、作坊师傅，还请有厨师、洗衣妇和照顾我们生活的“婆婆”。父亲特别怕我因此染上好吃懒做的习气，更怕我学得颐指气使，“人还没发财，倒学到了少爷脾气”。他告诉我，“你跟别的伢们扯皮，有理无理别人都以为是你仗财欺人！”凡是我和人打架，他知道了一律不和别人理论，只打自己的儿子。

有一次在金号背后的又新里玩耍，恰好一户姓夏的三个儿子都在家。这户人家好像是开染整厂的邓伯伯家的亲戚，是邓伯伯发财以后从老家到汉口来谋事的，就住在又新里的一间房里。又新里是邓伯伯的产业，夏家住在里头自是“理所当然”。不过他们当家的整天愁眉苦脸，孩子却很凶，喜欢“打狗子架”，即跟谁动手都一齐上。那天我不知是和谁进的又新里，一进去那三弟兄就喊着要我们走。我们才回了一句话，凭么事要我们走？那三弟兄就扑上来了，把我按在太平水缸边上，正要拳打脚踢，替邓伯伯管理又新里的邓家姨妈立即把他们喝止了。我比他们三人当中最小的还要小，若不是邓家姨妈出头，那天我吃亏就大了。

在香港区徽前摄影留念

夏家三弟兄没有打成我，便到我家告状，说我在又新里“害人”，结果我一进门就被父亲喝叫“跪倒！”然后问我为什么“害人”。我在兄弟姐妹里是挨打最多的，以往多是为字没写好、贪玩之类的“错误”挨打，挨得还比较服从，犯错挨打，事出有因，父亲的打也是雷声大雨点小，打上身远比叫的力度小，我的服从真有点打心眼里认错的意思。可这次首先在外面被欺负，回来了却不问情由要下跪，我就很感委屈，这一委屈便不服从了。任父亲怎么问怎么吼，我一直就那么跪着不开口，眼泪成串地“批发”着往下滚，却不肯出一声。这一来可把我那个倔爹惹恼了，巴掌打着不解气，就操起了鸡

纽约的曼哈顿区，最好的房子是给图书馆的，其他城市也如此

毛掸子。现在的年轻人以为鸡毛掸子只有掸灰一种功能，在我做孩子的时候，鸡毛掸子的另一功能就是打人。一把握着有鸡毛的那头，后头那细竹棍就变成了“家法”。别看那棍子不粗，打不成内伤，“刷”在身上的皮肉之痛恐怕不在新加坡的鞭刑之下，一沾身一道印痕是绝不可能避免的。

父亲动“家法”的时候极少，这回一拿它，母亲就知道大事不好，又不敢去拉，她知道父亲的脾气是越劝越犟的，便大声暗示我：“低个头吵，认个错吵……”

我也犟“滑了丝”，依然流泪，依然不开口。父亲其实不想动手，他声音严厉，却只将竹棍往红木凳子上刷，刷着问着：“以后还害不害人？”一问九不答，事情就不好收拾了，父亲终于将我按倒，在我的屁股上动了刑。母亲也忍不住了，在一旁喊着：“打轻一点哪……”

这时候一个妇女冲进来，劈手夺过父亲的鸡毛掸子，吼道：“何老板，你太不像话了！你管伢不能这样管！”

我一听是邓家姨妈，心想这下子有人跟我辩白冤情了，便收住泪候着。邓家姨妈把她亲见的一切向父亲一说，父亲便丢下我走出房门，到柜台里做生意去了。一群站在房门口干着急不敢出声的店员和师傅也各自归位干活。

父亲做生意很忙，除了陪客人看戏时一般要带上我，其余时候很少和我亲近，只在我字写得好了、成绩好了时候对我露出难得的

四个人的代表团赴美，没有一个翻译，全凭田克兢一口英语为我们打头阵

笑容。比我大六岁的姐姐到前年聚会时还为我抱不平，说："我们的爸爸管人没名堂，大弟弟有理无理都要挨打，是挨打最多的人。"其实我打心里感激父亲对我的严厉。因为按一般规律，富家子弟容易疏懒浮华，不管紧的确不行。但这种"一边倒"似的管，也在我心里种下了一种情绪：不平。我记得我从小在顺从听话的表象下，心里总是涌动着一股不平之气，希望有机会把什么是我的对，什么是我的错说个清清白白。

这种情绪憋久了，就成了一种内心的积累。在我离开家需要学着处理与周围关系时，常会冷不丁地冒出来起作用。回想我一生的发火，十有八九都是"不平"闹的，不管是为自己鸣，还是路见不平，拔刀相助。

其实世上有许多事是不必分辩，也分辩不清的。但我心里的这根实在过深，在很长时间里都在分辩与不分辩当中挣扎。

我在武汉一师就读的三年是很快乐的。学业上，可谓学得轻松成绩好，课外活动又拔尖，因为是班上最小的一个，便特别被关照

好来坞的星光大道，不走走岂不白来

着。同学中有一个人对这一点好像有些看不惯，便时不时出些冷语刺我一下。从中师一年级到中师二年级都是如此。我忍着，但心里怎么也摆不平，觉得没招你惹你，凭什么要听你的冷语！到二年级上学期全校赴东西湖何家庙修公路时，我终于忍不住了。

我们修路的学生分散在何家庙的农民家。学校为了搞好和农民的关系，便组织了一次对农民的演出。我知道湖北大鼓受农民欢迎，便唱了一段大鼓，当地农民便认得我了。有一天和一位老太太交谈，不知怎么谈到了何氏的宗谱，我把我家四代人的字辈一报，那老太太便惊呼：“哟——这来的还是我们何辈的爹爹呢！”从此她见人便说，“那个唱湖北大鼓的，比我们何家庙最长的爹爹还要长两辈！”这一来同学们打趣我时便多了许多调侃语。有时一些孩子碰到我时真称我为“爹爹”，同学们又要笑半天。

那一天在修路工地上，同学们又拿“爹爹”的称呼打趣。有的说我修路修出一排后辈，太值得了。有的说我这个爹爹太小，在班上排队只能算“幺爹爹”。我也和他们一句一句地回着，挑土挖土的活就干得很轻松了。这时那个同学突然冒了一句：“他就喜欢搞江湖上的那一套！”一下把同学们都说哑了。我觉得这帽子扣得太厉害，便和他顶了起来，顶到后来就变成了吵，吵到极处，两个人都拿起了扁担，幸好被同学们拉开。事后几个大同学都批评我，说我那样做只能树一种形象，那就是觉得自己有本事就可以到处欺人！

还有个同学说：哪个人前无人说，哪个背后不说人？你是全校的人尖子，人家说两句就大量一点吵！

我不由得记起了父亲——原来人与人相处的习惯需要我自小就学会适应！我被要好的同学批评以后，心里很感激父亲，暗下决心，

美国明珠海湾，那座方形楼是华人贝聿铭设计的，不可不照个相

以后不管我得意不得意，人家说点小话都决不与人计较了。

可是悄然形成的性格弱点使我很难克服凡事分辩个一清二白的冲动。往后多少年的与人相处，我就常常因为一时冲动而毁了在人们心里树立的谦和文雅的形象。

我调进说唱团那会儿，和我一样 25 岁以下的一批演员，还处于刚刚从艺徒转正的阶段，而我由于有 200 余场说《红岩》垫底，加

洛杉矶也有巷子，我会放过它吗

上电台每周三四次播出我的节目，在观众里人缘极好。用现在的话叫人气指数高。所以过不多时就成为文化系统重点宣传的青年演员之一。在团里，我不仅要在曲艺队的场子里镇守中场，还要在相声专队的场子里演倒二场位置，是全团每年演出场次最多的演员（没有“之一”，仅我一个）。那时候不兴按演出场次多少付酬，场次多也是46元，不演也是按月发工资。演完消夜自理，赶场的交通费也是自理。这在当时并不是人们关注的，人们关注的是谁在这团里挑梁，“为什么我就不能挑梁”。因此从我进团起我就处在风口浪尖上。做少了领导不高兴，做多了群众不高兴，这种两难一直在我身上反复地轮回。

我性格中的好奇、求新加强了我处境的难度。早在读一师时我就从“杀鸡子”开始学会了二胡、京胡，还会摆弄两下笛子和箫。进说唱团以后，我又迷上了三弦，没事时来两下，也能弹得成曲调了。还有我在学校时就会唱大鼓、道情，会的段子还不少。进团以后对曲唱节目的喜爱使我背会了团里当时上演的所有节目。这在我本是好玩，但到了说唱团突发减员事故时，我就成了个救场的“听用”。下乡演出时为了照顾老演员，也有许多时候让我兼场。算一算，我在说唱团为了“救场”，为夏雨田、胡必达、李祝英捧过相声，和史梅英、戴莉纯等唱过道情，和邹立唱过渔鼓，替主弦甘老师拉过琴……对于“救场如救火”的艺法规范，我还是不错的，但人们在我救了场以后的反应却很不一样。

“文革”初期，有一位毕业于艺术院校的演员贴了我一张大字报，就说这是“夺人家饭碗”，说得我十分委屈。因为不服，我便向

泰国人会做旅游生意，从下飞机得到的第一串花环可以感受到

团支部书记诉苦，谁知他听了淡淡地说：“我也有同样看法。”

这件事虽然使我觉得委屈，但冷静下来之后我慢慢就“想转了”。我发现在文艺团体里的“听用”不能由“角儿”来做，“角儿”本来是站在台中央的，你还缺什么顶什么，这对从事“捧角儿”的演职员自然是个威胁。人家戏班儿里只有二三路“挎刀”的去干这事儿，我积极过头，无意间犯了这个潜在的规矩，那份大字报应该算是我

自找的。

这么一想，我心里释然了，尽管有点“阿Q”。从那以后，我坚持只干说书人的事，一般再不演其他曲种。这一来，这方面的矛盾就平复得多了。

但世事难料，这一方面处理好了，社会的发展还会产生新矛盾，有很多是谁也没预料过的。

1984年我担任说唱团团长的时候，正是改革开放，思想前所未有地活跃的时期。文艺界不仅遇到了评职称、体制改革这类与每个人切身利益相关的事，说唱团分住房的难题也恰恰摆在了我的任内。

在香港，为湖北老乡和一半不懂武汉话的人演出

因此我碰到的矛盾、牢骚、冷语、猜测甚至谣言特别的多。这段时间是我不断忍着委屈，不断在心里和旁人争辩的时期。现在回想起来，那只是身处不同地位的人们在许多未见过的事物面前的不同反映，但事情集中到我一个人身上时，我承受它们、化解它们确是需要时间的。特别是碰到你闹不清是怎么出来的猜测时，那一股鱼刺

卡喉吐不出吞不进的味是很容易让人发火的。

比如1987年，我在连续几年带队演出时为青年演员上文学课的活动中悟出，靠我一人之力是无法丰富他们的全面修养的。和几个朋友探讨之后，我向市教委申请在电大开办中文系大专班，得到了批准。团领导讨论决定，把四十岁以下的演职人员全部送入“市电大中文系文宣班”。学费是团里付一半个人付一半。凡考试毕业者，另一半发还个人。

在一般人眼里，这是一件很好的事。我在会上说：这个措施不光是为你们拿一个文凭，更重要的是通过学习为你们将来的自学提高打个基础。

就是这么单纯的事，也有人生出特别的想法。一天一个青年演员找我谈话，他问我：“有群众说，团里现在分房子，矛盾难以调和，您在这时让我们上电大，是不是为了转移矛盾？”

这种平地风波的话听得多了，我便有“水满则溢”的时候。有两次，我实在听得太多，又找不到闲言碎语的来源，憋得难受便对空大骂了起来。

这样的火发多了，我也很后悔。我曾对陆鸣说：“你冷静些，以后见我要发火了，你就捅捅我的腰。”实际上真到了火上来时，不管是谁捅，捅什么地方都不管用。

一般来说，我发过火后都很后悔，对一辈子发得最出格的一回火，火得都想并已经准备一对一痛快地与对方打一场，我反倒不悔，因为那不同，那是对方的品格确实不好。

随着年龄的增长，随着方方面面朋友的劝告、制止，我慢慢懂了时间可以淡化一切的道理，也懂得自己和别人都要花时间消化胸中的块垒。我慢慢变得克制起来。

我们班同学毕业三十年聚会，是一次非常令人高兴的活动。我因为到处演出碰到过几个同学，所以向组织这活动的同学提供了他们所在的地方。聚会时，同学们还像当年一样，在我面前故意摆老大哥老大姐的谱，闹得特别好玩。有一个同学不知为什么看不惯这些，冷言冷语地指责大家拍我的马屁。以后的几次聚会，他次次都针对我来点冷嘲热讽。我听了心里虽然不是味，虽然觉得我提供了他的线索，倒找了个对头，实在太冤，但多年的磨炼已使我知道这是绝对发不得火的时候，因此我每次都尽量调整自己，在同学们面前表现得从容些。这样一来，每次反倒是同学们护着我，同情我，聚会的气氛始终没受到破坏，我们的友谊也没遭到破坏。

这件事可能该算我的转折点，从这以后，我调入武汉市艺术创作中心，任主任，碰到的事情也不算少，但八年任内已没再发过一次火了。尽管我面对一些不平事还有些不平、不驯，但已经学会冷处理，也学会“小火熬肉了”。

说书人说尽人情方是书，但自己的处世照样要学。在这方面，我是个留级生，学得慢了些。

踮着脚和屈着腿

朋友们多说我这辈子值，我也说是。

朋友们比较多的看重我的那些头衔、荣誉。

我也很看重它们，因为那是社会对我认同的标志，对于有些头衔，我获得它是还很兴奋，很有满足感。比如武汉大学传统文化研究中心客座教授，比如华中科技大学兼职教授，不仅因为这是两座名牌大学，还因为这两张聘书，前者出自著名历史文化学家冯天瑜之手，后者出自中科院院士杨叔子之手。他们都是治学严谨的大学者，决不会拿这些聘书去私相授受。

然而，我更看重获得它们的过程，这些认同证明我努力了，而且会继续努力，它们证明着努力为上的人生无虚空，证明着不掺水的充实。

局外人容易看到我人生的光彩处，觉得我是一个“长子”。我却要说，我这个“长子”，是个踮起脚的“长子”，看上去高，实际上是向高处奔的一种态势。

这不是假谦虚，连真谦虚都不是。我在骨子里不是个谦虚的人，反而自信得有些孤傲。我只是反躬自省时多，喜欢说接近自己实际的话而已。

每个人都有“踮起脚做长子”的时候。只是每个人并不长的方面不同，表现不同。

我的学历不高，一个中等师范毕业生，按当年规定是只能教小学的。（当年规定小学教师必须是中师毕业，大专生才能教初中，本科教高中。）教育事业的大发展把我们这一批人放到中学去，我成为了武汉第四职工业余中学语文组学历最低的老师。我自知高度不够，只能“踮着脚走路”。

后来却发现，我所认为的长子也是踮起脚的。

那些出自本科的老师，出自名牌大学的就看不起从一般大学毕业的，更看不上“野鸡大学”出来的。他们凭着那一份学历，觉得自己是最有资格顶天的“长子”。

但是奇怪，那几位出自名门的老师，备课离了工具书（“教参”、辞典）就写不成教案，上课离了教案就开不了口。词语解释、同义词辨析这类重理解重应用的环节，他们都是自己抄辞典，学生抄自己，结果很不受学生欢迎。

反倒是几位他们背后贬损的，从一般大学或“野鸡大学”出来的老师，如姚心正、徐涤英、郑美英等，由于课讲得生动，成为学校大专班的主讲老师。

他们也是踮起脚走路的人，也许和“日久生情”一样，这种向“长子”奔去的态势保持惯了，使他们真的就显得“长”。而那些出自名门的老师，自己不知自己的长短，从来不肯踮踮脚，就只能靠骂别人“野鸡大学毕业”、“现贩现卖”来自我安慰了。

这一段经历对我来说是极重要的。它使我在很年轻的时候就看清了学历只是一段“经历”，不能把一生要用的知识都吃进去慢慢往外抽丝。

后来我说书成了名，调进了武汉市说唱团。在一群幼而失学的曲艺艺人眼里，我是个“洋学生”，在业余朋友们眼里，我是专业高手，我心里那点自信就不知不觉膨化起来。和 1962 年说《红岩》的情形相似，听好话听得理所当然了。

1964 年我写了个新节目，有一句话里有“茁壮成长”四个字，我绝对不会想到这里面会有问题。还是在小学三年级时，我就拿那

13 米长卷国画《天下第一街——汉正街民国风情图》片断

个"茁"字去请教过教语文的周老师，周老师想都不用想，就告诉我"它念'倔'"。于是从小学三年级到那天说新节目，我是一路"倔壮成长"到底。可是那天说完书开完座谈会后，文化局艺术科干部邝志斌把我叫到一边小声告诉我："小何，你今天读错了一个字，'zhuó'壮成长，不是'jué'壮！"当时我脸一红，一面感激老邝直率地为我纠错，一面也为自己的轻率潦草而害羞。

后来又发生一件事，让我开始拷问我的所谓"自信"。

那天我向李少霆老师问艺，说《三国演义》中《火烧博望坡》没有多少篇幅，扬州评话却将它变成了三天甚至更多天数的书，不知湖北评书的前辈们是怎样加工它的，有没有人拿它说几天？李老师讲解时，少不得要提到一个三国人物，就是带领十万三千人马来打新野的夏侯惇。他说"夏侯惇"时，"惇"字的读音"dūn"是脱口而出的，出得我心里一"敦"。

在这之前，出于教书先生的习惯，我还想过这个字。我知道和"享"字组合的字，读音变化是较多的，敦、孰、郭、淳，换一个伴就是另一家人，是最不能"秀才只认半边字"的。小时候在家听叔祖父说《三国》，夏侯"敦"三个字的读音听到的次数还不少，读《三国》时却和这个"惇"字擦肩而过。教书后偶读《三国演义》，却不知为什么心里默然将它读成"淳"字音。

所以，李老师念出"惇"字音，念得我心里"咯噔"一"敦"。回去后一翻字典，不由顿足捶胸，如果说"倔壮成长"源于老师误导，这个"惇"念"淳"若拿到课堂上、书场里读音于大庭广众之下，那要误多少人家的子弟？

我开始谨慎起来，凡是闹不懂的、说出来没把握的，要么查资料，要么问人，不管他是什么人都问。

一次夏雨田的搭档贺征老师病了，和平剧场的演出又不能停，雨田便要我为他的相声《诗会》捧活。当中说到白居易，我顺口要搭一句“人家离现在一千多年啦”，不知什么原因，排练时我突然觉得没把握了，脱口就问雨田：“离现在多少年？”雨田诧异：“一千多年哪，怎么了？”我一拍脑袋：“突然鬼打墙，怕说错！”现在想来那正是我从大大咧咧开始提醒自己谨慎小心的阶段，未免有些矫枉过正。

1970年5月我上了下放农村的名单，说唱团要为一批下放人员开欢送会，几个行政人员拉我写标语时，我把“拜贫下中农为老师”的“拜”字右边一半写成了三横一竖，一旁的会计常木生立刻叫道：“小何，少写了一横！”我说：“真是四横？”常说是，有十足把握，我便改成四横。下来我不放心，特意查了一下，他果然是对的。习惯性的错误最难改，因为它难以发现。这个“拜”字我从小错到29岁，被常会计一语道破，一字之师在我的自省上又加了一把力。

有了这些基础，才有我20世纪70年代读书的“恶补”，而从种种求书问人的经历中，我体会出了人生的两种姿势。

做学问得踮着脚，保持向更高目标奔的态势。做人得屈屈腿，别到处装“重要人物”。

搞错了认错，不懂的问人，都不是丑事，丑的是“干争”。不少人高看我，说我请教旁人是“不耻下问”，我认为他们说得不对。“不耻下问”本身就是“拿”着身份的人说的话，我辈平头百姓问人就是问人，是因为不懂，那叫“能者为师”。比如我向蒋敬生老师请教音韵方面的学问，他本来就是我心仪的老师，这自然是求教。后来发现搞民间文学研究的省出版局干部梁前刚对音韵有独到的见解，我便请他到我们单位讲课。这同样是请教，因为我的研究只是为了应用，只管弄懂，没经过条理化。他是个追求理论化的研究者，讲出来就不仅仅是感性的东西，而且那种通俗风趣的讲法也有独到的地方。这自然是值得我和我的同事们向他求教的。

其实作为一个说书人，一个时时要写些作品的写作迷，要向人求教的时候会很多很多，我问各界人等的求教，就很有些不拘成法的味道。

小时候袜子穿破了，妈妈拿一块布连袜底带后跟一缝，袜子便又像新的一样。工作以后住在学校，袜子破了不好再劳动老娘，就随手一塞。1962年说书走了红，想到《红岩》后边还有个《绣红旗》的章回，便突发奇想地想体验一下做针线活的感觉。我从简单的做起，先偷偷地看妈妈织补破口的针脚，然后回学校织自己衣裳上的破口，发现一针一挽从破口对面进针的织法，也可以用来锁扣眼，不同的只是“锁”要沿着破口下针。后来学着上袜底，居然又上成功了。这一歪掰，倒有了心得，原来舞台上那些绣花、理线的动作，就是从生活里化出来的。我想，以后若说到妇女缝衣绣花，我说得会理直气壮的。

为这事我请教的是妈妈。老人家开始还说：“学这做么事！男做女工，到老不中！”后来听说这也可以当成学问，就向我讲了一番。老娘没读过书，说话却极文雅，遣词绝无粗口，表达力极强，本就是我最好的启蒙老师，此时讲针线活，无意间在我心里留下了一个极生动的生活原型。

“文革”期间无书读，读中医书闹不明白时，就到处去打听。有一天看病时我见坐诊的是位老中医，便请教他，中医的“十八皮”、“十九畏”，“畏”是指的么事？可能是来得太突然，这位老先生“畏？畏？畏……”语气之变也没说出什么来。我只得再问。后来有个人说“畏就是互相怕哕！”一句话点醒了我，“哦，是不是说它们药性互相抵消，所以不能放到一起？”这一点想透了再去看“十九畏”，果真觉得条理顺多了。

到七十年代中认识名医高光岩兄以后我就没那么费事了，凡中西医方面想闹明白的事就问他，他竟从没有被问倒过。他出生于中医世家，曾当过儿童医院的医生，又是个关心各方面知识的杂家，

《天下第一街——汉正街民国风情图》三作者。由左至右：黄河清、毕心望、何祚欢

日常生活中说话，居然比相声演员还会抖包袱。他对病人，身病用药用得准，心病用话引开心。我概括他的医道用这样两句话：重医更重养，重药更重心。和这样的朋友交往，我不获营养那就算消化不良，该开刀了！

我相信“从师不如访友，访友不如聊天”的谚语，除了访师访友，还注意在聊天和娱乐嬉戏中积累。

我爱下中国象棋，因为觉得费时间便下得不多，那棋就很臭。有一阵见这活动很普及，觉得有朝一日说到它也许会有精彩处，便在下棋之外读点棋谱。初到干校宣传队时我是死也下不过灯光师毛涛。但我“脸厚不怕输”，屡败屡战之下，终于发现他布局阶段过于死板的毛病：一成不变地让车和马早早占据巡河的位置，在河边一条线上形成三路兵、四路马、六路车的阵形。看着其势汹汹，却架不住我这边升上一个八路炮，一子锁三子。抓住这弱点后，我往往能赢棋。为了不让他弄清这点秘密，我每次只和他下一盘，下死他就走。他直到宣传队解散都没弄明白。但我却从他应付危局的变化中看到了他应变的本事。

其他如襄樊县文工团的李天声、二医院针灸科张主任等，开始都是打得我回不了手的，坚持到后来，我也能三盘中赢回盘把。我下棋的最高成就，是和京山县文艺界头号棋手周德祥打平手。但这其中另有隐情。前文说过，他虽大我一岁，却是从我手中学的曲艺。老兄尊师近迂，胜一盘后败一盘给我点面子是很合乎他性格的。有一事可作佐证：他六十一岁时吃斋已近一年，身体垮得不成样子。我到京山听说这事，便把他请去，脸一板说："吃了一生荤，到晚年吃的什么斋呀！现在我以老师的身份，要求你爱护身体，马上恢复吃荤！"他嗫嚅了一会儿，立刻干下一杯酒，吃下一块肉，喝道："听老师的！"从此再不吃斋。从这里看，用他来证实我下棋的"成就"当然是幽默。

但我从这些实践中的受益，在后来的创作演出中就得到了应用，"闲时备得急时用"，想说好下棋，就得付出输棋的代价。

干我这一行的人，走在街上极容易被人认出，这也带来一点方便，有事请教人家容易搭上腔。当年的车夫小贩、鞋匠篾匠，现在的厨师、的哥、列车员、和尚、道士等等，都可能是我求教、聊天的对象。日子长了，我的家人对我就有一个极不客气的描绘，说我是"碰到电线杆子也能说两个钟头"的人。

其实治学的"踮着脚"，做人的"屈着腿"，并不妨碍我和他人的坦率交流，不影响我直陈我对某些事物的看法。

二十多年来，我参加过全国中长篇评书创作座谈会、全国曲艺理论工作会、全国曲艺理论研讨会、全国评书评话座谈会、中国评书评话十大名家邀请赛暨理论研讨会等全国性的曲艺理论方面的会议。在几位泰斗级人物——扬州评话的王筱堂、康重华，苏州评话的曹汉昌、唐耿良、金产伯、汪雄飞，北京评书袁阔成等先生——与会的那次评书评话界盛会上，我也没有因为尊重老辈而妨碍在会上的发言，老先生们也没有因我的直抒己见而觉得我狂妄，相反在会下的交谈中还对我表现了特别的爱惜。王筱堂先生与我的师门有些渊源，我的师父李少霆先生曾在 50 年代末拜在他父亲王少堂门下，1979 年我在苏州专程拜会他之后，他每逢碰到湖北曲艺界的人都要问到我。这次会上他特地把我介绍给康重华先生认识，还特别强调“他是个知识分子”，使康先生一见之下便对我特别温和。在湖北评书界，和康先生一样说《三国》的人并不多，只有我师承的这一家号称“陈（树棠）门”才有直接的授受。因此我少不得借会议之机向康先生请教说《三国》的一些关窍。令我惊奇的是康先生并不像事前有些人说的那样不好接近，提《三国》则三缄其口，反而是问一答十，侃侃而谈。这一切都使我感觉到缘分的重要。事后我曾对我的学生辈说：什么是缘分？同道之间，率真的交流才能形成缘分。评书评话界的名流们，哪个在当地不是拥有大批书迷的“坐地王侯”，这些难免自负、必须自负的人们走到一起时总是十分亲热，分开后还少不了相互问候，总筹划着找个什么机会再聚一下，若没有率真作基础，能做得到吗？

我从小对对联这种文学样式有着特殊爱好，这对我后来学楚辞、学诗、学赋都有很好的促进作用。学说书以后，也促进了我表述语言中不经意处显现的辞赋特色（当然是通俗的），和对评书中赋赞的妙用和解构、创新。近年来我为几本书作序时或全用赋体，或杂入骈句，为几处名胜作记时的赋体运用，都得力于当年的爱好。随着时代的发展，中国诗教的被忽略，对联艺术的僵化和凋零，都令我和痛惜评书一样地痛惜它们。因此，我到大专院校甚至像城市规划设计院这样的单位去讲《无处不在的中国诗教》，讲《中国古代文化的学与识》，希望以此多少找回一份关注。对于对联，我也在一些场合向一些人提过建议。我认为，对联在今天除了号召保护、继承，还应该考虑适应于今天的变化和发展。比如音韵的平仄到底该用什么标准？这几乎是许多老先生抓住不肯放的一个关键所在。我就建议，时代到了今天，人们在实用中早已把现代语言的四声当作了声调的标准。事实上诵读消失后用现代四声作的对联比比皆是，作得好的还令人觉得很协调。这种变化的悄悄确立，不是勉强的“从俗”，而是自然而然的“从变”。要知道，宋代由于国都变迁，为了给科举应试找个共同的音韵标准，才有了官定的“平水韵”。“平水韵”之后由于国都变迁又有了《中原音韵》。那么自元定都大都（北京）至今有多少年了？我们的平仄标准不顺应说普通话的今人，对联哪有接班人？

说到这里读者诸公大概也看得出来，何祚欢不是一个谦虚的家伙，是他说得的不是他说得的，他都爱说！

对了，不说憋得慌，那我就不叫“活着欢”了。一旦改名“活着累”，那就不是这本书要写的了。